于培杰　著

最後的王朝

大清帝國的衰敗

目次

第一章　危機四伏

論及大清帝國的前期，乾隆確實留下確實豐碩的成果，但這裡卻飽含著苦澀酸辣的味道：乾隆本人的鋪張揮霍、官場大面積的腐敗、頻繁用兵的巨額消耗、文字之獄的紛繁嚴酷，從而導致了社會矛盾日趨尖銳，這些與乾隆遺產是密不可分的。

不論是燦爛的成果，還是其中苦澀酸辣的成分，都是理性的認識，但在這之中，卻有一個是鮮明的、具體的人物，那就是在清代宮廷中扮演著重要角色的——和珅。

乾隆似乎疏忽了這個對他無限忠誠的奴才，臨終時沒對和珅的日後的生路做出什麼安排和交代，他一定不會料到，自己剛一閉眼，和珅的命運就發生了戲劇性的突變。

一、和珅跌倒

談到乾隆寸權不放，嘉慶俯首貼耳。因此實際上，朝廷仍然只有一個皇帝，嘉慶只不過是乾隆的影子而已。

乾隆晚年是何種狀態？一是健忘，總是忘記已經說過的話，便嘮叨個沒完。二是身體衰竭，手總是不住地顫抖，握不住筆；嘴呢，話說不清楚，常常需要由和珅來翻譯。三是糊塗，裡外不分，明明有親兒子朝夕陪伴在身邊，他卻事事吩咐和珅去做，不讓兒子插手。

因此朝廷出現了一種奇特的局面，和珅操縱著父子兩代皇帝！

和珅最硬的一手，是把軍機處控制在自己手中。大臣們呈給皇帝的奏章，一律交軍機處，和珅先行審閱，然後斟酌情形，決定哪些奏知太上皇，哪些扣壓；而太上皇的意旨，也一律由和珅傳達。就是說，下情上達，上意下傳，全靠和珅這個「中轉站」，這樣，和珅的「私貨」便遊刃有餘地夾帶於其中了，他可以根據自己的利益和需要把臣下的奏章改頭換面地告訴乾隆，又可以假傳聖旨欺蒙百官。如此格局，哪個大臣敢招惹和珅？

和珅的膽子之大，可以從下面這件事看出。乾隆五十四年，文淵閣大學士孫士毅與和珅一起在軍機處值房上班，和珅偶然發現孫士毅手裡拿著一個小玩物，就問他所持何物，孫士毅說是鼻煙壺。和珅接過來一看，竟是珍珠所製，極其精緻，就要求孫士毅送給他。孫士毅說，這是呈獻給皇上的，已登記在冊上報。但沒過幾天，孫士毅卻發現和珅手裡拿著那個鼻煙壺。和珅得意地問孫士毅：「這個鼻煙壺比前幾天呈獻給皇帝的那一個如何？」孫士毅仔細一看，就是那一個，不禁驚訝萬分，他想，和珅膽子再大，也不敢截留呈獻給皇帝的東西，肯定是獻給皇帝之後，皇帝又賜給他的。後來一打聽，才知道根本沒有這回事。

更離奇的是，和珅不但是乾隆與大臣們的中轉站，而且也是乾隆與嘉慶的中轉站。乾隆出巡，總讓嘉慶陪同，但御前行列中的隨從只能是和珅，他可以隨時得到乾隆的耳提面命，而嘉慶則離得遠遠的。即使嘉慶與和珅都在乾隆身邊，和珅也絕對擁有對乾隆話語的傳達權甚至解釋權。一次，乾隆單獨召見和珅，嘉慶在一旁侍坐。乾隆雙目緊閉，問道：「其人是何姓名？」和珅答道：「徐天德、苟文明。」乾隆又閉上眼，喃喃自語。兩人退出後，嘉慶問和珅，太上皇所說何事？和珅答：「太上皇念的是西域咒語，其人雖在千里之外，也必定無疾而死，徐天德、苟文明是四川白蓮教的首領，太上皇肯定在詛咒他們。」嘉慶聽了，嚇得瞠目結舌。第一，是感慨和珅比他這個做兒子的更受太上皇的信賴；第二，倘若得罪了和珅，和珅就會假借太上皇的名義來陷害他這個皇帝。

到底是乾隆有所佈置，還是和珅自作主張，史無記載，反正和珅放肆到了這樣的程度，他在嘉慶身邊安插了密探，時時監督著嘉慶的言行。除了太監、護軍以外，他還讓自己的老師吳省蘭專門為嘉慶抄錄詩稿。嘉慶心知肚明，卻不言語，在乾隆歸政的三年裡，嘉慶寫了將近兩千首詩，內容不是祈禱風調雨順，就是感戴父皇教誨之恩，還有些是寫景詠物的即興之作，和珅從中抓不住任何把柄。

在乾隆歸政的三年裡，嘉慶的日子可以說是如履薄冰，惴惴小心。乾隆對他的態度來自於和珅，因此在和珅面前，嘉慶也顯得格外謹慎，神情客氣而謙遜，尊稱和珅為「相公」。和珅也常以政事來請示嘉慶，嘉慶卻從不發表任何意見，說：「惟皇爺處分，朕何敢與焉？」甚至有事要請示乾隆時，嘉慶也不親自去，而是鄭重其事地拜託和珅代為轉奏。對此，有的大臣反對，說皇帝向太上皇奏事是理所當然的，讓臣下轉奏，違背程序。

嘉慶卻說：「你等有所不知，朕以後還要依靠和珅相公治理國務，哪能輕視薄待他呢？」不必說，平日對和珅的劣行，嘉慶儘管看在眼裡，卻只能裝瞎作聾。

嘉慶似乎覺得這樣做仍然不夠安全，便進一步埋藏自己，隱沒自己。嘉慶被冊封為皇太子之前，和珅先得到了消息，就送給他一柄玉如意，當時顒琰（嘉慶）對和珅這種趨炎附勢的嘴臉是很反感的，但他先後寫了四首詩來頌贊這柄玉如意，其實都是寫給和珅看的。

順治帝吃過多爾袞的窩憋氣，康熙帝吃過鼇拜的窩憋氣，但都是因為他們年幼，沒有能力跟權臣對抗，而嘉慶，一個將近不惑之年的皇帝，如此懼怕大臣，甚至煞費苦心地討好大臣，實乃亙古罕見。但這也正是嘉慶的聰明所在。

儘管嘉慶百般小心，還是出了岔子，乾隆調兩廣總督朱珪回京做大學士，朱珪是嘉慶的老師，嘉慶就給朱珪寫了一首詩，表示祝賀。但這首詩被和珅發現了，立即報告乾隆，並說「嗣皇帝欲向朱珪市恩」，乾隆大為惱怒，改變了主意，將朱珪降調為安徽巡撫，嘉慶也差一點因此而獲罪。嘉慶這個皇帝做得真是不容易！

彼時《紅樓夢》已經問世了，不知道和珅是否從中看到「機關算盡太聰明，反誤了卿卿性命」之語，總之，聰明絕頂的和珅忘了給自己留條後路。民諺有云「屎殼郎拴在鞭梢上，只知道騰雲駕霧，不知道死在眼前。」用在和珅身上，最恰當不過。

在這件事上，和珅的兒媳和孝固倫公主（嘉慶的妹妹）都比她的公公聰明，她預感到和珅的下場不會好，就對丈夫豐紳殷德說：「你父親的賄名越來越大，我很擔憂，將來我們要受牽連的。」事情不幸被和孝固倫公主言中。

嘉慶三年冬，太上皇乾隆身體狀況急轉直下，常患感冒，每次痊癒，體力都大不如前，「飲食漸減，視聽不能如常，老態頓增」。嘉慶四年正月初一，嘉慶率眾臣在乾清宮向太上皇行慶賀大禮，乾隆勉強地坐在龍椅上，接受朝拜。第二天病倒，初三上午，便駕鶴歸西了。

嘉慶宣佈，由和珅和他的同黨福長安主持一切喪葬事宜，在殯殿晝夜值班，不得擅自離開，同時革去和珅軍機大臣、九門提督之職。

和珅失勢，百官的彈劾奏摺紛紛送到嘉慶眼前，就在乾隆死後的第六天，嘉慶將和珅賜死，家產籍沒，為他羅列了二十條罪狀：目無君上、耽擱奏報、把持戶部大權、將已遣出宮的女子娶為次妻、住宅模仿皇宮、開設當鋪和錢店等等。嘉慶被冊封為皇太子時，和珅提前得知消息，就送給嘉慶一柄玉如意，這是和珅二十大罪狀的第一條，罪名是「漏泄機密，居然以擁戴為功」，這恐怕是和珅連做夢都沒想到的。

和珅到底有多少家產呢？說法很亂，有的認為是一千萬兩，有的說是兩萬兩千萬兩，《清稗類鈔》說有八億兩。實際上，這真是一筆算不清的賬，這裡我們引用清末著名外交家薛福成所提供的詳細數位，他在《庸庵全集》一書中列出了「查抄和珅家產清單」：房屋三千間，田地八千頃，銀鋪四十二處，當鋪七十五處，赤金六萬兩，純金元寶一百個，小銀元寶五萬六千個，銀錠九百萬個，洋錢五萬八千元，制錢一百五十萬文，銅錢一百五十萬文，吉林人參六百餘斤，玉如意一千兩百餘柄，珍珠手串兩百三十串，桂圓大小的珍珠十粒，大紅寶石十塊，大藍寶石四十塊，銀碗四十桌，三尺多高的珊瑚樹十一棵，綾羅綢緞一萬四千三百匹，毛呢嗶嘰兩萬板，狐皮五百五十張，貂皮五百八十張，各種粗細皮五萬六千張，銅器和錫器三十六萬件，名貴瓷器十萬餘件，鏤金八寶炕床二十四張，西洋座鐘四百六十座。

查抄時，曾把和珅的家產編號，共一〇九號，其中有二十六號估價兩萬六千四百萬兩白銀，另外的八十三號沒有精確估價，推算數字為八億餘兩，那麼與已估價的二十六號相加，和珅的家產總值應為十一億兩。

乾隆朝每年的國庫收入約六千萬兩，十一億兩，相當於十六年的國庫收入，這是和珅當政二十五年的積蓄。

有人認為，這個數字是不可能的，哪能政府的收入全進了個人的腰包？這種推算把和珅的斂財手段太簡單化了，好像他只會從國庫裡掏銀子似的。實際上，和珅的斂財之道是全方位的，除了貪污、受賄、截留、敲詐這些非法手段外，還有合法管道，比如開設銀鋪和當鋪，乃是一筆巨大的進項。還有一種手段，那就是勒貢。乾隆一刻也不停地到處巡遊，和珅又是盡人皆知的「二皇帝」，所以勒貢是最便宜不過的（上一章我們已經做過介紹），勒貢說不上是合法還是非法，因為納貢者心甘情願，乾隆裝聾作啞，和珅從中得利。或許，和珅還有我們所不知曉的生財之路。

和珅倒臺，他的黨羽們一個個如喪家之犬，惴惴其栗，生怕牽扯到自己身上，有的連忙遞上奏摺彈劾和珅，以求自保。嘉慶為了不使事態擴大，鬧得人心不穩，便降詔說明只懲處和珅，不再株連他人。因此，和珅之案雖然轟動朝野，卻沒有引起官場的混亂。

二、整頓朝綱

究竟是出於對乾隆奢侈揮霍作風的刻意糾正，還是國庫被乾隆折騰窮了而不得已？難作分解，總之，嘉慶的執政原則與乾隆截然相反，是崇尚節儉的。他說：「儉為美德，貴乎有節。天地有節，則四時流行；王者有節，則庶民藏富。」他把「庶民藏富」當作「王者有節」的目的，也當作結果，是很中肯的，也是難能可貴的。關心百姓生計，是嘉慶一貫的思想傾向，他在詩中寫道：「內外諸臣盡紫袍，何人肯與朕分勞？玉杯飲盡千家血，銀燭燒殘百姓膏。天淚落時人淚落，歌聲高處哭聲高。平時漫說君恩重，辜負君恩是爾曹！」

這首詩流露的是真情實感，尤其是中間四句，顯示出濃厚的仁愛之心。在他六十歲大壽時，諭令豁免全國歷年地丁正賦民欠及因災緩徵錢糧，總共兩千七百萬兩，這個數字相當於政府大半年的正賦，可見他是下了很大決心的。

嘉慶做皇子時，曾隨父親乾隆巡遊江南，繼位後，數次巡幸盛京、熱河等地，但未能再巡遊江南，整體來看，他比乾隆的巡遊活動要少得多。嘉慶十年九月，嘉慶巡遊盛京返京途中，大臣吳熊光說：「皇上此次巡遊，是追尋祖宗業跡，風景何足言耶？」嘉慶反駁道：「你是蘇州人，那裡我去過，風景是無與倫比的。」吳熊光說：「皇上看到的，只不過是剪綵為花，那名勝虎丘，其實是一座大墳堆。」嘉慶說：「那麼為什麼皇考（乾隆）六下江南？」吳熊光急忙叩頭謝罪，但仍然勸道：「皇上至孝，臣從前侍皇上謁太上皇帝，蒙御『朕臨御六十年，並無失德，惟六次南巡，勞民傷財，作無益，害有益。』將來皇帝如南巡，而汝不勸止，必無以對朕。」吳熊光引用乾隆後悔六次南巡的話來勸諫嘉慶，是很有力量的，其實也符合嘉慶節儉的思想。

嘉慶相信榜樣的力量，他認為，「君心正，天下莫不歸於正」，「君臨天下，莫先修己。修己斯能治人，其效捷如影響」。因此他以身作則，「朕躬行節儉，為天下先」。比如，他諭令臣下禁呈寶物。清朝官場有進呈禮物的舊俗，逢慶典佳節，大臣向皇帝獻禮，下級給上級獻禮，嘉慶決定煞住這一不良風氣。就在他處置和珅的第二天，他得知去年年底從葉爾羌採得一塊重達數百斤的大玉石正在向京師運送，就當即下令將玉石就地拋棄，不必送京。這年，福州將軍慶霖違例進獻寶物，兵部將其革職，嘉慶念其初犯，改為革職留任。

嘉慶四年五月，嘉慶諭令各省督撫不准自養戲班。嘉慶十四年，他五十壽辰時，提前一年就通令各省不准進獻珍寶。嘉慶十六年，御史景德為了討好嘉慶，便奏請萬壽節期間在京城演劇十日，結果遭到嘉慶的嚴厲批駁，並將景德革職。對端午、中秋等節日，嘉慶也一貫強調從簡，反對鋪張。他親政的當年，就下達諭令，「中秋節貢永遠停止」。而端午節，只有在天降甘霖的情況下，才允許休假一日，否則照常值班。嘉慶十二年春，久旱不雨，結果一些王公大臣依然入圓明園慶節，嘉慶大怒，給了他們扣發薪俸的懲罰。經過嘉慶的不懈努力，乾隆朝遺留下來的奢靡之風被煞住了。

與尚儉相聯繫的，是勤政。清代的皇帝多有勤政的作風，這一點嘉慶繼承了祖輩的傳統。他說：「從來治世之君未有不勤，亂世之主未有不怠，勤則治，怠則亂……何可不勤？何敢不勤？又何忍不勤乎？」嘉慶執政二十五年，始終「夙夜憂勤」，「孜孜圖治，不敢暇逸」。他多次對臣下不及時呈送奏摺而進行斥責，嘉慶十三年，皇子綿甯喜得貴子，內閣便兩天不進奏章，對這種迎合行為，嘉慶十分不滿，提出批評。不幾天，大臣們又因端午節而不呈奏章，嘉慶更是惱火，再次加以申斥。

再進一步，嘉慶強調實政，強調踏踏實實辦事，不浮誇，不弄虛作假。嘉慶二年七月，京城大雨，永定河水漲，南北兩堤各決口三百餘丈，當時嘉慶正在熱河行宮侍奉太上皇乾隆，他立即命地方官員據實奏聞，可是得到的奏報卻是「微雨沾灑，時斷時續」，嘉慶斷定這些官員有意掩蓋災情，心存粉飾，因為熱河天降傾盆大雨，近在咫尺的北京怎麼會是「微雨沾灑」呢？再一調查，果然災情嚴重，為此，嘉慶將奏報不實的留京大臣、順天府尹、總管內務府大臣等均交刑部議處。

嘉慶五年，雲南發生了水災，淹死三十二人，受災農民三千四百多人，剛卸任的雲南巡撫江蘭隱瞞災情，謊稱莊稼豐收，被新任巡撫初彭齡參劾，嘉慶將江蘭革職，勒令返回原籍。嘉慶九年，京畿出現蝗災，嘉慶命各地官員督捕，後來直隸總督顏檢奏稱，「現已撲捕淨盡」，並稱「飛蝗不傷禾稼，惟食青草」。嘉慶派人調查，則田禾已給蝗蟲吃掉了十分之四。事後，他嚴肅地批評了顏檢。

因為提倡實政，所以嘉慶反對祥瑞之類的謬說。嘉慶四年，欽天監奏稱：四月初一，日月合璧，五星聯珠，是嘉祥之兆，嘉慶立即反駁道：去年十月二十八日，眾星交流如織，這樣的凶兆，欽天監卻未奏聞。又批評說，此等鋪陳，侈言祥瑞，近於驕泰，實為朕所不取。果然，那以後，臣下「毋敢以『祥瑞』二字附會登聞」。

嘉慶像他的先輩一樣，重視整頓官場的風氣，曾經指出「整飭吏治，以清廉為本」，因此，懲治貪官是他執政的要務。

嘉慶六年，嘉慶嚴厲懲處了貴州巡撫伊桑阿。伊桑阿在乾隆朝任山西巡撫，因性情粗暴而被罷職，嘉慶親政後，他表示悔改，嘉慶讓他補了貴州巡撫之缺，但他舊習未改，不但肆意謾罵屬員，而且拆改衙門，添房數十間，耗銀六千多兩，又以養廉不足為名，勒索屬員，再後來又虛報戰功。嘉慶降旨將他處以絞刑。

嘉慶十一年，大臣裘行簡奏報說，直隸銀庫歷年收入銀兩數目不清，地丁錢糧、耗羨、雜稅等均有虛收的情況。經調查審訊得知，自嘉慶元年至十一年，司書王麗南夥同他人私刻印章、挖改公文、抵冒分肥，總共侵吞直隸二十四縣的銀錢達三十一萬兩。嘉慶得知，怒不可遏，怒斥王麗南等「目無法紀，至於此極，實堪令人髮指」，將其判為斬刑。處決王麗南時，嘉慶特令保定省城各衙門書吏前往刑場觀看，以便使他們「共相敬畏，不致再蹈刑章」，與此案有關的一干官員，也受到了相應的懲處。

嘉慶十四年，嘉慶將刑部侍郎、欽差大臣廣興處以絞刑。案情如下：廣興曾因首劾和珅有功，很受嘉慶重用，但因他暴戾恣睢，勒索地方大員而遭到山東巡撫吉綸等官員的參劾，嘉慶將他革職拿問，廣興只承認自己受賄一千兩，但查抄結果卻出人意料，現銀及借出的存賬銀七千餘兩，存放帳局銀三萬七千兩，洋呢羽緞千餘件等等。後據廣興交代，他曾先後接受署河南巡撫阮元、河南布政使齊布森、山東巡撫長齡的賄賂，嘉慶將這三個行賄者降四級留任。

嘉慶十四年五月，又發生了一起貪官殺清官的惡性案件。報案人是山東即墨縣人李清泰，其侄是新科進士、候補知縣李毓昌，不久前奉命到江蘇山陽縣查賑，應知縣王伸漢之邀請，前往縣衙赴宴，當晚回到居所，便自縊而死。屍體及遺物運回即墨後，李清泰發現箱內的皮衣有血跡，便心生疑竇，自行開棺檢驗，又發現屍體青黑，斷定是中毒身亡。李清泰覺得事情很嚴重，就特地趕到京城來報案。

都察院立即上奏嘉慶，嘉慶認為此案必有冤情，應予昭雪，以慰孤魂，他特命兩江總督鐵保將王伸漢及涉案人員押送至京，由軍機大臣會同刑部審理；又命山東巡撫將李毓昌屍體運至省城仔細檢驗。經過審訊和驗屍，案件的真相弄清了。

上一年秋天，黃河決口，山陽縣水災嚴重，百姓因房屋倒塌而流離失所。嘉慶下令撥國庫錢糧救濟災民，兩江總督鐵保派李毓昌前往山陽縣督察賑銀發放事宜。李毓昌到了山陽縣，盡職盡責，調集戶口清冊逐一核對，結果發現百姓所收錢糧與朝廷發放錢糧嚴重不符，斷定知縣王伸漢有貪污行為，於是草擬奏章，準備上報朝廷。王伸漢得知消息，心生恐懼，遂派人送二萬兩銀子給李毓昌，被李拒絕。王伸漢與屬下包祥密議對策，以重金收買了李毓昌的隨行人員李祥、顧祥和馬連升。然後在縣衙宴請李毓昌，宴罷，李毓昌回到寓所，李祥在茶水裡放了砒霜，為李毓昌解酒。藥性發作後，他又用繩索將李毓昌勒死，懸掛在屋樑上。王伸漢得知李毓昌已死，就買通了知府王轂，以李毓昌自縊身亡上報，兩江總督鐵保輕信了。

嘉慶親自對此案作出判決：李毓昌為官清廉，特賞加知府銜，並採石勒碑以紀其功；鐵保昏聵糊塗，革職發往烏魯木齊贖罪；王伸漢處斬立決；王轂處絞刑；王伸漢的僕人包祥處斬；李毓昌的家人李祥、顧祥、馬連升賣主求財，凌遲處死，其中李祥行刑後摘其心祭奠李毓昌亡靈。

以上案例，是嘉慶處理得比較得當的。但整體看來，嘉慶雖然在整頓朝綱方面做出了長期不懈的努力，但他有一個嚴重的失誤，那就是手段太鬆軟，沒有力度，他的主張是「徐徐辦理，自有成效」，缺乏雍正那種雷厲風行的氣魄。在方法上，重號召，輕法規；重告誡，輕處置；重身教，輕刑律。號召、告誡固然能夠起到一定的作用，但這不是治國之根本，沒有落實措施，就成了空談；至於身教，臣下可以效法，也可以漠然視之。

對於犯罪者，處置的寬嚴尺度是一門學問。前面說過，康熙尚寬，雍正尚嚴，乾隆又尚寬，到了嘉慶，就更寬，乃至到了疲軟的程度。比如，嘉慶處置和珅沒有搞株連，沒有搞人人過關，這是對的，但僅處置和珅一人，就將和珅的死黨、作惡情節嚴重的人，輕易地放過了。福長安作為和珅的同案犯，先是判為「斬決」，不久改為「監侯」，再往後是「加恩釋放」，賞還家產，再後來竟累遷至正黃旗滿洲副都統。再如，湖廣總督景安，是和珅的族孫，任意亂支官項，致使吏治混亂，百姓流離；又亂殺良民，虛報剿逆之功。此等劣官，理應嚴懲，嘉慶卻格外開恩，讓他赴四川負責「至關緊要」的軍需。又如，陝西巡撫秦承恩負有堵剿之責，由於因循畏縮，且未能撫恤難民，嘉慶為之震怒，將他革職逮京，查抄家產，刑部判處斬監候，但後來卻莫名其妙地將他加恩釋放了。

嘉慶這樣做，實際上助長了貪官的僥倖心理，也為日後的不法行為開了方便之門。他執政期間，確實查獲了許多案子，但從他對案犯的處理來看，都過於寬鬆，因而起不到殺一儆百的效果。從某種意義上講，是縱容了犯罪。

如果說嘉慶對違法貪官僅僅是處理太寬鬆，因而縱容了犯罪，那麼對各地庫帑的虧空，他的態度簡直到了糊塗昏瞶、是非不分的程度。本來，解決這個問題，雍正早就有成熟的經驗：定期稽查，限期補足，不得苛派，期滿不完者，即行嚴懲。嘉慶卻說：百姓富足，君王豈能不足？罰銀之事，朕必不為，各官勉慎為之。他居然把官員侵蝕庫帑說成是百姓富足，把清查庫帑看成是與民爭利，真令人大惑不解！嘉慶十四年，安徽巡撫董教增奏稱，安徽各州縣虧空一百八十餘萬兩，嘉慶沒有追查任何人的責任，卻號召官員們今後要「加倍儉約」。

直到嘉慶十九年，嘉慶才不得不對此採取稍微強硬的措施。署理江蘇巡撫初彭齡奏稱：嘉慶六年岳起任巡撫時，該省虧空三十餘萬兩，如每年補三、四萬，早就應該補齊了；但張師誠任期內，虧空卻增至七十餘萬兩；慶保任期內，增至三百一十八萬兩，比岳起時增加了十幾倍。經查實，常熟縣知縣黃鶴虧欠八萬兩，將其正法。但誰都明白，八萬只是三百一十八萬的小零頭，知縣處死了，更多的督撫大員們卻逍遙法外！

不過，嘉慶後來頒佈了嚴懲貪污的規定：虧欠一萬以上者，革職拿問，判斬監候；兩萬以上者，擬斬決。所虧銀數如數限期繳回，貸其一死；逾限不完，立即處斬。

從總體上看，嘉慶缺乏懲治貪污腐敗的有效手段，因此在他當政時期，官場要比前幾朝更加混亂和無序。

在財政方面，嘉慶犯了一個嚴重錯誤：禁止開礦。礦禁是清朝皇帝的一貫政策，但康熙、雍正、乾隆在實行礦禁是都不是全面、絕對的，都有所鬆動，特別是乾隆，鬆動幅度比較大。但到了嘉慶時期，反而全面實行礦禁了，這不能不說是歷史的倒退。

嘉慶之所以比他的前輩表現得更為極端，大約有三個原因：其一，是牢固的農本思想，如同他在詩中寫的：「為政先崇本，農桑衣食源。」嘉慶對重農作了狹隘的理解，因而堵塞了其他發展經濟的管道。其二，嘉慶的時代比前朝更加動盪不安，白蓮教起義、苗民起義，鬧得天翻地覆，因此他更容易相信「開礦聚盜」的說法，他說：「以謀利之事，聚遊手之民，生釁滋事，勢所必然。」其三，嘉慶畢竟是平庸皇帝，守成皇帝，沒有開創精神，甚至膽小怕事。

除了實行礦禁，嘉慶還嚴禁內地民人出關墾荒。禁止出關墾荒，從順治朝就開始了，這是順治的一大弊政，嘉慶偏偏就繼承了這一弊政。不同的是，前幾朝禁令實行得不嚴格，「闖關東」的人始終沒有停止，而到了嘉慶，卻三令五申地下令禁止，將前朝的弊政發展到極端。

嘉慶不明白，他的王朝與前輩不一樣了，除了社會（尤其是官場）積弊空前加深以外，還有一個重要的變化，那就是人口膨脹。康熙年間，全國人口約一・五億，乾隆末年，為二・八億，到嘉慶年間，達到三・五億。人口劇增，而耕地面積卻是相對穩定的，乾隆十八年，全國耕地面積為七百〇八萬一千一百四十二頃，到嘉慶十七年，為七百九十一萬五千兩百五十一頃，雖然增加了，但是增加的數目不多。這樣，人均耕地面積就縮小了。據統計，乾隆十八年，全國人均耕地面積為六・八九畝，嘉慶十七年為一・九五畝。於是，吃飯就成了一個嚴重的社會問題。

這個社會問題被有識之士洪亮吉注意到了，他提出了卓越的見解：人口的增長速度是很快的，比如一人有屋十間，地十頃，很寬裕；娶妻後，仍寬餘。以生三個孩子計算，到第三代娶妻後，就不下二十人了。於是，就出現了如下情況：「為農者十倍於前而田不加增，為商賈者十倍於前而貨不加增，為士者十倍於前而傭書收徒之館不加增……戶口既十倍於前，遊手好閒者更十倍於前。」洪亮吉看到了一個嚴酷的現實：人口的增長速度遠遠超過物質財富的增長速度。這是一項了不起的發現！

養活一個人需要多少土地？按洪亮吉的說法，是四畝地，大概是根據當時農業生產水準作出的估計，但嘉慶十七年，人均土地只有一・九五畝了。怎麼辦？除了通過墾荒擴大耕地面積以外，那就是開通新的經濟路子，但嘉慶偏偏在這一緊迫的歷史關頭，禁止出關墾荒，禁止開採礦物。這一逆歷史潮流而動的政策是極小器、又極愚蠢的。

三、野火燒不盡

對嘉慶皇帝來說，白蓮教、苗民和天理教是三大心腹之患。

白蓮教的歷史很久遠，宋元時期就有了。它一問世，就被朝廷視為邪教，嚴加禁止。到乾隆晚年，其會眾大增，並且從祕密傳教轉為公開活動。

白蓮教信奉「真空家鄉，無生老母」八字真言，認為世界的本源是混沌的大氣，演化成神，即所謂「無生老母先天立」。無生老母生出陰陽，陽者是伏羲，陰者是女媧，二人結為夫妻，繁殖出億萬後代。這些後代家鄉在天宮，叫「真空家鄉」。

白蓮教派系林立，鄂豫川一帶最為活躍，主要有三派：三陽教，以劉松、劉之協為首領；大乘教，以宋之清為首領；收元教，以王應琥為首領。他們以「反清復明」為口號，會眾的成員很複雜，有農民、鄉紳、窮書生、衙門裡的差役等等。乾隆五十九年，清廷在陝西、四川展開了一場大搜捕，大屠殺，被處決者多達五百人，白蓮教的領袖除了劉之協以外，均遇難。

但這次鎮壓並沒有消滅白蓮教，因為各地官員把緝拿教徒當作絕好的發財機會。如四川達州知州戴如煌，濫設衙役四千名，到各處敲詐百姓，無論是否信教，一律誣為教徒，交錢者即釋放，否則嚴刑拷打。白蓮教首領徐天德、王學禮被拿，但交了幾千兩銀子，人就放了，這叫「洗賊名」。結果有錢人被勒索一空，無錢者徒受皮肉之苦。湖北武昌府同知常丹葵更是殘酷，見人就抓，關押於寺廟，逐一勒索盤剝，不交錢者，用大釘將其雙手釘於牆壁，又以鐵錘行刑，所擊之處，筋骨立斷。他還將所謂「人犯」用船押解到省城，每船擁塞一、二百人，沿途死亡者即拋入河中，等到了省城往往死亡大半……

凡此種種，都將百姓逼到絕路上，因此白蓮教的活動愈演愈烈！正當嘉慶登極之時，各地白蓮教都打出了「官逼民反」的大旗，嘉慶也不由得為之慨歎：「教匪聚眾滋事，皆以官逼民反為詞，朕聞之殊為惻然！」

嘉慶元年，張正謨在湖北宜都起義，附近各地民眾立即回應，不久，周邊數十縣燃起了反抗清廷的大火。

楊起元自稱大元帥，帶領義軍攻佔湖北當陽縣城，殺死知縣；王聰兒（齊王氏）、姚之富起兵於湖北襄陽的黃龍鎮，聚眾萬人，進攻河南，又向山西進軍，直指西安，之後又折回湖北；曾士興起兵攻克湖北竹山、保康兩縣城；徐天德自稱大都督，起兵於四川達州，只十幾天，聚眾萬人；王三槐、冷天祿舉旗於東鄉，回應徐天德，起義軍將前來進剿的清軍兩千人全部殲滅……

清廷採取「堅壁清野」和「寨堡團練」的辦法：通過築寨堡、並村落，加強鄉勇防守，切斷起義軍同百姓之間的聯繫，使起義軍無法得到糧草與兵源的補充。起義軍方面，力量很分散，各行其是，每一支隊伍都獨立行動，首領們沒有長遠的方略，只是盤踞山寨，或到處流竄，因此總體上戰鬥力並不強。到嘉慶六年下半年，起義軍人數只剩下兩萬四千，而圍剿的清軍增加到二十幾萬。起義軍在極端艱苦的條件下，堅持戰鬥，直到嘉慶九年九月，起義終告失敗。

川、陝、鄂白蓮教起義是清代中葉規模最大的一次農民暴動，它又蔓延到甘肅和河南，歷時九年半，抗擊了朝廷從十六省調集來的數十萬兵力，殺死了朝廷二十多個一、二品大員和四百多個提督以下的軍官，朝廷為了平定白蓮教，耗資達兩億兩白銀，相當於四年的財政收入，清王朝在白蓮教的打擊下，元氣大傷。

在白蓮教起義的同時，也發生了湘、黔、川苗民大起義。

苗民對朝廷的反抗由來已久，早在乾隆元年，黔東就發生過苗民起義，朝廷派張廣泗率大兵鎮壓，殺死苗民一萬七千多人，燒毀苗寨一千兩百多座。那以後，苗民受到漢族地主越來越沉重的欺壓，驅逐客民的事件時有發生。乾隆五十九年，貴州松桃廳苗民石柳鄧、湘西永綏廳苗民石三保在鳳凰廳鴨堡寨舉事，起義軍很快發展到七、八萬人，乾州廳吳八月等紛起回應。起義軍在鴉西寨大敗官軍，殺死清朝總兵明安圖、永綏副將伊沙那、同知彭鳳堯，攻下乾州城。次年閏三月，石柳鄧率師入湘西，與石三保會師於永綏黃瓜寨，與清軍激戰後，轉移到乾州平隆。朝廷急派雲貴總督福康安調動兵將數萬人平剿，起義軍運用「官有萬兵，我有萬山；其來我去，其去我來」的遊擊戰術與官軍周旋，搞得清軍暈頭轉向，疲憊不堪。

後來清軍採取步步為營、堅壁清野的手段，使起義軍出於不利地位，同時，清軍又把起義軍頭領吳隴登收買，吳隴登誘騙吳八月至家，擒之，獻於清軍，吳八月誓死不降，被殺。

嘉慶元年七月，石三保被清朝四川總督和琳捕殺。石柳鄧率領苗民起義軍在平隴一帶繼續奮戰。九月，清軍大舉進攻平隴。石柳鄧率眾抗擊，激戰了三個月，重創清軍，擊斃清將守備王泰和等人。後來，清軍加強攻勢，使起義軍陷於困難境地。起義軍首領吳八月的兒子吳廷禮、吳廷義先後被叛徒出賣，石柳鄧在戰鬥中受傷後犧牲。清軍攻陷了平隴，苗民起義遭受到重大挫折。之後，苗民在石宗四、石貴銀的領導下繼續鬥爭，直到嘉慶十二年才被平息。

苗民大起義前後經歷了十三年，清廷調動了七個省的兵力，耗銀一億兩，損失將官一百一十六人，福康安、和琳（和珅之弟）都死於平苗之役。足見苗民對朝廷的打擊之沉重！

與規模宏大的白蓮教、苗民起義相比，順貞門事件只是一段小小的插曲。

嘉慶八年閏二月二十日黃昏，嘉慶東巡返回紫禁城，過了神武門，將要進順貞門時，甬道裡突然竄出一個黑影，手持鋼刀向嘉慶的御轎猛撲。此時，神武門到順貞門之間的兩排護軍、侍衛有一百多人，面對眼前的突發事件居然不知所措，呆若木雞。在此緊急關頭，九門提督、定親王綿恩（嘉慶的侄子）撲身上前，與黑影扭纏在一起，喀爾喀親王拉旺多爾濟、喀喇沁公丹巴多爾濟和三名御前侍衛也一哄而上，將刺客按倒在地，捆綁之。

綿恩的胳膊受了傷，丹巴多爾濟也被刺傷三處。綿恩下令四處搜查，沒再發現可疑之人，這才向御轎之內的嘉慶報說平安。

這太離奇了！在壁壘森嚴的紫禁城，居然有人敢持刀行兇，而且要殺的就是九五之尊的皇帝，別說是大清朝，就是在整個中國的歷史上，此類事件都是極為罕見的！

次日，刑部尚書勒保對刺客進行審訊，無奈刑罰用盡，那人一字未招；嘉慶又氣又恨，次日又命滿漢大學士、六部尚書共同會審，仍無結果；嘉慶再命九卿科道會審，還是一無所獲。後來，從御膳房總監孟明那裡瞭解到刺客的底細，此人名叫陳德，祖籍河南泰縣，童年隨父母做旗人的奴隸，主人死後，隨父母在山東青州、濟南、章丘一帶給人打短工度日。陳德後來娶妻，生下二子，父母死後，他來到京城投親靠友，曾經在紫禁城的御膳房當過差，後被解雇。前幾年妻子死了，岳母跌成了殘廢，二子年幼，一家人的生活沒了著落。

得知了這些情況，再對陳德審訊，陳德終於說出了事情的經過。在絕望中，他曾經五次求籤算卦，都是上簽，說是能夠富貴，但實際上連飯都吃不上，就常想一死了之，卻又覺得應當死得壯烈。恰好那天他看見大街上墊道，一打聽，是皇帝謁陵回宮，便以為是個好機會。黃昏後，混進了東華門，因為以前在這裡當過差，路徑熟，便很順利地來到潛伏地點。

真相大白了，沒有同謀，沒有組織，沒有什麼深刻的背景，只是一個瘋子偶然的、無知的衝動。最後判決陳德與他的兩個兒子均凌遲處死。

這一有驚無險的偶發事件，似乎不值得寫進史書之中。其實不然，它暴露出的問題卻是非常嚴重的。因此這件事使嘉慶格外懊惱：其一，被強大的政敵所襲擊，至少可以體驗一下身臨龍潭虎穴的雄偉之感，而這次行兇的，卻是個卑賤不堪、窮急了眼的瘋子，這太晦氣了，而這類倒楣的事卻偏偏落在他的身上；其二，紫禁城乃森嚴而神聖之地，一介無賴賤民居然說進來就進來了，豈非咄咄怪事？皇威又何在？其三，一百多個全副武裝、長年領取皇家俸銀、平時耀武揚威的護軍和侍衛們，面對一個窮瘋子，竟然瞠目結舌，惶然失措！

嘉慶一面重賞了綿恩等六名護駕有功的人，一面嚴厲訓斥護軍：「而今有陳犯徑入神武門，通暢無阻，藏匿多時，各護軍、侍衛竟毫無覺察，足見各門護軍失職到何等地步！」又申斥侍衛說：「綿恩六人，受恩固厚，然百餘袖手旁觀之人竟無一受恩厚者？見此等事尚且如此漠不關心，安望其平日盡心國事耶？」於是，將神武門護軍統領阿哈保、順貞門護軍副統領蘇沖阿、京城侍衛統領賢福、京城侍衛副統領緒華、御膳房總監孟明一干人等一律革職……

紫禁城的這段風波總算過去了，但誰也沒想到，十年以後，這裡又遭受了一場更大的劫難。

嘉慶十八年七月中旬，嘉慶照例率領王公眾臣前往避暑山莊，八月中旬，去木蘭圍場狩獵，九月初一，嘉慶令二皇子綿寧、三皇子綿愷先返京師。

初十日，嘉慶與眾臣回鑾，但一路上，連續接到十份奏摺，都是關於天理教作亂的。天理教原名榮華會，又名龍華會，屬於白蓮教的一個支派，也信奉「真空家鄉，無生父母」的八字真言。其首領是直隸大興人林清，還有河南滑縣人李文成，他們曾提出「二八中秋，黃花落地」的口號，所謂「二八」是指第二個八月，也就是閏八月，中秋指閏八月十五日；「黃花落地」是暗示清朝滅亡。當時的人迷信，認為凡是有閏八月的這一年，必定發生不幸的事。兩年前，天空出現了彗星，欽天監奏稱將有兵災，為了圖個吉利，就把嘉慶十八年的閏八月推遲到下一年，而以原來的閏八月作為九月。天理教計畫作亂的日子就要到了，不知道把閏八月改成九月以後，他們的計畫是不是照舊。

正在嘉慶為此擔心的時候，九月十六日，就在白澗行宮收到綿寧、綿愷的加急奏報，說皇城出了大亂子，天理教徒在京城聚眾造反，已經攻入了蒼震門。

嘉慶萬萬沒想到事態會如此嚴重，急忙與王公大臣商議，王公大臣們被嚇得暈頭轉向，哪裡有什麼主意！

有的說，京城太危險，應當立即返回盛京（瀋陽），整頓兵馬，重新入關，征服中原……

有的說，應當退回熱河，依靠蒙古藩王、貝勒、貝子的勢力，進攻北京……

有的說，應當暫時安頓在白澗行宮，靜觀北京動向，然後再做打算……

嘉慶猶豫著，不知聽從哪一種意見更好。

這時大學士董誥提出，應當立即返回京師，所謂作亂，只不過是滋擾而已，只有聖駕返京，才能鼓舞京城將士，穩定局勢……

在這個命運攸關的時刻，嘉慶作出了明智的選擇，他聽從了董誥的意見，決定冒險回京。恰好，這天黃昏時分，北京方面有了新的消息，說叛亂已經被鎮壓。

再說北京這邊。天理教在起義的準備階段，就已經發展了許多太監加入了教會，這為他們打進皇宮創造了有利條件。按原來的計畫，是趁嘉慶去避暑山莊之際，由林清與李文成兩支隊伍合力攻打紫禁城。但滑縣方面洩露了風聲，李文成被知縣強文捷逮捕，會眾們眼看著舉事日期快到了，就衝進縣衙，殺死了強文捷，救出了李文成。天理教會眾不承認清廷對閏月的改動，仍然決定在規定的時間（原來的閏八月）採取行動。

林清對李文成的情況一無所知。這時他得知一個消息：嘉慶將於十七日抵達白澗，那時留京大臣必定出迎，紫禁城空虛，容易成功。但林清講迷信，說十五日這個日期是「天定」的，不能更改。他將兩百名起義軍分成兩路，一路攻打東華門，他們化妝成商人，由太監劉得財帶領，殺死守門侍衛，衝進東華門，但守門侍衛關閉了大門，因此只有林爽等五人進入。他們又進入蒼震門，與侍衛遭遇，兩人被擒。林爽等三人殺進了熙和門，經過一番格鬥，林爽被俘，其餘二人戰死。

另一路攻打西華門，由陳文魁帶領五十多人，化裝成小販，由太監楊進忠等引路，西華門無人把守。他們進門後，即關閉城門，以防清兵從外面增援。一進門，會眾就在城門上掛起了「奉天開道」、「順天保民」的旗幟，然後到尚衣監、文穎館，殺死數人，又來到隆宗門，但門關著，會眾們以大木棍撞門，驚動了護軍。這時三十一歲的綿寧和十八歲的綿愷正在上書房讀書，聽到外面喧嘩，出來一看，見起義軍已經有人揮動著白旗上了牆頭和屋頂，慌亂之中，綿寧拿出搶來，擊倒了其中的兩個。這時護軍越來越多，起義軍且戰且退，因得不到支援，最後非死即擒。

林清沒有參加這次行動，他在附近的宋家莊被捕！正在滑縣的李文成與清軍作戰，兵敗自殺。

在嘉慶執政期間，京城竟然出了這麼大的動亂，自己對先祖、對天下臣民作何交代？於是，在九月十七日，嘉慶以愧恨交加的心情頒佈了《遇變罪己詔》，詔書中簡述了白蓮教、天理教作亂的經過，但又表示，大清一百七十年來列祖列宗深仁厚澤，愛民如子，卻「突遭此變，實不可解」。嘉慶指出，社會出現動亂是因為官員們「因循怠玩」，最後告誡大臣們「當赤心為國，竭力盡心」。

在中國歷代皇帝中，發現官僚腐敗並加以懲治的，為數頗多，但敢於承認民眾「作亂」的根由在官府的，卻鮮有其人，但嘉慶承認了，惟其如此，他對官場的腐敗也就更加痛心疾首。

四、平穩的權力交接

我們說嘉慶朝是清朝由盛而衰的轉捩點，從嘉慶巡幸的情況也能看出。

嘉慶做皇子時，曾隨父親乾隆南巡過，但他在位二十五年中，從未做過一次南巡，這是他的簡樸主張使然；但他曾經東巡兩次，第一次是嘉慶十年，白蓮教鎮壓之後，嘉慶覺得自己完成了一件重大使命，就想到盛京、興京等清朝的發源地去走走，以便告慰祖宗的聖靈，同時也是憶創業之艱難，思守成之不易。第二次是在嘉慶二十三年，目的也一樣，但這次他帶上了皇次子綿甯，讓他經受一次傳統教育，準備接班。因此，嘉慶兩次東巡，都有明確的政治動機。

玩賞性的巡遊，嘉慶只有一次，就是嘉慶十六年的西巡，遊覽了五臺山。

木蘭圍場離北京畢竟很近，所以嘉慶來的比較多，共舉行了八次「木蘭秋獮」。木蘭秋獮始於康熙二十年，「木蘭」是滿語，是「哨鹿」（即捕鹿）的意思；因為舉行時間在每年的陰曆七、八月間，故稱「秋獮」。從那時起，秋獮就成為一種典禮性的活動，後代的皇帝視為「祖制」。

行獵的地方在承德以北四百里與蒙古接壤處，圍場東西、南北大約各三百里。康熙安排秋獮活動，並非為了娛樂消遣，而是為了保持皇室的尚武傳統，杜絕怠惰頹靡的惡習。從康熙四十一年開始，北京至圍場沿途建造了許多行宮，最宏大的是熱河行宮，又稱避暑山莊。雍正在位十三年，因為擔心政權不穩，未敢來此。乾隆在位六十年，又訓政三年，到此四十次。乾隆的秋獮，自然也是繼承先輩的尚武精神，但已包含著濃重的享樂內容。與乃父相比，嘉慶秋獮的頻率要少得多了，而且在規模儀仗上，也大不如前了。

皇帝的巡幸由奢華、頻繁而轉為簡樸、稀疏，是王朝走下坡路的一種外在信號。

嘉慶二十五年七月十八日，嘉慶攜皇子、王公貴族從北京啟程前往避暑山莊，七天後的二十四日到達，憩息於煙波致爽殿。當天晚上，嘉慶感到不適，痰氣上湧，次日上午，氣力不接，下午，感到氣管堵塞，呼吸困難。傍晚時分，電閃雷鳴，暴雨驟降，嘉慶呼吸更加艱難，終於在晚八時許，因窒息而駕崩，享年六十一歲。

嘉慶死得很突然，也很意外。他的身體一直很好，沒有患病的記錄，卻在不到兩天的時間裡犯病而猝死，因此引起了許多猜測，這些猜測又演化成活龍活現的故事：

嘉慶帶領滿漢大臣去木蘭圍場打獵，追尋多日，不見虎熊，只有一些野兔，覺得很掃興。回路上，忽然天降大雨，雷電交加，正在君臣們驚恐慌亂之際，一道閃電劈了下來，緊接著是一聲巨雷轟響，嘉慶皇帝頓時落馬，眾臣上前看時，嘉慶已經被燒焦了。皇帝遭雷劈，是極大的不吉利，為了保密，就把嘉慶的殘骸放在棺材的底層，然後將一個與嘉慶相貌相似的太監絞死，穿上皇帝的龍袍放在上面，以此掩人耳目。

這種說法純系杜撰，沒有任何證據。歷史界採取了合理的邏輯推斷，認為嘉慶死於長期操勞。嘉慶不是個有作為、有才幹的皇帝，卻是個克勤克儉、盡心於政務的皇帝，他的王朝，危機四伏，各種事端紛至遝來，可以說，他在位二十五年，幾乎沒有一天是舒心的，憂鬱、苦悶、迷茫、煩惱時時纏繞著他，長期的壓抑導致了他身體健康狀況的下降。

軍機大臣們立即以六百里快馬飛馳京師，奏知皇太后（即嘉慶的皇后），太后命留京大臣到正大光明殿匾額後尋找祕密立儲的詔書，沒找到。於是，她下了一道懿旨，讓皇次子智親王綿寧繼承大統。綿寧不是她的親生兒子，但她知道，綿寧是嘉慶最寵愛的嫡子，而且在學業方面比她的兒子綿愷優秀，因此她的這一決定是無私的，明智的，胸懷坦蕩的。

嘉慶死後，出現了短暫的混亂，因為人們手頭沒有嘉慶祕密立儲的御書，一時無所適從。據《清史稿・宗室禧恩傳》載，這時內務府大臣禧恩建議，讓綿寧繼位，軍機大臣托津、戴均元猶豫不決。直到第二天（二十六日）上午，一個嘉慶的隨身小太監才從懷裡拿出一個小金盒，打開，從裡面取出嘉慶的御書，上面寫著「嘉慶四年四月初十日卯初立皇二子綿寧為皇太子」等字。於是，綿寧立即派人奏知皇太后，並呈上嘉慶的御書。

皇位的交接很平穩，沒有引起什麼波折。嘉慶二十五年八月二十七日，三十九歲的綿寧與眾臣在紫禁城太和殿舉行隆重的登極儀式，為了避諱，他的名字改為「旻甯」，以明年為道光元年。道光，是光大道統之意。

但歷史家們發現了許多疑點：

第一，嘉慶的死過於突然，二十四日這天還策馬越過廣仁嶺，當時甚至感覺「弗倦」、「不覺其勞」，怎麼會在一天多的時間就匆匆離世了呢？綿寧似乎也覺得父親死得太急促，後來解釋說，嘉慶是「遘疾三日，遂至大漸」，這一更改，就把病程的時間延長了，也更合理了，但也出現漏洞了，嘉慶到底病了幾天才死的？

第二，祕密立儲的程序是，皇帝把立儲御書放在正大光明殿的匾額之後，它應當一式兩份，但正大光明殿的這一份無疑是最權威的，嘉慶不會不知道，然而，正大光明殿並沒有找到立儲御書，這就奇怪了。

第三，為什麼御書不在嘉慶身上而在小太監手裡？為什麼直到第二天小太監才把小金盒拿出來呢？一種解釋是，小金盒原來是嘉慶隨身攜帶的，騎馬時害怕遺失，就給了小太監，小太監覺得重任在身，沒有皇帝發話，不敢交給任何人。第二天，他見大臣們為找不到金盒而著急萬分，而且皇帝已死，沒有必要保存小金盒，就獻了出來。這種解釋是合乎情理的，但在嘉慶一死就將小金盒交出更加合乎情理。人們有理由發問：在嘉慶死後的六、七個時辰裡，小太監在做什麼？他拿出來的這份御書究竟有多大可靠性？同樣合乎情理的猜測是，根本就沒有什麼立儲的遺書，嘉慶對自己的身體健康狀況信心十足，在六十歲的生日時，他曾自豪地說起他的家族長壽史，因此他覺得立儲的事還有時間考慮。但他突然死了，綿寧及其親信就偽造了一份御書，讓小太監演了這齣戲。

第四，據載，嘉慶之所以立綿寧為儲君，是因為嘉慶十八年天理教作亂時開槍打死教徒立了功，但立儲御書卻標明是嘉慶四年寫的，提前了十四年。

第五，嘉慶死後，綿寧讓軍機大臣整理嘉慶遺詔，其中引了嘉慶的話：皇考（指乾隆）生於此地，我死在這裡有什麼遺憾的呢？經道光審閱，沒發現問題，過了一個半月，道光從乾隆的詩中發現，乾隆多次強調自己生於北京雍和宮，便大發雷霆，質問整理遺詔的托津、戴均元、盧蔭溥、文孚四個軍機大臣。

軍機大臣拿出嘉慶的詩，嘉慶多次提到乾隆生於避暑山莊。因此這四人並沒有錯，如果真的有錯，錯在嘉慶，況且遺詔道光是審閱過的，但道光（綿寧）怒氣未息，仍然蠻不講理地將這四位軍機大臣交刑部議處。這四個人恰恰是嘉慶寵信的重臣，他們是嘉慶遺詔的整理者，也是小金盒祕密的見證人，道光把他們一股腦兒地踢出了軍機處，意味者什麼呢？

第六，按《清仁宗實錄》載，立儲詔書是嘉慶病重時，當著御前大臣和軍機大臣們的面宣示的，但《清史稿．宗室禧恩傳》載：嘉慶死後，眾人並沒有發現立儲詔書，於是禧恩建議讓綿寧繼位。兩種權威的清宮文件互相矛盾，而且軍機大臣提議皇位繼承人是違背祖制的，他們沒有這種資格，這就暴露了「權威」的虛假性。

第七，這是不太重要的一點，但既然有人注意到了，這裡不妨提一下，皇太后鈕祜祿氏只比道光大六歲，她死於道光二十九年十二月，道光因此而悲痛萬分，僅隔一個月，他就死在皇太后的葬禮上，這在清朝的宮廷史上是令人迷惑難解的奇事。當初這位太后在沒有立儲御書的情況下違背祖制，讓綿寧登極，有沒有另外的因素？

總之，在綿寧繼位的環節上，疑點叢生。但疑點歸疑點，這次權力的交接並沒有在宮廷中引起什麼衝突和風波。

五、道光治國

道光作為皇帝，最顯著的一個特點是節儉，這一作風繼承了其父嘉慶又有所發揚，乃至被史家認為是歷代數百個君王中無與倫比的節儉者。他身體力行，從自我做起，在日常生活中節衣、縮食、裁儀仗、省車從、止秋獮、罷避暑。

史載，道光的破衣要縫補之後繼續穿用，他自己的褲子破了，就命內務府的人補好。大臣們見了，也爭相效仿。他有一件黑色狐皮端罩，過於肥大，透風，就想加一圈狐皮，內務府的人說加狐皮需要一千兩銀子，道光立即取消了這個打算。

帝王的膳食從來都是一筆巨大的開支，道光體察國情，主動減膳，他每日只點四盤菜肴，其中兩盤留晚膳食用。一次，皇后生日，按理應大擺宴席，但道光卻指令御膳房做麵條，只是多加些鹵子，讓內廷的人都吃飽。內大臣要殺十口豬，道光只准殺四口豬。

皇帝外出，儀仗隊是不能少的，這是皇帝身分的標誌，但道光不以為然，認為純屬「繁文縟節」，他諭令臣下：「將儀仗、作樂及王公各大臣接駕之處，俱行停止」。道光十年春祭天壇時，他又說，祭祀天壇，在於心誠，不必乘輦，命鑾儀衛在今後祭祀時將玉輦備於天安門外即可。嘉慶死後，道光喪服期滿，要去謁陵，他命令內務府輕車簡從，內務府根據他的諭旨開列出單據，將所有預備差遣人員所用車減少一百四十輛，內廷需用車減少七十八輛，道光准奏。

滿人入關後，為了保持尚武精神，每年皇帝都要率大臣舉行秋獮。但每次秋獮，都耗資巨大。道光登極，前三年喪期未滿，不能舉行秋獮；到道光四年，他又以民力維艱為由降旨暫停秋獮。然而，這個暫停的時間卻長達二十六年，就是說，道光在位的三十年間，沒舉行過一次秋獮活動。

道光的節儉作風，一方面是他的執政思想使然，另一方面也是不得已而為之，乾隆晚年的揮霍，嘉慶年間的平亂，導致道光接班時國庫的窮竭。

在大的方略上，道光提出了裁軍的決策。當時清軍有六十萬，龐大而臃腫，軍餉是一筆極大的負擔，他提出了2%的裁減比例，從道光元年到十二年，裁員逐步進行。雖然這個數字很少，但還是在一定程度上限制了軍費的開支。

道光在節儉方面確實作出了不懈的努力。問題在於，他這樣做取得了怎樣的效果？是否符合治國之道？

從道理上講，皇帝帶頭節儉具有榜樣的作用，效果應當是良好的。但實際上，道光的努力卻如同煙雲，被宮廷和官場的污濁之風，吹得無影無蹤。

先看他的身邊的內務府。內務府是專門經管宮廷內部事務的。前面我們提到，道光常穿帶補丁的衣服。補丁俗稱「打掌」，大臣們也紛紛穿起了「打掌」衣褲，但這只不過是迎合道光而已。一天，軍機大臣曹振庸穿著「打掌」的衣服上朝，道光問其故，他說：

做新的太貴，所以打掌。道光問：打掌要花多少錢？曹振庸答：要花三錢銀子。道光驚愕地歎道：太便宜了，朕這個補丁花了五兩銀子。

看來道光不是個精明人，一個補丁竟要花掉五兩銀子，問題正出在內務府。內務府的官員巨貪成群，他們通過虛報帳目的方法不知從國庫中竊走了多少銀錢。其實，內務府的這種伎倆早就在使用了，奇怪的是，在長達一個多世紀的歲月裡，精明的或不太精明的皇帝們居然都沒有注意到這個特大的漏洞，直到後來，最沒有本事的宣統皇帝遜位之後，才發現了內務府揩皇帝的油這一驚人現象，並決心整頓，卻慘遭失敗，此是後話。

再看國庫。庫銀失盜，是個老而又老的問題，但道光和其他的皇帝們對其中的奧秘一概懵懂無所知。按說，庫銀的搬運制度是很嚴格的，無論冬夏，庫兵都要裸體進庫，穿上官制衣褲工作，結束後，裸體出庫。出庫時，要接受檢查：抬高雙臂，雙腿分開，還要張嘴學鴨叫，以此證明口中沒藏有銀元。但庫兵們仍能想出辦法，那就是把銀錠塞進肛門中，攜帶出去。庫兵的職業是家傳的，他們從小就練習用肛門夾帶東西，先夾雞蛋，然後是鴨蛋、鵝蛋，再往後是鐵丸，因此一個庫兵每次可以夾帶上百兩重的銀錠。這樣，日復一日，年復一年，庫銀就像涓涓的小溪一樣流淌出去……

更大的漏洞是各級官員貪贓枉法，侵蝕庫帑錢糧，敲詐民脂民膏，歷朝皆然，道光朝也不能外。

由此看來，道光以身作則、儉樸節省的客觀效果，實在是微乎其微的。這表明，當時整個國家機器已經鏽跡斑斑、腐爛不堪了！

道光的節儉影響不了臣下，連他自己都不能始終如一。他可以說是受了一輩子窮，但非常奇怪的是，他為自己建造了一座十分豪華的墳墓。我們知道，乾隆是以奢華揮霍而著稱的，他的墳墓耗銀兩百〇三萬兩白銀，而道光的墳墓呢，耗銀兩百四十萬兩，比其祖父多將近四十萬兩，真是不可思議！

道光治國出力多而成效低，在治河方面也充分地顯露出來。

黃河氾濫是個老問題，從康熙開始，就不斷治理。嘉慶治河是一套老辦法：加高河堤，加寬堤頂，防止河水漫出。這種辦法並不能根治黃河，因此大小水災經常發生，而治河經費照常調撥。道光十五年，東河總督栗毓美使用了「拋磚法」，即在受河水沖擊的地方拋下大量磚頭，形成擋水壩，這樣既減輕了河水的沖力，又加固了河堤，效果較好，而且節省經費一百三十餘萬兩。然而，這僅僅是成功的個例，總的看，嘉慶道光朝治河不斷（除了黃河，還有運河、淮河、永定河等）而水患不止，原因是官員貪污、虛報、偷工減料的事情層出不窮，這些情況道光心裡很清楚，並多次降旨對各級官員加以規勸，但基本上沒能制止營私舞弊的惡劣風氣。

道光二年，揭發出河南儀封河工冒銷庫銀之事。該工程秸料一項需用九十八萬兩，但報銷銀卻是一百七十九萬兩，多出了一倍；引河挖溝，實用一百九十八萬兩，報銷數字卻是兩百六十萬兩。

道光三年，黃河堤壩又出現了「豆腐渣」工程。建堤壩土方，應為挖土一寸，堤增一寸，但報帳時卻按二寸計算，工錢多領了一倍；夯土本來應該添一層土打一次夯，後來竟添三層土才打一次夯，結果堤身鬆軟不堅。監工人員又被工頭收買，一起蒙混過關。

道光五年，又揭發出南河工程的若干問題：外表新砌石料很平滑，但裡面填塞的是亂七八糟的碎石頭；縫隙中的石灰漿未能填滿，到處是窟窿；三合土中摻雜著許多黑泥；磚料大小厚薄不一；樁根不牢固等等……

直到道光朝的後期，潘錫恩被任命為南河總督，治河工作才略有起色。

開源，是道光的另一條經濟之道。作為一個守成皇帝，他步先輩之後塵，財源大致還是稅賦、捐納之類，但比起前輩，他執政的後期有兩項重大突破，一是開放礦禁，他的思路是：「開礦之舉，以天地自然之利，還之天下，仍藏富於民。」他指令四川、雲貴、兩廣、江西各督撫，在所屬境內勘察礦源，酌量開採。道光在這件事上覺悟的畢竟太晚，效果也不明顯，但他開放礦禁的舉措卻打造出「重農不抑商」的治國模式，客觀地適應了社會發展潮流。二是允許到東北墾荒。東北被清代皇室視為「龍興之地」，從順治到嘉慶，都禁止內地人民去那裡謀生，但道光開禁了，這一方面開發了自然資源，另一方面解決了部分百姓的生計問題，是很有意義的舉措。

道光所做的最有意義的一件大事是平息張格爾叛亂，穩定了新疆局勢。

早在乾隆二十二年，清軍擊敗準噶爾，佔領伊犁，釋放了被準噶爾囚禁的大和卓木博羅尼都，但不久博羅尼都在南疆叛清，被清軍平息而伏誅，其子薩木薩克逃往浩罕國（今烏茲別克一帶）。

嘉慶二十五年，薩木薩克的兒子張格爾發動叛亂，襲擊清朝守軍，被清軍擊退。道光四年，張格爾發動了第二次叛亂，仍然失敗，張格爾只帶殘部二十六人逃遁。此後，張格爾又不斷騷擾清朝邊境。

道光五年，張格爾再次攻擊清軍，道光派慶祥為參贊大臣、長齡為伊犁將軍，率軍剿除叛軍。由於戈壁地理環境惡劣，又遇大雨，清軍作戰不利，張格爾連續攻佔了喀什噶爾等四城。長齡指揮軍隊，在柯爾坪與叛軍激戰，取得首次小勝。道光七年二月，清軍在洋阿爾巴特與叛軍交火，殲敵萬人，追殺三十里，生擒三千兩百多人，叛軍損失慘重，清軍第一次大捷。兩天後，雙方在沙布都爾莊外再次交鋒，清軍殲敵數萬，獲第二次大捷。三天後，雙方在阿克瓦布特對陣，清軍從兩側夾擊叛軍，叛軍大亂，清軍趁勢追殺，斃敵三萬人，生擒兩千餘人，獲第三次大捷。張格爾連戰連敗，元氣大喪。長齡乘勝掃除殘敵，將南疆四城收復，並俘虜了張格爾。

為了杜絕後患，道光在康熙「駐兵屯田」的基礎上，想出了一條「以本地之民種本地之田，守要隘即捍身家」的政策，這樣，就節省了一大筆軍費，同時也能起到守衛疆土的作用。他還規定，如果內地士兵願意到邊疆落戶，聽其自便。這一政策取得了良好的效果。

六、虎門銷煙

鴉片，又名阿片、阿芙蓉，俗稱「大煙」，是從罌粟的果實中提煉出液汁加工而成的。最早出現於古埃及。大約在唐朝，罌粟就傳入中國，那時人們將它作為藥材，李時珍在《本草綱目》中提到了它，說它具有止痛、止咳、止瀉等功效。

但後來，吸食鴉片變成了一種嗜好，藥品就變成了毒品。葡萄牙人捷足先登，向中國兜售鴉片，接著是荷蘭人、英國人、美國人。起初，吸鴉片的只是一些達官貴人，後來就蔓延到民間，就連八旗兵和綠營兵也都手持兩槍（鐵槍和煙槍）。道光十一年，刑部奏稱：「現今直省地方，俱有食鴉片煙之人，而各衙門尤甚，約計督撫以下，文武衙門上下人等，絕無食鴉片煙者，甚屬寥寥。」道光十六年外國人統計，中國人有一千兩百五十萬人吸鴉片，這個數字是相當驚人的。

在這個過程中，鴉片之害也漸漸被帝王們和有識之士發現，它的直接後果，除了使吸煙者體質下降以外，就是華夏白銀的大量外流。

關於吸鴉片對人體的危害，當時富有正義感的英國人瑪律丁就激憤地說：「鴉片販賣者腐化了，降低了和毀壞了不幸福的人的精神生活，而且還毒殺了他們的身體。鴉片販賣者時時刻刻向貪欲無厭的吃人神貢獻新的犧牲品，而充當兇手的英人和服毒自殺的華人，就彼此競爭，向吃人神的祭臺上貢獻犧牲品。」

白銀的流失更是殘酷的現實。在康熙和雍正年間，是銀賤錢貴，按政府規定，一兩白銀與一千文銅錢等值，但實際上，在市場中八百文左右的銅錢就能換一兩銀子，但到了嘉慶、道光年間，由於多年來白銀的流失，就出現了相反的情況，那就是銀貴錢賤，需要用一千五百——一千六百文銅錢才能換取一兩銀子。這樣，國庫收入沒有增加，百姓的負擔卻比康、雍時期加高了一倍，因為百姓繳稅是以白銀計算的，他們如果繳納銅錢，就必須按這個比價。

清朝明令禁煙，從雍正七年就已經開始了；乾隆七年，又下禁煙令；嘉慶皇帝曾於嘉慶元年、嘉慶十五年、嘉慶十八年、嘉慶二十年數次詔令禁止鴉片輸入。但實際上，鴉片仍然通過各種管道流進了國境。乾隆早期，每年輸入的鴉片不過兩百箱（每箱一百斤）；到乾隆二十二年，增加到一千箱，乾隆五十一年，超過兩千箱；乾隆五十五年，僅四年的時間，就翻了一番，達到四千箱；嘉慶五年，為四千五百七十箱，由於禁煙力度大一些，嘉慶二十二年降至三千六百九十八箱，二十三年又升為四千一百二十八箱，二十四年增至五千三百八十七箱；到道光元年再增至五千九百五十九箱。

道光登極伊始，便重申前朝禁煙政策，規定外國商船要先出具貨船無鴉片的字據，方能開倉。開煙館者，處以絞刑；販賣者，充軍；吸食者，受杖刑。應當說道光禁煙的決心是很大的。

但是，鴉片這東西有其特殊性，一抽就有癮，有了癮就極難戒，如果強硬戒煙，甚至會有性命之虞，因此許多煙民們寧肯冒犯法的風險也不願改掉吸鴉片的惡習；而社會上只要擁有吸鴉片的群體，就必定刺激鴉片市場，販煙者為了謀取暴利，就會置任何禁令於不顧。於是鴉片的生產與消費就形成了滾雪球式的惡性循環……

更嚴重的是，此時的官場已經腐敗不堪。官商勾結的現象已滲透到各個角落，鴉片貿易，使官員們多了一條生財之道；對於禁煙，官吏們仍然是有利可圖的，因為在查抄懲罰的過程中，他們可以敲詐勒索，大撈一筆。要全面禁煙，絕對禁煙，這就等於堵塞了各級官吏的一條大財路……

道光四年，鴉片輸入達一萬兩千六百三十九箱，比道光元年多出了一倍；道光十年，增至一萬九千九百五十六箱；道光十五年，劇增至三千兩百〇二箱；到道光十八年，數額竟高達四萬〇兩百箱了……多麼怵目驚心的現實！

對此，道光皇帝坐臥不安，憂心如焚……

他身邊的大臣們又是何等心境呢？在道光十六年，道光發動了一次禁煙與否的大討論。這年四月，太常寺少卿許乃濟提出了弛禁主張，其意見主要有四點：其一，吸煙者多是遊手好閒之人，無足輕重，他們吸鴉片，不會對民族、國家有什麼危害；其二，鴉片貿易應當合法化；其三，應允許民間吸鴉片，不准公職人員吸鴉片，但不要限制太嚴；其四，應允許內地人們種植罌粟，以此來抑制洋煙進口。與之針鋒相對的是鴻臚寺卿黃爵滋，他首先指出鴉片造成民窮國困的危害，然後提出加重懲罰的主張，到期不戒者要處以死刑，並強調官民應執行同樣的處罰標準。

參與討論者有各省督撫大員二十八人，其中有二十人反對黃爵滋的禁煙主張，而支持禁煙的，只有區區八人。這位皇帝是何等孤立啊！

湖廣總督林則徐堅定地站在黃爵滋一邊，他在給道光的奏摺中說，鴉片「流毒於天下，為害甚鉅，法當從嚴。若猶泄泄視之，是使數十年後，中原幾無可以禦敵之兵，且無可以充餉之銀」。據此，他提出了幾條禁煙章程：一，煙具先宜繳盡，以絕饞根；二，對吸煙者限期勸令自新；三，開煙館、製煙具之罪，一體加重；四，地保、牌頭、甲長負有稽查之責；五，處理吸煙者要附有戒煙藥方一份。於是，林則徐在道光的人才視野裡，走到了中心位置！

林則徐，子元撫，又字少穆、石麟，福建侯官人，歷任翰林院編修、江蘇按察使、湖北布政使、江蘇巡撫，現任湖廣總督。他的禁煙立場和具體意見引起了道光的高度重視，道光十八年十一月十日，林則徐應詔來到北京，第二天道光就召見了他，林則徐在北京待了十二天，道光竟召見他十九次，可見他對林則徐是非常賞識的，視他為棟梁之臣，並賜給他「願卿福壽日增，永為國家宣力」的題詞。之後，道光命林則徐為欽差大臣，加兵部尚書、右都御使銜，派他前往廣州查禁鴉片。

林則徐來到廣州，即通知外商，立即交出鴉片，並保證今後不再在貨物中夾帶鴉片，「如再夾帶，貨物全部沒收，人犯立即正法」，又表示，「若鴉片一日未絕，本大臣一日不回，誓與此事相始終，斷無中止之理」。

英國商務監督查理・義律以為林則徐與以前的官員一樣，無非是故作姿態罷了，因此只是讓煙販交出一千〇三十七箱鴉片，搪塞一下。林則徐早已探知英國有個長期走私的鴉片販子，名叫顛地，就果斷地逮捕了他。義律得知，立即從澳門趕到廣州，企圖幫助顛地逃跑。林則徐當即採取強硬措施，全部封鎖外國商館，撤回外國雇傭的中國工人，外國商船一律封艙，不准裝卸貨物，實際上外商已經被軟禁了。

雙方進入了僵持狀態，到道光十九年二月十三日，義律實在撐不住了，只得表示負責交出全部鴉片，共兩萬〇兩百八十三箱鴉片（其中一千五百餘箱是美國煙販繳出的）。

從三月二十九日到四月六日，鴉片收繳完畢，計重兩百三十七萬六千多斤。林則徐將鴉片運到廣州東南一百多里的虎門，在海灘上挖了兩個大池子，長寬各十五丈，與海水相通。四月二十二日，虎門居民紛紛前來觀望，林則徐指揮部下將浸泡在池內的一百七十箱鴉片加入石灰和食鹽，水池頓時煙霧滾滾，直騰高空，鴉片慢慢被燒成渣沫，然後，打開涵洞閘門，放水將殘渣沖進海中，再燒第二批……在此後的日子裡，林則徐每天都親自前來監督銷煙，到五月十五日，銷煙結束。

道光得知消息，興奮不已，在林則徐的奏摺上留下了這樣的朱批：「可稱大快人心一事，知道了。」林則徐虎門銷煙的壯舉，震撼了華夏，震撼了世界！

如果說清王朝在洋人面前曾經有過揚眉吐氣的日子，數前算後，大概就是虎門這煙霧騰升的二十三天了。虎門銷煙後，道光乾脆停止了對英一切貿易。

虎門銷煙是斬斷非法貿易的魔爪，是維護國格，而停止正常貿易則是閉關鎖國的下策。但是道光根本就沒有弄清非法貿易與正當貿易的區別。

七、鴉片烽火

從此，戰爭的陰雲便籠罩在華夏國土的上空……

道光對戰爭是有所預感的，他多次諭令沿海督撫嚴加防範，要求他們認真操練巡察，不得稍有懈怠。執行道光諭令最盡力的大臣是林則徐，他早就注意瞭解西方國家的情況，他組織人翻譯有關西方地理、歷史、政治等方面的書籍，搜集西方的報紙，因此他被後人譽為「第一個睜眼看世界」的人。在禁煙的同時，他也積極備戰，調集船隻，整頓水師，增設炮臺，演練射擊，並且密購西洋兵器。應當說，道光和林則徐這一君一臣，頭腦是清醒的。

在遙遠的英吉利，發生了什麼呢？

對於義律向中國推銷鴉片，政府認為是大英帝國的恥辱，正告義律：「女皇陛下不能支持不道德的商人！」嚴令英國軍艦不得開進珠江，以免觸怒中國。但不久，清朝停止貿易的消息傳到了英國，女皇維多利亞在國會發表演說，認為這是不能容忍的。

英國政府對義律的販鴉片行為是持否定態度的，但作為新興的資本主義社會，如果斷絕了國外市場（推銷商品和獲得原料），就會感到有窒息的威脅。

一八四〇年四月七日，英國國會在經過三天激烈爭論之後，議員們進行表決，贊成對華開戰的兩百七十一票，反對開戰的兩百六十二票，主戰派以區區九票的微弱多數獲勝。於是，「東方遠征軍」成立，任命喬治・懿律為最高司令，伯麥為海軍司令，布林利為陸軍司令，調集十六艘軍艦、四艘武裝汽船、二十八艘運輸艦，共載大炮五百四十門、海陸軍四千人，漂洋過海，向古老的華夏大陸進發。

道光二十年五月二十二日，東方遠征軍到達澳門。戰爭爆發在即！

我們先將中英雙方的實力作簡單的比較。一，武器裝備，英軍的槍炮比清軍先進。他們用的是滑膛槍，燧石發火，一次可射三十發子彈，且射程遠，準確度高；清軍用的是鳥槍和抬槍，綜合性能不如滑膛槍。據計算，英軍武器比清軍武器殺傷力大二至三倍；雙方大炮的對比情況也相同。二，海上艦隊，英軍占絕對優勢。早在十六世紀末，英國就擁有一支強大的艦隊，先後擊垮了西班牙、荷蘭和法國的海上勢力，到一八二七年，英國將蒸汽機安裝在軍艦上，鴉片戰爭前夕，戰艦分別裝有七十到一百二十門火炮，這樣的戰艦共有五百六十艘；而清朝方面，水師戰鬥力幾乎等於零，戰船將近九百艘，但每艘只安裝二至四門火炮，船身小，吃水淺，火炮固定於炮位，不能瞄準，實際上，這種戰船只能用於追捕走私船，根本無法應付海戰。三，英軍是有備而戰，清軍是無備而戰，有備者強，無備者弱。從以上三方面看，英國獲勝的機率高。

讓我們再作另一種比較：一，軍隊數量，清軍八十萬，英軍四千人。二，英軍繞了將近半個地球遠征中國，勞師糜餉，且犯了孤軍深入的用兵大忌；清軍立足於本土，以逸待勞，可以以靜擊動。三，英軍長於海戰，但戰艦的優勢難以在陸地上發揮；而清軍能夠以幅員遼闊的疆土為戰場，有極大的迴旋餘地。四，英軍遠道而來，軍需供應困難，只能速決，不能持久；而清軍可以就地取食，軍需供應方便。從這四個方面看，清軍獲勝的機率高。對此，道光有十分清醒的認識，他說：「賊之深入，早已自蹈危機……主客之勢既異，眾寡之數又殊，因地乘機，何難制勝？」真可謂中的之言。

清朝與英國各有優劣長短，但總體上看，形勢對清朝更有利。

然而，戰爭的勝與敗，還需要更多的條件。

兩千多年前，兵聖孫武就說過：「知己知彼，百戰不殆。」後來的戰爭指揮者每每臨戰，都重複著這句話，它已經成了最起碼的常識。那麼，清朝君臣對英國（以及其他西方國家）有多少瞭解呢？

自從滿人入主中原以來，就實行了一條閉關鎖國的政策，因此朝廷君臣對西方世界知之甚少。康熙算是其中的佼佼者，但僅此一人而已。清廷的君臣上下，眼界之狹窄，是令人吃驚的！直到乾隆時期，朝廷的君臣都不知道葡萄牙在何處，當時官方編撰的《大清一統志》介紹葡萄牙時說它「靠近滿剌加（今馬來西亞的馬來亞部分），信奉佛教」，《皇朝通典》中說：「法蘭西佔據澳門，土產象牙、犀角。」道光朝，有個學富五車的大學問家叫阮元，斷定美洲就在非洲境內，當他聽到哥白尼提出了「日心地動說」時，大加斥責，認為該學說是「上下易位，動靜倒置」，因而是荒誕不經的。

再看對西方瞭解較多的林則徐，他在奏摺中發表過這樣的議論：英國是女王主國，年僅二十，其叔父有覬覦王位之野心，因此女王自顧不暇，哪有精力窺探中國呢？這段議論，表明林則徐對西方社會是有所瞭解的，他比任何其他朝臣和儒生知道得都要多，但他不知道英國已經進入了資本主義，國家機構已經產生了議會制，是否打仗這樣的大事是國會說了算，而不是由女王來決定。這說明林則徐對英國的瞭解是很膚淺的。對英國軍隊的戰鬥力，林則徐做出了更為荒謬的估計，他說：英兵渾身緊裹（英軍軍裝是緊身的），腰腿僵直（洋兵操練正步走，見了上司不行跪禮，當時許多中國人以為西洋人沒有膝蓋），跌倒就爬不起來，對付這樣的軍隊，就如同宰殺羊犬。

「第一個睜眼看世界」的人尚且如此，其他人就更可想而知了。不知彼者，必定是不知己的，因此就只能像孫武所說的，「每戰必殆」。

更重要的是，鴉片使各級官僚謀取了比其他貿易多若干倍的銀錢，禁煙等於切斷了他們最大的財路，哪裡能有抗敵之心？

最後，清朝軍隊的戰鬥力幾乎等於零。早在康熙前期，八旗就已經上不得陣了，如今連綠營也如同枯木朽株。將領無能，士兵怯懦，每次臨戰，都是從各地調撥兵力，因此將領們各行其是，互不配合，更兼戰法落後，不能因地制宜，因此人數雖眾，卻如散沙一般。

英軍先是封鎖珠江口、廈門港，然後抵達舟山群島的定海縣，總兵張朝發倉促迎敵，因寡不敵眾，定海陷於敵手。

這是中國近代史上第一次失地之戰，民族的恥辱從此開始。

朝廷得報，龍顏震怒，道光連發四道諭旨，斥責浙江官吏疏於防範，將巡撫、提督、總兵等嚴加懲處；又命兩江總督伊里布為欽差大臣馳赴浙江；並命令各海口加強警戒。

英軍佔領定海後，立即北上，直奔天津。道光派出了第二名欽差大臣琦善，琦善到了天津，立即為英軍供應飲食，待如上賓，同時將英方的書信轉呈給皇帝，信中提出了割讓一島或數島給英國、賠償軍費等無理要求，琦善還將英軍的威勢大肆炫耀了一番，意在促成議和。

此時的道光沒了主張，他弄不清英軍來犯是因為清朝停止了貿易呢，還是因為燒了英人的鴉片，這時反禁煙派的琦善、穆彰阿等人不失時機地將英軍進犯的責任一股腦兒推到了林則徐等主戰派身上，說「夷兵之來系由禁煙而起」，「內地船炮非外夷之敵」。就這樣，道光的耳朵根子軟了，倒向了主和派一邊。

琦善對英軍竭盡獻媚之能事，送去二十頭牛、兩百隻羊、大量雞鴨和兩千多個雞蛋，懇求英軍到廣州去和談。此時北方即將封凍，對軍艦日後活動不利，英國人便順水推舟地答應了，艦隊離開了大沽口。

糊塗的道光認為琦善精明能幹，居然不費一兵一卒就把英國人打發走了，便情不自禁地誇讚他「片語隻言，連勝十萬之師」，並吩咐琦善赴廣州與英人談判，讓英人儘快從定海退兵。

在主和派的強大壓力之下，道光將林則徐革職，發配到新疆。林則徐赤心不改，上了一道《密陳辦理禁煙不能歇手片》，指出英軍的許多弱點，建議用關稅的十分之一製造船炮，學習洋人的長處。在他路過甘肅武威時，寫下了「關山萬里殘宵夢，猶聽江東戰鼓聲」的感人詩句。

定海這邊，兩江總督伊里布也學著琦善的樣子，派人給侵佔定海的英軍送去若干牛羊雞鴨，英人毫不客氣地收留了禮品，卻不肯撤兵。伊里布向英國遠征軍海軍司令伯麥獻媚，報告林則徐被革職發配的「大好消息」，伯麥卻說：林則徐是個好總督，有血性，有才氣，我國是為了通商而來，並不是為了報復林則徐。

就連一個野蠻的侵略者，也比伊里布之流的狗奴才有點「人味兒」！

再說那琦善來到廣州，與英國人糾纏了四個月，定海也沒要回來，卻私自與義律簽訂了《穿鼻條約》：割讓香港、賠償煙價、開放廣州等等，結果遭到香港愛國紳民聯名控訴，琦善遂被索拿進京，入獄，家產籍沒。

琦善被拿問的前一天，義律率軍進攻虎門，橫檔炮臺守將達里保陣亡，靖遠炮臺守將、提督關天培壯烈犧牲，兩炮臺失守。

道光對曠日持久的談判不再抱希望了，他派出了第三名欽差大臣裕謙，命他率兵收復定海。但裕謙還沒到浙江，英軍就從定海撤走了。原來定海的英軍病疫流行，死者四百四十八人，病者五千三百三十九人次，同時當地人民不斷襲擊英軍，有九名英軍被擊斃，二十名被俘虜（包括船長夫人）。

一八四一年一月初，英軍突然襲擊虎門外的沙角和大角兩炮臺，道光降詔，正式對英宣戰，他派奕山為欽差大臣（已經是第四名了），前往廣州抗敵，以參贊大臣楊芳輔之。

楊芳先赴廣州，跟英國人打了令人啼笑皆非的一仗。他認為，英國的炮艦威力無窮，必定有祕密的妖術，為了對付妖術，他相信用污穢之物可以降妖的迷信說法，就傳令附近保甲到鄉民家搜集女人的小便器具，用木筏運送到烏湧一帶水面，並命令士兵將小便器的口朝向英軍，以此施展「厭勝之術」（以詛咒的方式降服人或物的法術），而數百門大炮卻閒置不用。其結果可想而知，清軍敗得一塌糊塗，一連喪失了十幾座炮臺，大炮全部被英軍摧毀或奪走。當時有人寫了一首譏諷楊芳的詩：「楊枝無力愛南風，參贊如何用此功。糞桶尚言施妙計，穢聲傳遍粵城中。芳名果敢愧封侯，捏奏欺君竟不羞。是看鳳凰岡上戰，一聲炮響走回頭。」

楊芳吃了敗仗以後，奕山才慢吞吞地來到廣州，他不問軍事，只知道終日飲酒作樂，搜集古玩，求購洋鐘錶，把軍務全推給楊芳。楊芳呢，一味跟女人鬼混，為了遮人耳目，他讓女子剃髮穿男裝，引到軍營中。

英軍連戰連捷，四月六日，奕山在廣州城頭上掛起了白旗，次日便簽訂了一份城下之盟《廣州和約》：清軍退出廣州城外六十里，並交出贖城費六百萬兩白銀。

《廣州和約》簽訂兩天後，就發生了三元里抗英的事件。因盤踞在廣州北郊各炮臺的英國經常去三元里騷擾百姓，引起公憤，當地鄉民會合於三元里古廟，之後湧向四方炮臺，乍一交鋒，即佯敗，將英軍誘至牛欄岡，將他們包圍，此時一百〇三鄉的民眾紛紛趕來，刀斧犁鋤，在手即成軍器；兒童婦女，喊聲亦助兵威。鄉民個個奮勇進擊，打死英軍五十多人，繳獲了兩門大炮和大批槍支。英軍向清朝官府求救，奕山聞訊，急忙派廣州知府余保純前往現場，這個余知府向民眾打拱作揖，苦苦哀求，將群眾疏散，英軍狼狽而逃。

直到一年半之後，道光才得知奕山簽約的事，他當即將奕山鎖拿，圈禁在宗人府。但條約已簽，清廷也只得承認。

廣州的城下之盟並沒有結束矛盾，英國政府認為義律索取的利益太少，將其撤職，改派璞鼎查為遠征軍的全權代表，以巴加代替伯麥為總司令。

一系列的軍事行動開始了，一九四一年八月二十六日，英軍攻佔廈門；十月一日，再次佔領定海；十月十日，攻陷鎮海，欽差大臣、兩江總督裕謙自盡；十月十三日，寧波守軍潰逃，英軍不發一槍進駐於城中……

道光又是一陣忙亂，調兵遣將，前往東南沿海堵截英軍，這次欽差大臣是怡良（第五個欽差了）。他所統領的大臣中有個叫奕經的，被封為揚威將軍，他從北京出發，一路上酗酒淫娼，貪財索賄，走了三個多月才到嘉興。一天晚上，奕經做了一個夢：英軍紛紛上船，狼狽地逃出大洋。醒來後對參贊大臣文蔚說了，恰好文蔚也做了一個類似的夢，二人都認為是吉兆，就去一座關帝廟算卦，得到了「不遇虎頭人一喚，全家誰保汝平安」的卦簽。三天後，奉命前來參戰的大金川軍隊都戴著虎皮帽，奕經大喜，認為應了卦簽上「虎頭人」三個字，又是吉兆。選什麼日子打仗呢？一算，道光二十二年正是壬寅年，寅屬虎；正月是壬寅月，二十九日是寅日，四更天是甲寅時辰，就是說，道光二十二年正月二十九日凌晨四更十分是「四寅」之時。但「五虎制敵」方為萬全之策，就查詢將領的屬相，結果查出總兵段永福是屬虎的。於是，進攻計畫就確定了：以段永福為先鋒，在「四寅」之時攻打寧波。

奕經跟楊芳一樣荒唐可笑，通過迷信占卜來確定作戰計畫，豈能不敗！結果進攻寧波、鎮海、定海，三戰三敗，不但失地沒有奪回，而且又連失數地，乍浦、吳淞、寶山、上海、鎮江，盡落於英軍之手……

不過，英國的這些勝利付出了巨大的代價，他們受到清軍下層愛國將士和鄉民的沉重打擊。乍浦之戰，英國傷亡六十多人，上校湯林森喪命；在吳淞口，江南提督成化成率軍英勇抵抗，身受七傷而陣亡，此戰擊毀英艦八艘，殲敵六百餘人；在鎮江，英軍損失亦很慘重，傷亡一百八十五人。

鎮江軍民抗擊侵略軍的英勇氣概，恩格斯作了熱情的讚揚：「駐防旗兵雖然不懂兵法，開始決不缺乏勇敢和銳氣。這些駐防旗兵總共只有一千五百人，但都殊死奮戰，直到最後一個人。……如果這些侵略者到處都遭到同樣的抵抗，他們絕對到不了南京。」

英軍乘勝進擊，道光二十二年八月十日，英艦「梟華麗」號抵達南京港，數日後，江面上排列著八十多艘軍艦，這等陣勢，使清廷君臣頹喪地看到：敗局已定！

一八四二年八月二十九日，是個中華民族最晦氣、最恥辱的日子，這天，廣州將軍耆英、兩江總督伊里布代表清朝與英方代表璞鼎查簽訂了清王朝的第一個不平等條約——《南京條約》。條約共十三款，主要內容是割讓香港，賠款兩千一百萬元，開放廣州、福州、廈門、寧波、上海五地為通商口岸，英人在「五口」無論與何種商人交易，均聽其便。

條約文本送到朝廷，文武百官啞然失聲，道光擲條約於案上，走到乾清門，徘徊良久，不敢簽字，但又恐重起戰火，在長籲短歎一番之後，最後蓋了玉璽。

不久，美國聞風而來，以戰爭相恫嚇，清廷乖乖就範，一八四四年二月，美國國會議員顧頓與清方代表耆英在澳門的望廈村簽訂了《望廈條約》，美國獲得了《南京條約》中除割地賠款以外的一切特權。

接著，法國人來了，還是那個見了洋人就腿軟的耆英與法國全權大使剌萼尼在黃浦江的法國船上簽訂了《黃埔條約》，內容與《望廈條約》相同。

八、失敗後的掙扎

鴉片戰爭的影響是深遠的，歷史教科書大都歸結為以下幾點：（一）一系列不平等條約，帶來了不可估量的經濟損失；（二）激化了社會矛盾，加速了清王朝的崩潰；（三）國門被打開了，結束了長期閉關自守的局面，清王朝不得不面對西方資本主義世界，不得不對外開放，這就客觀地順應了歷史潮流；（四）中國固有的自然經濟迅速解體，推動民族資產階級的誕生；（五）驚醒國人，知識份子開始注目世界，學習西方。第一點是顯之於外、立竿見影的，其他四點則是藏之於內、日漸明朗的。

從直接的效果看，鴉片戰爭的失敗，使清朝君臣丟盡了顏面，道光的懊喪與羞愧之情不難想見。他預料到事情並未就此結束，便試圖做亡羊補牢之舉。

首先是整頓海防，他諭令沿海各大員加強防範意識，注重水師的訓練，又命專人設計和製造戰船，改進炮械，並在軍事重地設置炮臺，這就是練兵、造船、設險三大任務。其中練兵一項，重視鄉兵的作用，以彌補正規軍之不足；他進一步要求軍官要愛護士兵，官兵一氣，「自可呼應便捷，無堅不摧」。他的這些措施都有一定積極意義。

其次是堅持禁煙立場。《中英南京條約》中，對鴉片問題隻字未提，原因是道光始終堅持禁煙立場，據記載，英方代表事先擬定了一個計畫，主張鴉片像其他貨物一樣公開銷售，但清朝代表對此避而不談，生怕皇帝降罪。但戰後的禁煙聲浪，已經近於空喊了，以林則徐為首的禁煙派被免職或流放，弛禁派卻身踞要位騰雲駕霧。實際上，鴉片戰爭以後，鴉片的輸入逐年增加：道光二十四年為兩萬八千六百六十七箱，道光二十六年為三萬四千〇七十二箱，道光二十八年為四萬六千箱，道光三十年為五萬兩千九百二十五箱。這個速度是令人咋舌的。

在禁而不止的情況下，朝廷就吃了一筆大虧。當時英國傳教士馬禮遜算了發人深省的一筆賬：如果清廷允許鴉片公開銷售，那麼就可以獲得大量關稅，這是一筆十分可觀的收入；但現在朝廷禁煙，鴉片只能以走私的形式販賣，鴉片販子因為不繳稅，獲利就更多，而清廷卻一無所得。這筆賬很有趣，也很殘酷。但我們不能指責道光禁煙，只能對「禁而不止」的現實感到遺憾。

總之，鴉片戰爭之後，道光沒有什麼大作為，清王朝在洋人面前狼狽困窘。而洋人在中國民眾面前，同樣一籌莫展。

一八四二年十二月七日，英軍士兵在廣州的集市上強買陳亞九的橙子不給錢，反而將陳亞九砍傷，引起公憤，廣州市民將兩名英國士兵毆斃，又火燒十三行（即洋行）。這次行動是在升平社學的領導下進行的，而這個社學又是在道光的支持下成立的。道光對這次行動的態度很鮮明，他在上諭中說「粵省士民，因洋人情形傲慢，激成公忿」，並指示地方大員「總當使洋人服輸，不致有所藉口，尤不可屈抑士民，使內地民心因而解體」。道光在戰敗之後能說出這樣一番話來，頭腦還是很清醒的，這一方面因為他厭惡洋人，一方面也看到了民心的重要。

一八四四年二月，英人又提出進駐河南（廣州河的南岸），廣州商界集資，招募壯勇十萬人，同時修書向英人提出警告；璞鼎查竟插旗為界，強行佔領；廣州士民再次向英人投書，並表示即使清廷答應，百姓也不答應。英人看到眾怒難犯，只好向耆英施加壓力，逼迫他允許英人進住廣州，耆英既怕英人入城激起「民變」，又怕拒絕英人引起「邊釁」，作為敷衍，就表示同意英人兩年以後進城，並簽訂了契約，此事才算告一段落。

一八四七年夏，英軍在廣州西南黃竹岐村調戲婦女，並向她們開槍，民眾大怒，當場毆斃六名英軍。英方要求懲辦兇手，遭到廣東巡撫徐廣縉的拒絕。道光得報，指示「勿令有失民心，是為至要」，並強調，洋人「非貿易不得無故濫入民間田舍房屋」。

那耆英允許英人兩年後進廣州，原是自作主張，到一八四九年英人重新提起此事，這時耆英已經回京，新任兩廣總督徐廣縉和廣東巡撫葉名琛對此要求堅決拒絕。英國領事文翰將徐廣縉騙到英國船上進行要脅，徐廣縉表示：如果你們一定要進城，官不能管，你們自己與百姓去較量吧！廣州市民組織了十萬人，包圍省城，聲勢壯觀，義勇夜出時，四城燈燭照耀，如同白晝。文翰見此情形，只好放棄進城的要求。道光知悉，大喜過望，稱讚道，「粵東百姓，素稱驍勇，乃近年深明大義，有勇知方」。

道光並非不想利用民眾的力量來對抗洋人，但在他的位子上，對於民眾的態度是很矛盾的，因為在他執政的三十年裡，民眾起義從未停止過。據不完全統計，自道光元年至十五年，全國各地的農民起義多達兩百五十次以上，平均每年十六、七次。

規模較大的起義有：

道光元年，雲南永北廳彝民發動的起義；道光二年，河南汝甯府朱麻子領導的白蓮教起義；道光十一年，湖南省永州府江華縣趙金龍等領導的瑤民起義；道光十二年，四川寧遠府彝民發動的起義；同年，臺灣嘉義縣天地會首領陳辦等領導的起義；道光十六年，藍正樽在湖南新甯縣領導的瑤民起義；道光十七年，四川敘州府發生的彝民起義；道光二十七年，湖南新甯縣雷再浩為首的農民起義；道光二十九年，湖南新甯李沅發領導的瑤民起義……

對於這些此起彼伏的亂子，道光除了拆東牆補西牆地調兵遣將以外，沒有別的伎倆。貪官氾濫、黃河決口、蝗蟲之災、洋人的炮火、農民造反……事件紛亂如麻，道光頭痛醫頭腳痛醫腳，到頭來，表面肥碩龐大的王朝軀體千瘡百孔、捉襟見肘，道光伴隨著王朝的衰微步入了晚年。他是勤政的，儘管病魔纏身，仍堅持處理政務，直到辭世的前十天，還親自批閱奏章，他說自己「宵衣旰食，三十年如一日，不敢自暇自逸」，這話並不誇張，但因為缺乏才具和氣魄，他執政期間，始終是鬱鬱不得志的。

鴉片戰爭後，一條新的救國思路出現了。有個叫魏源的，編寫了一本《海國圖志》，在該書的《原敘》中，提出了「師夷長技以制夷」的思想，他反駁當時流行的「夷兵不可敵」的謊言說：「三元里之戰，以區區義兵圍夷酋，斬夷帥，殲夷兵，以款後開網縱之而逸，孰謂我兵陸戰之不如夷者？」同時他也看到洋人的長處，因此提出許多強國之策，如設立造船廠和火器局，製造各種輪船火藥，允許民間自由開工廠，並主張自由開礦，反對官府壟斷採礦權力等等。更可貴的，他還提出改革弊政，實行變法，他說：「天下無數百年不弊之法，無窮極不變之法。」從而得出「變故愈盡，便民愈甚」的結論。這可以說是變法的最早呼聲。

然而，魏源的呼聲沒有引起守成之君道光的注意，這是道光的平庸之處。

在立儲問題上，道光又一次暴露出素質的平庸。

道光有九個皇子，前三個皇子均早亡。他立儲的時候，已經六十四歲了，在活著的六個皇子中，皇七子、皇八子、皇九子年齡都太小，皇五子奕誴性格浮躁，行動乖張，不足以成大事。可選擇的是皇四子奕詝、皇六子奕訢。從史料記載看，奕訢各方面的素質均比奕詝優越：奕訢聰慧過人，才華橫溢（後來的事實充分地證明了這一點），有進取之心，而且儀表堂堂；奕詝老實持重，才氣稍遜，偏於保守，而且生過天花，一臉麻子，又是個跛子（騎馬摔傷）。

為國家的發展計，為王朝的興旺計，道光應當毫不猶豫地選擇奕訢，然而，他最後的選擇卻是奕詝。這是為什麼呢？

其一，奕詝的生母是皇后，而奕訢的生母是皇貴妃，比皇后低一級；其二，奕詝比奕訢大一歲；其三，是道光對繼承人的判斷標準。

且看有關記載。一是：道光命諸皇子校獵南苑，奕詝向老師杜受田請教，杜受田知道奕詝的箭術不如奕訢，就對奕詝叮囑一番。打獵時，諸皇子東奔西突，張弓射箭，奕詝卻只在一旁觀看，一箭未發。這天奕訢射獲的獵物最多。晚上，道光問起奕詝為何一無所獲，奕詝照杜受田的話回答說：春天是鳥獸繁衍的季節，不忍心殺傷生靈，再說，也不想以馬弓一日之長與諸弟爭長短。道光聽了，大喜，說：「是真有君子之度也！」《清史稿．杜受田傳》、《清人逸事》對此都有記載。二是：道光生病，召見奕詝和奕訢，想通過談話進一步瞭解他們的思想、品行和才能，來決定立儲人選。二人各自請教自己的師傅，奕訢的老師卓秉恬說，皇上有問，當知無不言，言無不盡；杜受田知道奕詝的學識和口才均不如奕訢，就如此這般地密囑了一陣。道光召見奕訢時，說自己年邁，不久於人世，將來你如何治國？奕訢慷慨陳詞，滔滔不絕；當道光用同樣的話問奕詝時，奕詝遵照杜受田的吩咐，一句話也不說，只是匍匐在地，放聲大哭不止。道光歎道：皇四子真乃仁孝啊！《清宮遺聞》中記載了此事。

或許，在道光眼裡，奕詝更像他，因而也覺得更牢靠，此外，大概還包含著對殘疾兒子的同情和憐憫吧！

有史家認為，道光上了杜受田的當。這話至少有一部分是準確的。從杜受田的角度上講，他兩次為奕詝出餿點子，除了「事主」的傳統觀念作怪以外，還打著個人的小算盤，因為奕詝做了皇帝，他就能成為股肱之臣。後來的情況證明了這一點，奕詝一登極（做了咸豐皇帝），就給杜受田加太子太傅銜，兼署吏部尚書、調刑部尚書、協辦大學士。

歷史家們每每為此扼腕長歎，因為道光的這一抉擇，造成了中國半個世紀的歷史悲劇。因為其一，鴉片戰爭的失敗，應當迫使道光對中國的出路作全面的反思，是因循守舊，還是改革圖新？道光的思維卻沒有觸及這一點，他不由自主地選擇了守成之路，他自己都守不住的江山，卻讓一個學淺才疏、老實巴交的兒子去守，所以才做出了這一愚蠢的選擇。其二，倘若道光選擇了奕訢，那以後的歷史肯定是另一種面貌，至少不會出現慈禧太后專權半個世紀那種糟糕透頂的局面。

道光在立儲問題上，誤了清王朝，也誤了中國！

道光三十年正月十四日，道光駕崩於圓明園，享年六十九歲。他把皇位傳給了皇四子奕詝。正月二十六日，十九歲的奕詝正式登極，以明年為咸豐元年。咸，全部，普遍；豐，豐茂，豐富。當時國力衰頹，採用不足，故以「咸豐」祝願昌盛。

九、金田舉義

人們都說咸豐皇帝是「苦命天子」，這話不假，他剛登基，便撞上一件令他頭暈目眩的煩心事——在廣西金田，爆發了太平天國起義。

起義頭領是洪秀全，原名洪仁坤，廣東花縣人，一八一四年生，他在十五歲、二十三歲、二十四歲時分別三次參加科舉考試，均落第。直到一八四三年，他已經三十歲了，又去參加了一次科舉考試，仍然名落孫山。

絕望中的洪秀全接觸到《勸世良言》（宣傳基督教的小冊子），當即入迷。之後，他構思出一套關於拜上帝的教義。上帝耶和華是獨一真神，創造了並主宰著整個世界，而儒道釋均為邪說，佛神菩薩、文昌魁星、門神、灶君、土地神等等都是妖魔（閻羅妖），只有剷除妖魔，天下才能太平。在上帝的世界裡，人是平等的，如同兄弟姊妹，人與人不相鬥，國與國不相侵。洪秀全本人，則是上帝耶和華的次子、耶穌的弟弟，是下凡解救世人苦難的。

之後，洪秀全便與摯友馮雲山去廣西傳教。第二年，洪秀全回到了廣東，而馮雲山則留在廣西。

一八四七年，洪秀全又到廣州去，做了西方傳教士羅孝全的門徒，他一心想讓羅孝全為他洗禮，以求做一個名副其實的傳教士，但後來由於受到羅孝全的兩個助手黃愛和黃乾的挑撥，羅孝全疏遠了他，始終沒為他做洗禮，加之盤纏已經用盡，他才無可奈何地離開了廣州。

我之所以交代這個被史家們認為是不重要的細節，是為了指出，洪秀全後來的造反，是帶有投機性的，他四次參加科考，說明他對仕途追求是很執著的，甚至是很癡迷的；他直到三十四歲，仍想獲得羅孝全的洗禮，做個合格的傳教士，說明他那時並不想武裝造反。

不少史書以洪秀全的一首詩來證明他在一八四三年就產生了革命的思想，這首詩是：「手持三尺定山河，四海為家共飲和。擒盡妖邪投地網，收殘奸宄落天羅。東南西北敦皇極，日月星辰奏凱歌。呼嘯龍吟光世界，太平一統樂如何！」

從洪秀全這一時期所寫的《百正歌》、《原道救世歌》、《原道醒世訓》、《原道覺世訓》中，我們找不到「造反」、「革命」一類的內容，相反，他把李自成、黃巢等人看成是「自戕同類」的「罪魁」，是「殺人越貨」的「草寇」，他的主張是「天生天養和為貴，各自相安享太平」。因此可以斷定，上面那首詩是後來寫的，為了體現洪秀全的先知先覺，而故意把寫作時間提前了。

一八四七年八月，洪秀全再赴廣西，與馮雲山相會。此時，馮雲山經過三年的努力，已經在桂平紫荊山一帶發展了會眾兩千多人，他們之中，有楊秀清、蕭朝貴、韋昌輝、石達開、秦日綱、胡以晃等，都是拜上帝教的骨幹。三年中，馮雲山在傳教的過程中，始終把洪秀全奉為拜上帝教的首領，因此，洪秀全剛一踏上紫荊山的土地，就受到會眾們的熱烈擁戴。

這年年底，馮雲山忽然被捕入獄，洪秀全前往廣州，想通過羅孝全營救。會眾陷入了群龍無首的狀態。這時，燒炭工人楊秀清於次年的陰曆三月初三詭稱「天父（耶和華）附身」，發號施令，把會眾們重新聚攏起來。到九月初九，蕭朝貴又詭稱天兄（耶穌）附身，對會眾指點教誨。

洪秀全在廣州奔波無效，返回了紫荊山，馮雲山也被會眾們營救出獄。洪秀全與馮雲山不得不承認楊秀清「天父代言人」和蕭朝貴「天兄代言人」的身分。於是，領導層出現了一種奇妙的格局：洪秀全是拜上帝教的締造者，是上帝的兒子；而楊秀清在「天父附身」的場合則是上帝的代言人。因此，在大事未舉之前，會眾領導層內部就已經埋下了分裂的隱患。

如何排列領袖們的位次？洪秀全是拜上帝教教義的創始人，是教主；馮雲山是紫荊山根據地的開拓者和會眾們（包括楊秀清和蕭朝貴）的導師；楊秀清是天父耶和華的代言人；蕭朝貴則是天兄耶穌的代言人。個個都有執掌大權的慾望和資格，怎能分出高下？再者，洪秀全和馮雲山是廣東人，而楊秀清、蕭朝貴和全體會眾們都是廣西人，領袖們的座次如果排不好，是要出大亂子的。面對這種複雜的情勢，馮雲山審時度勢，積極退讓，排列的結果是洪秀全、楊秀清、蕭朝貴、馮雲山。這樣，領袖們基本上維持了權力分配的平衡。馮雲山雖然屈居第四位，但他在會眾中威信很高，又是楊、蕭的導師，因此他在領導班子中起著重要的溝通和調節作用。

一八五一年一月十一日，金田起義爆發了，正號「太平天國」。起義軍規定，實行聖庫制度，所獲歸公，平均分配；服從命令，同心協力；禁止吸煙、飲酒、賭博等惡習；作戰勇敢，不得臨陣退縮；分男營女營，男子一律蓄髮。這些規定，具有極大的感召力，因此四方民眾從者如雲；對於太平軍戰士而言，則具有高度的凝聚力。太平軍在日後之所以能夠揮斥八方，摧枯拉朽，其根由即在於此。

金田起義驚動了官府，清軍急匆匆前往圍剿，太平軍初試鋒芒，連戰連捷，所向披靡，奪宣武、擊象州、進平南、占官村，一八五一年九月（咸豐元年閏八月）攻克永安，這是太平軍佔領的第一座州城。在這裡，洪秀全頒佈了封王詔旨：封楊秀清為東王，蕭朝貴為西王，馮雲山為南王，韋昌輝為北王，石達開為翼王，強調各王俱受東王節制。同時，頒佈了《太平禮制》，對起義軍成員做了嚴格的等級區分，並規定了稱呼、服飾、儀仗、車馬、禮節等方面若干條文。這表明，在起義的初始階段，洪秀全就已經從平等思想向封建等級思想轉化了。此外，洪秀全還寫了《幼學詩》，不厭其煩地鼓吹忠孝節義那一套封建禮教。

從金田舉義那天起，咸豐就陷入惶遽無措的狀態之中，他不斷地調兵遣將，企圖撲滅這股「髮逆」。無奈，他所遣之將一個比一個無能，結果大火越撲越旺。慌亂之中，咸豐派了軍機大臣賽尚阿督軍前往圍剿。這賽尚阿乃膽怯昏庸之輩，聚集各路大軍十萬有餘，圍困永安達半年之久，耗資糜餉而一無成就。一八五二年四月五日晚，太平軍冒著大雨破圍而出，直逼桂林，賽尚阿的長圍之計，終成泡影。

咸豐皇帝於當月首次頒佈了《罪己詔》，內稱「盜賊橫行，重煩兵力，勞師糜餉，未能速就蕩平，皆吾罪也。」

太平軍攻桂林，未克，遂揮軍北上，隊伍從全州城外經過時，全州城上的清軍發炮，擊中了南王馮雲山的轎子，馮雲山受重傷，行至蓑衣渡，又中了清軍的埋伏，馮雲山不幸犧牲。

馮雲山的死，對洪秀全來說，是一大損失，其直接後果是，楊秀清的權力籌碼加重了。但此時太平軍正值發展時期，內部矛盾只是潛伏地存在著。

之後，太平軍轉戰湖南，聲勢大增，人數達五萬之眾。但在攻打長沙的時候，西王蕭朝貴中炮犧牲。

太平軍圍困長沙長達八十一天，不克，只得揮軍進入湖北，一八五三年一月十二日，攻取了武昌，這是太平軍佔領的第一座省城。此時，民眾歸之如流水，太平軍人數猛增至五十萬。二月九日，太平軍在武昌待了不到一個月，即以石達開為先鋒，分水陸兩路東下，一路連克九江、安慶、池州、銅陵、蕪湖、太平，三月八日抵達南京城下。南京城固若金湯，兵多糧足，太平軍卻只花了十二天工夫，就將全城佔領了。此時，太平軍水陸兩軍發展到了一百萬人。

太平軍何以能夠摧枯拉朽、所向無敵？這要從兩方面看，太平軍方面，自然是鬥志高昂、紀律嚴明、團結一致、得到民眾支援等因素；清軍方面，則暴露出綠營兵結構與制度的弊端。

首先，兵與將脫節。兵是父子相承，世代為業；而將是臨時任命調撥的。這就造成了將不知兵，兵不用命的情況。官兵不能融為一體，是戰場中的大忌。

其次，以文制武、以滿制漢是清朝入主中原後用兵的傳統，主帥由文官和滿人擔任，而文官多不習兵戰，滿人則驕橫而愚蠢，因此清軍的戰鬥力就十分低下。

再次，臨時調集，拼湊成軍。每逢戰事，朝廷就從各省調集軍隊，結果在戰場上各行其是，不能合力作戰，甚至勝則相忌，敗不相救。

最後，清軍各成系統，自顧疆域。各省督撫只考慮自己轄區內的利害，對他省則漠不關心。於是，「縱賊出境」成了各級地方官的普遍心態。

上述弊端，使清朝的綠營兵如同散沙，不堪一擊。

太平軍佔領南京，朝廷震動。這年四月，咸豐皇帝再次頒佈《罪己詔》，號召清軍將士「共奮安民之志，掃蕩此賊（指太平軍），以蘇民困。」

然而，咸豐能夠「掃蕩」太平天國嗎？他接班的時候，各省積欠的銀子已經高達兩千四百六十三萬餘兩，而一八五三年，戶部的存銀，即使把已撥未解和起解在途中的銀子加在一起，也只有四百一十餘萬兩，真實入不敷出，山窮水盡啊！

十、虎踞龍盤

在這個關口，洪秀全、楊秀清犯了一個戰略性的錯誤，即定都南京（改名為「天京」）。滿足於固守半壁江山，顯然是政治上的短視，他們為眼前的勝利所陶醉，未能繼續發動攻勢，卻坐等清軍長期圍困，乃是一大失誤。

這段時間，天地會也非常活躍，在各地紛紛起義，回應和支持太平軍，但洪秀全自以為力量已經壯大，不肯與同盟軍合作，這是他的又一失誤。

定都天京不久，洪秀全就頒佈了《天朝田畝制度》，提出了「有田同耕，有飯同食，有衣同穿，有錢同使，無處不均勻，無人不保暖」的平均主義思想。洪秀全為人們設計了一個豐衣足食、安居樂業、沒有剝削、童有所依、老有所養的美好社會圖景，在這個社會裡，農民的收穫，除必需外，均繳聖庫；寓兵於農，兵民合一；人們敬拜上帝，接受教育；婚姻不論財，鰥寡孤獨得到贍養。

《天朝田畝制度》的內容，來自中國古代的「大同」思想，是農民烏托邦式的空想社會模式，它有一定的誘惑性，卻是鏡中花、水中月，是永遠不能實現的夢幻。

太平天國也試圖在安慶推行《天朝田畝制度》，但遭到民眾的反對。石達開奉命去安慶撫民時，發現這種制度行不通，便提出「照舊繳糧納稅」的主張，得到了洪秀全、楊秀清的批准，而這一主張，便成了太平天國經濟上的基本國策。過去史學界說石達開是投降主義，向封建制度妥協，其實，這恰恰是石達開的突出貢獻，正是這個基本國策，才使太平天國支撐了十幾年的歲月。

洪秀全一進天京，就大興土木，拆毀上萬間民房，每天動用上萬名民工，修建周圍十餘里、牆高數丈的天王府。天王府五彩繽紛，富麗堂皇。在此後十一年的歲月裡，他足不出府，終日陪伴他的，是美女佳麗上千人；宮中晝夜燈火通明，每天消耗六十支蠟燭（每支二十斤）；每次進膳，則鼓樂齊鳴。這種排場，是歷代帝王中所罕見的。東王楊秀清每次出行，都要動用一兩千人的儀仗隊，前呼後擁，浩浩蕩蕩，以此炫耀威勢。

另一方面，是廣大兵民生活水準的下降，初進京時，每人每天可領到一斤米，不久改為一斤稻，再往後分得半斤，又減至四兩，只能吃稀粥度日。

太平軍剛到天京時，從廣西一直尾追太平軍的欽差大臣向榮所率一萬清軍也駐紮於城東孝陵衛，成立了「江南大營」；欽差大臣琦善則屯兵數萬於揚州，為「江北大營」。兩大營對天京形成了包圍的陣勢，威脅著天京的安全。洪秀全、楊秀清採取了兩大軍事行動，一是北伐，二是西征。

一八五三年五月，太平天國的天官副丞相林鳳祥、地官正丞相李開芳等率軍兩萬五千人，自揚州出發，踏上了北伐的征途。

這一舉動的失敗結局，是一開始就註定了的。北伐的目的，不是戰略進攻，而是戰略防禦，是為了減輕清軍對天京的壓力，這就見出洪、楊目光短淺，以區區兩萬五千兵眾，投身於偌大的北方戰場，無異於將這股有生力量推向絕路。

然而，林鳳祥、李開芳和北伐軍的將士們仍然創出了中國戰爭史上少有的奇跡。北伐軍經安徽北上，一路奪關斬將，所向披靡，連克滁州、鳳陽、懷遠、蒙城、亳州等地；六月入河南，在歸德斃敵三千；之後渡黃河，又進山西，復東折，經河南入直隸，克軍事重鎮臨洺關，擊潰清軍萬人；繼而連破沙河、趙州、欒城、晉州，十月佔領深州，逼近京師。

這支天外飛來的隊伍，把滿清君臣驚得魂魄飄蕩，京中官宦逃遷者達三萬戶，而咸豐皇帝也準備逃往熱河行宮。北伐軍又連續攻陷獻縣、交河、滄州、靜海，直抵天津楊柳青。這時清軍派惠親王綿愉、科爾沁郡王僧格林沁率兵堵截北伐軍，時值隆冬，北伐軍軍需奇缺，於一八五四年二月主動南撤，在東光縣連鎮駐守待援。

天京方面派出援軍，打到山東，在臨清兵敗。北伐軍得知援軍北上，由李開芳分兵南下迎接，被清軍圍困於山東高唐。

北伐軍因兵力分散而更加陷入絕境。到一八五五年春，清軍破連鎮，林鳳祥被俘，押解至京，於三月十五日壯烈犧牲；李開芳突圍南下，未成被俘，於六月十一日在北京英勇就義。

北伐軍在兩年的時間裡，轉戰五省，行軍五千里，攻克數十座城池，直抵鄰近北京的天津，使滿清朝廷上下為之惶遽震驚，實在是驚天動地的戰果。

北伐的同時，太平軍發動了西征。西征軍由胡以晃、賴漢英率領，推進順利，捷報頻傳。六月克安慶；十月，再克漢口、漢陽，不久退守黃州；一八五四年一月破廬州（今合肥），安徽巡撫江忠源投水自殺，安徽廣大地區為太平軍所佔領；二月，在黃州大敗清軍，湖廣總督吳文鎔自殺，西征軍三克漢口、漢陽；六月，再克武昌；之後轉攻湖南。

出乎意料的是，太平軍在湖南碰上了硬釘子，這就是後來成了大氣候的湘軍，它的頭目名叫曾國藩。

自從太平軍佔領南京以後，咸豐對綠營兵徹底失望了，他冒出了一個依靠地方勢力（團練）遏制農民起義的思路，於是先後任命了四十五個團練大臣，湘軍就是一支這樣的地方團練武裝。曾國藩，字伯涵，號滌生，湖南湘鄉人，為翰林院檢討，後升為內閣學士兼禮部侍郎。太平天國圍長沙之際，恰好曾國藩母喪丁憂回籍。咸豐任命他為團練大臣，湘軍便應運而生。曾國藩首先整頓地方秩序，用鐵腕手段搜捕屠殺反朝廷的民眾，人稱「曾剃頭」。

曾國藩看出了綠營兵結構和制度上的弊病，因此，他琢磨出一套新的帶兵治軍思路，並付諸實現。其中有兩點是值得注意的：一是選兵，他堅決排斥營兵，也不要集鎮上的狡黠之人，更不要在衙門裡的胥吏之類，而只招募山村中樸實的農民。二是在結構上「兵為將有」，曾國藩選拔統領，統領選拔營官，營官挑選哨官，哨官挑選什長，什長挑選士兵。這樣，下級都是上級的親信，增強了隊伍的凝聚力。

咸豐自以為得計，因為朝廷不花錢，不費力，就能獲得平定民亂、穩定秩序的功效，何樂而不為？他全然沒有想到，如此一來，軍權就悄然地從國家向私人手裡轉移，其後果，是中央集權的瓦解。因此，咸豐責成曾國藩興辦團練，客觀上是自掘墳墓之舉。

太平軍的西征軍來到湖南後，與湘軍正式交鋒。開始，湘軍打得很糟糕，首戰敗於岳州；緊接著，在靖港又遭到更大的慘敗，曾國藩被逼得投水自盡，幸而被人救起。他惱羞萬分，寫好了遺書，準備自殺；恰在這時，他得到了部下塔齊布在湘潭之戰獲得大捷的消息，曾國藩頓時轉憂為喜。

一八五四年十月十四日，是曾國藩領兵以來臉上最有光彩的日子，這一天，湘軍攻克了武昌。咸豐得報，大受鼓舞，當即降旨，任命曾國藩為署理湖北巡撫。之後還情不自禁地對軍機大臣祁雋藻說：「不意曾國藩一書生，乃能建此奇功！」祁雋藻卻說：「曾國藩以侍郎在籍，猶匹夫耳，匹夫居閭裡一呼，崛起從之者萬餘人，恐非國家之福。」這番話如同一瓢冷水潑在了咸豐的頭上，他「默然變色者久之」。

再說曾國藩接到任命書後，假惺惺地辭讓了一下，說自己丁憂在籍，不敢受職。誰知奏摺剛發出去，就又收到咸豐的諭旨，說：朕料你必定辭讓，況且你要揮軍東下，署撫就空有其名了，故不必任命，只賞給兵部侍郎銜。曾國藩看了，哭也不是，笑也不是。

接下來是半壁山和田家鎮之戰。太平軍在這裡佈置了嚴密的防線：有木排水城（又名「龜船」），其上安置無數槍眼炮眼；江面上橫駕六道鐵鎖；又有戰船四十艘，民船五千多艘，綿延六十餘里。但湘軍依然俯衝而下，一面與太平軍激戰，一面以烘爐熔斷鐵鎖……

太平軍一面將熔斷的鐵鎖焊接起來，一面施放槍炮箭矢，湘軍死傷無數……

最後，湘軍將六道鐵鎖全部拆卸開來，又藉助風力，放火燒毀了太平軍的大批船隻，終於佔領了半壁山和田家鎮。

這一戰，湘軍與太平軍各損失六千人，戰畢，曾國藩放聲大哭道：「自湘軍興師以來，殲敵從未有如此之多，而喪師亦從未有如此之慘！」

湘軍連克湘潭、岳州、武漢、半壁山、田家鎮，一路勢如破竹，銳不可當；而太平軍，則屢戰屢敗，失地千里。在此危機時刻，楊秀清派石達開率四萬兵馬前往江西督師。

附帶說幾句：打南京時，石達開是先鋒，從離開武昌到佔領南京，只用了三十八天的時間，可以說是閃電速度。但那以後，石達開就被閒置起來，為什麼？已經有人指出，是楊秀清在作怪，他害怕石達開立功太多。直到太平軍在西方戰場連吃敗仗之後，才把石達開派出去，這是楊秀清的私心釀成的大誤！

這時的湘軍，已經擁有一支龐大的、編制齊全的水師，戰船大者有長龍、快蟹，小者有舢板，大船如軀幹，小船如四肢，互為照應；加上連戰連勝，士卒鬥志高昂，氣焰旺盛。而太平軍，則因為連吃敗仗而士氣大跌……

石達開第一個戰術是「疲敵」之計。他讓部將林啟容守九江，羅大綱守梅家洲，自己守湖口，命令將士白天堅守寨壘，任憑湘軍拼力攻打而不予理睬；晚上，放出小船向敵船拋擲火球，進行騷擾，使敵軍不得休息。雙方相持了一個月，湘軍求戰不得，欲歇不能，銳氣漸漸消退。

一八五五年一月二十九日，石達開命令撤走湖口守軍，引誘湘軍的舢板進入鄱陽湖，然後將湖與長江的關卡堵塞，這樣，就肢解了湘軍水師：湖內的舢板如同離枝的葉片，江面的長龍、快蟹宛若斷足的大蟲。二月十一日夜，石達開派出全部戰船對九江江面上的湘軍水師發動襲擊，火箭噴筒，紛紛拋上敵船，一時江面火光四起，煙霧騰空。太平軍不但燒毀敵船無數，還搶了曾國藩的坐船，曾國藩又一次投水尋死，幸而被部下搭救，倉皇逃至南昌。

湖口、九江之戰是太平軍反敗為勝的轉捩點，這年曾國藩四十五歲，而石達開，只有二十四歲。

太平軍乘勝進擊，第三次克復武昌。之後，在短短三個月內，贛北贛中五十多縣盡落於太平軍手中，而曾國藩，則被圍困在南昌城裡。

此時的曾國藩，已經成了甕中之鼈，可謂狼狽萬狀，外無援軍，內缺糧草，連書信都發不出去，不得不寫蠅頭小字塞進蠟丸中派人化裝送出，他自己也悲歎「呼救無從」，「夢魂屢驚」。曾國藩被石達開逼到這般地步，真是夠可憐的！

也是曾國藩命大，就在這個眼看就淪為階下囚的關頭，石達開接到楊秀清的詰諭，命他火速返回天京。曾國藩絕路逢生，逃過了此劫。

楊秀清召石達開回京，是為了破清軍的江南大營。石達開運用聲東擊西的戰術，先攻打戰略要地溧水，欽差大臣向榮果然派清軍救援，結果大本營孝陵衛空虛，太平軍發起猛攻，清軍潰敗，孝陵衛落入太平軍之手。

清軍經營了三年之久的江南大營，在太平軍閃電般的打擊之下，土崩瓦解了，江蘇巡撫吉爾杭阿開洋槍自殺，向榮自縊而死，時間是在一八五六年六月。

兩大營被擊潰之後，石達開率師西進，至湖北洪山督軍。此時，太平軍控制了長江兩岸的安慶、九江、武昌三大重鎮，佔領了江蘇安徽、江西和湖北東部的大部分領土，其版圖包括二十三個府州。

太平天國可以說是擁有了半壁江山，其聲勢震撼四海九州。

第二章　天秤大傾斜

跟祖父嘉慶「徐徐辦理」的鬆垮政策不同，咸豐登極伊始，就採取了「治亂世，用重典」的方略。

一、艱難的步履

他的第一個行動就是向道光的寵臣穆彰阿和耆英開刀。這兩個人都是誤國之臣，每當前方與外國人打仗失敗後，總有一個人幸災樂禍地說：怎麼樣，不出我之所料吧！這個人就是穆彰阿。道光在位期間，穆彰阿沒出什麼好點子，但道光信任他，讓他做首席軍機大臣，久之，在他門下形成一個集團，時稱「穆黨」。耆英，就是跟洋人簽訂《中英南京條約》、《中法黃埔條約》、《中美望廈條約》的大員，這幾個條約使他臭名遠揚，他有一個奇怪的理論，認為小人可能比君子強，他說：「人有剛柔，才有長短。用違其才，雖君子亦恐誤事；用得其當，雖小人亦能濟事。」道光三十年十二月一日，咸豐頒佈了《罪穆彰阿、耆英詔》，斥責穆彰阿「保位貪榮，妨賢病國」，耆英則「畏葸無能」，「抑民以奉夷，罔顧國家」，處分是：穆彰阿革職，永不敘用；耆英降為五品頂戴。

咸豐的這一舉措，朝野稱快，「人人頌禱聖德英武，邁古騰今」。

咸豐八年四月，英人侵入天津，咸豐派大學士桂良、耆英等前往交涉，耆英竟擅離職守，返回北京，咸豐大怒，先判絞監侯，又令其自盡。

誤國之臣被除掉了。那麼，咸豐信賴的臣子是誰呢？有杜受田、祁雋藻、文慶、肅順。這個班子是很有意思的，四個人中，杜、祁是漢人，文慶和肅順是滿人，但文慶向咸豐提過一個重要建議，就是重用漢臣；而肅順「獨不喜滿人，常謂滿人糊塗不通，不能為國家出力，惟知要錢耳。」因此，這是個比較徹底的漢化班子，是很受滿族八旗貴胄忌恨的。

在這個班子的運作之下，有三個才幹非凡的漢人被大膽起用了，他們是曾國藩、胡林翼、左宗棠。曾國藩前面已經提到過；胡林翼，字貺生，號潤之，湖南益陽人，朋友集資為他捐了一個知府，他幹得很好，後來升為湖北巡撫；左宗棠，字季高，湖南湘陰人，舉人出身，初遭湖廣總督官文的打擊，險些遇害，後經朋友周旋，倖免，此人後來官至浙江巡撫、閩浙總督、陝甘總督等職。此三人被世人稱為「咸（咸豐）同（同治）中興三大臣」。他們能夠在政治舞臺上顯露頭角，與咸豐的用人傾向是分不開的。

咸豐做了很多努力，但終究沒有挽回官場的頹風，原因很多，其中一個重要的原因，如同歷史家們所指出的，他把用人看做是治國的首要的甚至惟一的因素了，以為只要清除奸臣、信任賢臣就能強國富國，這種認識顯然是很膚淺的。

在整頓吏治方面，咸豐幹了一件漂亮事，那就是處理「戊午科場舞弊案」。咸豐八年，順天鄉試揭榜，有個名叫平齡的唱戲優伶中了前十名，一時輿論大嘩，御史孟傳金上疏彈劾主考官，咸豐當即派人調查。

主考官是軍機大臣、內閣大學士柏葰，副主考是戶部尚書朱鳳標、左都御使程庭桂，據程庭桂交代，他收到的條子就不下一百張，條子上有的畫了三個圈（表示如果考中就贈送三百兩），有的畫五個圈（送五百兩），順藤摸瓜的結果是，有二十多人涉及此案。咸豐命御前大臣、協辦大學士肅順審理此案，並批准了肅順的判決：將柏葰、平齡等七人斬首，程庭桂發配軍台效力，朱鳳標革職。

清朝凡一品大員臨決之日，多加赦免，改斬首為戍邊，此為慣例，因科場案而處斬軍機大臣兼大學士，清朝開國以來尚屬首次，足見咸豐整頓官場的決心之大。

咸豐在經濟方面所花費的心血更多一些。

清朝的財政收入的主要來源是地丁錢糧，支出主要是用於官俸和兵餉，收支基本平衡。這樣，一旦出現災情或戰爭，就會入不敷出，面臨財政危機。在乾隆盛世，庫存曾達到七千萬兩，但乾隆末年，因為應付戰亂、享樂揮霍，財政頹勢就初見端倪，嘉慶、道光執政的半個世紀中，在水災、旱災、蝗災、內亂、外患的打擊下，財政日趨困窘，戰後十年間，中國白銀外流就達三億兩，可以說，清廷的財政已經到了山窮水盡的地步。

咸豐接班後，窘相畢露，一八五三年，戶部存銀僅有四十一萬兩。為了對付太平軍，不得不動用「私房錢」：將內務府所存的三口特大金鐘熔化，得金條二十七萬餘兩，以此充作軍費。後來又將圓明園存放的銅爐、銅瓶、銅鶴、銅龜等兩百二十八件，熔化成八千七百四十七斤銅料。但老是收拾家底兒，可不是長遠之計，還得想別的轍。咸豐的主要手段有三：

一是裁減軍餉，從一八五三年起，官兵俸餉扣發兩成，以後又多次扣減。

二是大開捐納之門，賣官鬻爵。此時，因為國窮民困，能出錢買官的人很少了，於是就來個「大出血」、「大減價」、「大拍賣」。一八五一年，咸豐將一八四六年的捐例減了一成，按九折收捐；一八五三年再減一成，按八折收捐；一八五四年又減了半成，按七五折收捐；一八五七年，又按半銀半票收捐，由於票鈔貶值，實際數額不到原額的六成。這樣，所得之款項就越來越少了。

三是鑄大錢、發銀票。清朝的貨幣是白銀、銅錢並用。銀錠，民人可以鑄造，朝廷不加限制，但銅錢由朝廷統一製造。為了減少鑄錢的成本，更為了擺脫財政困境，一八五三年，戶部開始製造「大錢」，一枚頂十文錢。此後的一年中，又製造出一枚頂五十文、一百文、兩百文、五百文甚至一千文的各種大錢。鑄錢的原料主要不是開採銅礦，而是將原來的銅錢熔化，重新鑄造。由於銅的來源有限，咸豐就於一八五四年批准製造鐵錢，後來又鑄造鉛錢。

最能使政府獲利的是紙錢，即銀票，又叫「官票」、「錢票」，面額有一兩、三兩、五兩、十兩、五十兩不等，後來面額越來越大，竟有高達一萬千文者。

據統計，從一八五三年到一八六一年咸豐去世，政府發行的大錢、銀票等高達六千餘萬，占這一時期國庫總收入的十分之七。

這些措施有沒有效？裁減軍餉，政府省了錢；拍賣官爵，政府得了錢；鑄大錢、鐵錢、鉛錢、發銀票，政府就更是獲利無數。咸豐真實地從三大措施中嘗到了甜頭！

然而，任何政權財政上的豐盈和寬裕是靠發展經濟來獲得的，而發展經濟的主要環節是增添物質財富，這是個最粗淺、最起碼的知識。可惜咸豐沒弄懂，也來不及去弄懂，或者是明知故犯，總之，他在殺雞取卵，自蹈絕境。

他的三大措施很快就產生了明顯的社會效應。

裁減軍餉的後果：一，將官更明目張膽地截留和貪污軍餉，官兵的矛盾激化，戰鬥力喪失淨盡；二，士兵因不能如數拿到、甚至拿不到軍餉，就集體鬧事甚至嘩變；三，士兵搜刮搶劫百姓的現象劇增，百姓視兵如匪。這些，都使軍隊的戰鬥力急劇下降，幾乎無法應付任何戰事。

大開捐納之門的後果：政府的官員是有定編的，比如一個省只能設一個巡撫，一個州只能設一個知府，一個縣只能設一個知縣。由於賣官大減價，大批參與捐納的人就只能得到標明官爵的憑照，而得不到實職。這些沒有實職也沒有實權的官員們迅速氾濫，形成了「知府天天見，知縣滿地竄」的陣勢。官照氾濫了，也就不值錢了，捐納市場自然也就萎縮了。道光朝中期，捐一個監生需要一百兩銀子，到咸豐七年，降到十七兩，仍然賣不動。賣不動怎麼辦?就「勸捐」,後來又變成了「勒捐」,結果使鄉紳富商大受其苦,畏捐納如虎。

鑄大錢、發銀票的危害就更嚴重,最直接的後果是通貨膨脹,經濟秩序被攪得混亂不堪。政府發軍餉,銀與票對半,用於河工的經費,甚至是銀二票八。在流通環節上,人們對銀子以外亂七八糟的貨幣失去信任,因為用銀子可以換到「票子」,用「票子」換銀子卻難上加難,久而久之,「票子」在民間便常常遭到拒斥,官票「幾成廢紙」。

咸豐真實地從三大措施中嘗到了苦頭!在這種情勢之下,一條新的斂財思路產生了,這就是厘金制度。

厘金制度實際上是一種變相的捐輸,抽取日用必需品的1%稅款,也稱「厘捐」。首創這一制度的人是雷以諴,他原是刑部侍郎,一八五三年奉旨去揚州幫辦江北大營軍務,任務是籌集軍餉。他的一個幕僚錢江為他出了一個點子:派官兵在水路要衝設置關卡,對過路的商人按貨運的價值收取過境稅(當時稱為「行厘」),對開店的商人按銷售額收取稅金(當時稱為「坐厘」)。這種厘金制度不同於勸捐,它是強制實行的。雷以諴抱著試一試的想法,先在一些米行實施,標準是每石米收取五十文厘金。不料想半年下來,竟得錢兩萬串。

厘金制度的好處在於,低額收稅基本上沒有損害商家的利益,同時也不騷擾廣大百姓,而所受稅額卻十分可觀。咸豐並沒有看到這一制度的意義,但他允許在各地逐步推行。

然而，在一個腐敗的官場體系中，任何一項良好的思路都會變質變味。厘金很快就成為各級官僚敲詐商人的手段：手段一，是增加徵收比例，原定的1％徵收比例（稱為「一厘錢」）幾乎沒有人遵守，各地的徵收比例都在4％至10％之間，有的甚至多到20％，這些負擔最終轉嫁到消費者身上；手段二，增設厘金名目，在蘇北，厘金名目有卡捐、餉捐、鋪捐、房捐、船捐等近二十種；手段三，多設卡局，如江西厘金卡局多達五十六處，而湖北厘金卡局竟有四百八十多處，可謂關卡林立；手段四，開受賄之門，富商們為了減輕厘金比例，就向官吏行賄，官吏們在原本就已腐敗的基礎上又開出新的財路。

一系列的後果是。繁重的厘金轉嫁到消費者身上，廣大民眾生活更加拮据；繁重的厘金使商人不堪重負，因而抑制了商業的發展；大量的厘金落入地方機關的銀庫，而國家在商業中獲利甚微；官吏新開受賄之門，官場腐敗益甚……

我們知道，一個穩固的王朝，必須擁有三個方面的絕對權力：一是對官員的任免權，二是軍權，三是財權。現在清王朝的情況卻是：湘軍一起，軍權落入私人之手（前面已經做過分析）；厘金制度產生，財權落入地方督撫的名下。這樣，咸豐皇帝就只剩下了一項權力，那就是官員的任免權。

帝國大廈的基層階梯被抽掉了，擺在人們面前的，只是一座空洞的軀殼。

二、蕭牆之禍

一八五六年，正當太平天國的勢力蓬勃發展、如日中天的時候，領導集團卻用鮮血寫下了自身歷史上最恥辱的一頁。

其實，領袖之間的矛盾早就開始了，只是因為忙著打仗，這些矛盾才被掩蓋起來。定都天京以後，摩擦浮上了表面。

洪秀全追求排場卻不顧他人疾苦，修建天王府時，所調用的勞力中，就有許多諸王和臣下的家屬，他們冒著風寒運石推土，十分辛苦，東王楊秀清就詐稱「天父下凡」加以干涉，教誨洪秀全「用性要寬，氣要悠揚」。洪秀全又是個脾氣暴躁的人，發起火來，就常對宮女杖責，或以靴踢人，甚至殺頭。為此楊秀清又詭稱「天父下凡」，對他嚴加斥責，還要責打他四十大板，多虧眾官哀求，才算倖免。洪秀全蟄居天王府，不理國務，不問軍事；眾臣的奏章經楊秀清批閱後送到天王府，洪秀全一律「恩准」，這樣的天王形同於無，以致當時有一種傳說：洪秀全已死，坐在天王宮龍椅上的是木頭人。而楊秀清，是個精明果敢、雷厲風行的人，可以說，太平天國這片江山，是他領導諸王眾臣打下來的，因此也有「居功」的資本。但洪秀全畢竟是君，楊秀清畢竟是臣，當臣子凌駕於君王之上的時候，火拼就成為不可避免的了。

楊秀清居功欺上，而對第三號人物北王韋昌輝、第四號人物翼王石達開以及燕王秦日綱等，就更是竭盡壓制凌辱之能事。

一八五三年，楊秀清調石達開去安慶撫民，石達開提出「照舊繳糧納稅」之策，得到安慶民眾的擁護，頌聲大起，楊秀清「懼其得皖人心」，急忙將他調回，讓秦日綱代替他；秦日綱去安慶後，其部隊增加兩千人，楊秀清又「以此忌之，乃調羅大綱往替」。

一八五四年四月，韋昌輝的部下張子朋因處事不當，險些引起水營激變，楊秀清去北王府將韋昌輝責打數百杖，致使韋不能起床；楊秀清常常借「天父附體」來折磨他。韋昌輝是個陰險狡黠之人，對楊秀清一味地逢迎巴結，楊秀清乘轎至，韋昌輝便急忙上前扶住，說不上幾句話，就道：「要不是兄長教導，小弟肚腸嫩，哪能懂得這些道理！」又說：「我等得兄長牽帶，方得成人。」他因水營激變的事被楊秀清責打後，屬下一個將佐為他鳴不平，他怒斥道：「東王替天行道，罪責無不公，汝敢怨恨乎？」接著就把這個心腹殺了，以此表示對楊秀清的心悅誠服。當時天國的文臣曾釗揚曾說：「北王陰忍而殘刻，今杖之不怒，其心叵測，蕭牆之禍，正恐未遠。」韋昌輝的哥哥與楊秀清的妾兄爭宅地，他竟將親哥五馬分屍，來討好楊秀清，還說「非如此，不足以警眾」。一八五五年八月，有個叫張德堅的寫了一本《賊情匯纂》，其中預測說，楊、韋之間「互相猜忌，似不久必有吞併之事」。

一八五四年五月，秦日綱的一個牧馬人見了楊秀清的拜把兄弟的叔父未起立，這位叔父打了牧馬人二百鞭，又把他送到衛國侯黃玉昆處，黃玉昆是石達開的岳父，主持天朝刑部事務，說既然此人已受鞭撻，就不必再動刑。哪知楊秀清的這位叔父不依不饒，報告了楊秀清，楊秀清命令石達開拘捕黃玉昆，黃玉昆聞之，憤然辭職；興國侯陳承鎔、燕王秦日綱也相率辭職，楊秀清大怒，杖責秦日綱一百，陳承鎔二百，黃玉昆三百，牧馬人五馬分屍。

楊秀清既凌上，又欺下，這就把自己推到了絕境！

一八五六年八月，太平天國破清軍江北江南兩大營不久，進入了鼎盛時期，東王楊秀清認為功勞是他一人創建的，因而不滿足於「九千歲」這樣的稱號，便詐稱天父附身，傳令洪秀全到東王府聽旨。洪秀全第一次也是唯一的一次走出天王府，當他懷著惴惴不安的心情來到東王府時，才知道楊秀清向他索取「萬歲」的稱號。洪秀全虛與敷衍，假意應允，之後卻發出密詔調北王韋昌輝、翼王石達開回京除楊。

九月一日夜，北王韋昌輝率領三千名牌刀手自江西潛回天京，以迅雷不及掩耳之勢血洗東王府，殺死了楊秀清，緊接著，對東黨（楊秀清的部下）大肆屠殺。次日，東王府的兵部尚書傅學賢率眾與北殿士兵展開激烈的巷戰，北殿士兵失利，步步退卻，但此時，燕王秦日綱領兵趕來，北殿勢力大增。最後，東殿傅學賢的部眾全部死於非命。這次巷戰，打了三天兩夜。

巷戰剛剛結束，一場騙局在天王府開幕：天王洪秀全降詔，說韋昌輝、秦日綱亂殺無辜，要受笞刑，要求東殿的將士前往觀看。結果有六千多人聚集於天王府。天王府的承宣（傳達詔旨的官員）當眾宣讀了韋、秦的罪狀，並聲明楊秀清謀反是上天洩露的，只懲處楊秀清一人，其餘人等一概赦免不問。然後，韋、秦二人受刑，哭號聲、刑棍的斷裂聲似乎都在證明著天王主持公道，伸張正義。不料，早已埋伏好的北殿、秦府的兵眾突然出擊，將手無寸鐵的東殿將士全部殺光。

在以後的兩個月裡，屠殺一刻未停地進行著，死於這場浩劫的，多達三萬人……

太平軍起兵以來，損失最為慘重的是半壁山和田家鎮大戰，犧牲者多達六千人，但他們沒有白死，因為湘軍方面也死亡了同樣的數目。而在天京這場內訌中，無辜死亡的人數相當於半壁山和田家鎮大戰的五倍！

石達開聞知天京有變，自湖北趕回天京，想制止韋昌輝的暴行，韋卻對他起了殺心，石達開縋城而逃，韋昌輝殘忍地殺害了石達開全家。

石達開調集部隊進駐寧國，堅決要求洪秀全懲辦韋昌輝。這時義憤填膺的天京軍民合力殺死了韋昌輝和秦日綱。

對於天京大屠殺，中共的史書幾乎無一例外地歸罪於韋昌輝，而羞羞答答地避開了洪秀全。就是說，大屠殺是韋昌輝一人所為，而洪秀全無法控制局面。史學家們疏忽了、或者有意掩蓋了如下事實：

其一，韋昌輝沒有能力製造規模如此之大的屠殺。請注意，東殿的尚書職同檢點，當時天王洪秀全之外，王分四等（楊秀清是一等王、韋昌輝是二等王），王之下是侯，侯之下是丞相，丞相之下才是檢點，論級別，檢點屬於第八等。傅學賢一個小小的兵部尚書，區區八等官吏，振臂一呼，毫無準備的東殿將士就能把二等王韋昌輝率領的三千精兵打得狼狽潰敗，如果不是秦日綱率兵趕到，韋黨的下場殊難預料。這說明什麼呢？說明了兩點：第一點，韋昌輝翻不起大浪來，以他自己的力量，只能血洗東王府，而不能剪除東黨；第二點，屠戮東黨符合洪秀全的心意，如果洪秀全真想制止韋昌輝的胡作非為，可以發出詔令，也可以調動自己的兩千名御林軍，但他沒有這樣做，而是眼睜睜地看著韋昌輝、秦日綱將傅學賢們全部殲滅，因此傅學賢們的失敗，只能是洪秀全對韋、秦默許甚至縱容的結果。

其二，把九月四日的屠殺說成是天王真心責罰韋昌輝，而韋昌輝利用這個機會製造了一場騙局，這實在是欺人之談。一個明顯的邏輯矛盾是：洪秀全到底能不能控制局面？如果能控制局面，他就不應該聽任韋、秦將傅學賢們滅掉；如果不能控制局面，他怎麼會不自量力地去責罰韋昌輝呢？還有，鞭撻韋、秦的騙局為什麼偏偏發生在天王府？為什麼有天王府的承宣參與？無可置疑，這場騙局是洪秀全與韋、秦的合謀。

其三，屠殺時間長達兩個月之久，韋、秦的區區三、四千人馬居然能夠一批又一批地屠殺東黨三萬之眾，靠的是什麼呢？為什麼洪秀全在這段時間裡毫無作為，這太令人費解了。答案只有一個：洪秀全想除掉的，不僅是楊秀清一人，他把東黨的骨幹也視為一種威脅，韋昌輝借詔旨大開殺戒，這正是洪秀全所希望看到的結果；等到石達開兵臨城下、百官將士義憤填膺的時候，他覺得另一個機會來了，便除掉了韋昌輝、秦日綱一夥，這樣，東黨、北黨兩大心腹之患都除掉了，可謂一箭雙雕。

如果說韋昌輝有一意孤行之處，那就是殺掉石達開全家，這種喪心病狂的舉動，頭腦清醒的洪秀全是絕對不會贊成的。

滿朝文武擁戴石達開回京輔政，但洪秀全百般猜忌石達開，先是自任軍師，奪了石達開的兵權。軍師職務原是楊秀清的，現在被洪秀全抓在手裡，這是一項非常重大的變化，它意味著獨裁體制的開始。但洪秀全仍不滿足，又將自己兩個既不識字又無寸功的哥哥洪仁發、洪仁達封為安王和福王，處處牽制石達開。石達開一來雄圖難展，二來怕落得與楊秀清同樣的下場，又不能跟洪秀全火拼，只好於一八五七年五月底離京出走，跟從者達二十萬之眾。

以往的史書，把石達開的出走說成是「分裂主義」，其實，稍微尊重一下史實，就應當承認，石達開是被逼走的。

石達開一走，洪秀全就迫不及待地讓兩個哥哥洪仁發、洪仁達執掌朝政，連遮羞布都撕掉了。

石達開出走後，轉戰江西、浙江、福建、湖南、廣西、湖北、貴州、雲南、四川，於一八六三年六月在大渡河兵敗陷於絕境，他企圖以自己的性命換取三千名部下的生存，結果上了當，被俘後，在成都被害，而他手下的三千兵眾無一倖存，這是後話。

天京內訌使太平天國元氣大傷：楊秀清被殺之後三個月，軍事重地武昌、漢陽就被清軍奪去；同年，揚州失守，一八五七年十二月，鎮江落於敵手；一八五八年五月，另一個軍事重地九江失陷，守將林啟榮和一萬七千名將士全部犧牲；這年九月，江西吉安失守……

但更重要也更可怕的，是太平天國軍民信仰的破滅。萬能的天父代言人楊秀清居然被殺死了，那麼以前這幾年領袖們到底鼓搗了一些什麼鬼把戲呢？人們一旦發覺自己上了當，那麼「天父」、「天兄」的靈光就黯然消退了。因此當時就流傳出這樣的歌謠：「天父殺天兄，總歸一場空。打起背包回家轉，還是做長工。」、「天父殺天兄，江山打不通。長毛非正主，依舊讓咸豐。」歌謠流露出人們悲觀和絕望的情緒。

太平天國的國勢在迅速下滑！

楊韋之亂兩年後，曾國藩曾得意洋洋地預言：髮逆「不患今歲不平」。雖然這一預言沒有成為現實，但曾國藩確實準確地判斷出太平天國處於一蹶不振的狀態。

三、外釁再起

就在太平天國同室操戈的關口，中國又發生了一件大事，史稱「第二次鴉片戰爭」。

第一次鴉片戰爭後，英國品嘗著《南京條約》的甜頭，但十多年的歲月中，英國資本主義生產急劇膨脹，胃口也就越來越大。在自給自足的中國，五口通商實在是太少了，他們的商品難以傾銷，自一八四三年至一八五五年，英國每年對中國輸出的工業品總值一直在一百萬至兩百五十萬英鎊之間徘徊，幾乎沒有增長，特別是太平天國攻克南京以後的三年裡，英國對華的商品輸出總量減少了一半以上。另一方面，鴉片在華的推銷排擠了其他商品的銷售。因此，一八五四年，英國公使包令勾結法國公使布林布隆、美國公使麥蓮向清廷提出「修約」的要求：開放沿海和內地各城市、長江自由通航、鴉片貿易合法化、外國公使駐北京等等，遭到清廷的拒絕。一八五六年，再次提出以上要求，又遭拒絕。於是，「亞羅號事件」發生了。

亞羅號是一艘中國商船，一八五六年十月八日，該船停泊在廣州附近，廣東水師逮捕了兩名海盜和十名有嫌疑的船員。英國駐廣州領事巴夏禮找到了尋釁的機會，他詐稱亞羅號曾在香港登記，屬於英國船，又說中國水師扯落了英國國旗，侵害了英國的權力和尊嚴，要求廣州當局賠禮道歉，釋放被捕人員。兩廣總督葉名琛拒絕巴夏禮的要求。

十月二十三日，英國軍艦進犯珠江內河，葉名琛錯誤地認為這只是一種虛聲恫嚇，命令守軍不准還擊，結果英艦長驅直入，抵達廣州城下，向城裡發炮。幾日後，英軍破城而入，遭清軍抵抗，敗退。此後又發動多次騷擾，均被守軍和百姓擊敗。一八五七年，廣州人民憤然燒毀了城外英、法、美的商行。

法國與英國一唱一和，製造了「馬神甫事件」。馬賴是法國籍天主教神甫，非法潛入廣西桂林縣，於一八五六年被新任知縣張鳴鳳逮捕並判處死刑，法國政府打著「為保護聖教而戰」的旗號，加入了英國侵略軍的行列。

一八五七年十一月底，英國全權大使額爾金、法國全權大使葛羅、美國公使列衛廉、俄國使臣普提雅廷在香港聚會，合謀侵華。十二月，額爾金和葛羅向葉名琛發出照會，要求締結新的條約。葉名琛對洋人屬於強硬派，常以「雪大恥，護國體」為己任，但他對洋鬼的意圖和實力均懵懂無所知，因此絲毫沒有防禦的準備。

十二月二十八日，英法聯軍五千六百人突然炮擊廣州城，第二次鴉片戰爭正式爆發。當時廣東的清軍共有七萬四千多人，僅廣州城內外就有清軍一萬兩千人，城郊有炮臺十座，內河有炮臺二十二座，這樣的防禦力量抵禦數千英軍是沒有問題的。但是，葉名琛不思抵抗，對作戰毫無佈置。當時廣州出現了諷刺他的民謠：「不戰不和不守，不死不降不走。相臣度量，疆臣抱負，古之所無，今亦罕有。」

戰前，英軍貼出告示，聲言四十八小時內必進省城。廣州居民組織起來，要自備糧餉軍械抗擊敵軍，他們請求謁見葉名琛，一連十幾次，葉名琛拒不接見。就在開戰的前一天，官員們還為葉名琛舉行祝壽活動，葉名琛大誇海口說：他已經供奉呂純陽（呂洞賓）、李太白（李白）二位大仙，一切軍務，皆取決於神仙。作為朝廷一品大員，竟昏聵到如此地步！

第二天，英法三十二艘軍艦向廣州城開炮，一連轟擊了二十七個小時，之後，聯軍攻佔了廣州城。廣東巡撫柏貴、廣州將軍穆克德訥豎白旗投降，葉名琛躲藏到總督衙門後花園的八角亭，被英軍抓獲。葉名琛做了侵略軍的俘虜後，翌年二月被押送到印度的加爾各答，不久絕食而死。

侵略軍燒殺搶掠，霸佔民房，他們知道只靠幾千人統治不了廣州城，就恢復了柏貴和穆克德訥的職務，這是華夏大地上第一個傀儡政權。奇怪的是，柏貴和穆克德訥兩人替侵略軍維持地方治安長達四年之久，而紫禁城裡的皇帝和大臣們竟茫然無所知。

但英法聯軍在廣州不得安生，三元里等地的鄉民不斷地給侵略者以痛擊，一八五八年六月六日，東莞民勇襲擊英軍，斃數百人，英國領事巴夏禮竄逃墜馬，險些被俘；這期間，香港工人和職員舉行多次罷工……

一八五八年四月二十日，英艦十艘、法艦六艘開進大沽口，四國公使各自發出照會，要求清廷派大臣前來談判，清廷派直隸總督譚廷驤為欽差大臣與之周旋。此時清廷正集中力量平定太平天國，決定向洋人委屈求和，但五月二十日上午八時，聯軍向清軍發出通牒，限令兩小時內交出大沽口炮臺。十點，聯軍戰艦闖進大沽口，炮轟清軍炮臺，譚廷驤等無心抵抗，狼狽西逃，炮臺失陷。五月二十六日，英法聯軍進犯天津，並揚言要攻佔北京。

這期間，俄國軍隊以武力進犯中國東北邊界，十七年前在廣州向英人舉起白旗投降的而後被道光革職拿問的奕山如今居然做了黑龍江將軍，在俄國人的威逼和恫嚇下，奕山在《中俄璦琿條約》上簽了字，將本來屬於中國的六十多萬平方公里的土地割讓給俄國。

北京這邊，方寸大亂的咸豐派大學士桂良、吏部尚書花沙納為全權大臣前往天津，與洋人和談。接連簽訂了《中俄天津條約》、《中美天京條約》、《中英天津條約》、《中法天津條約》。根據條約，列強們取得了在中國沿海通商、在內地傳教遊歷、減輕關稅、領事裁判權、最惠國待遇、公使常駐北京等特權，對英、法，分別賠償四百萬兩和兩百萬兩……

條約簽訂完畢，英法聯軍離開了天津，咸豐急忙派僧格林沁率兵前往天津，加強防務。僧格林沁增設炮臺，安置大炮，築堤挖壕，調集軍隊，又招募鄉勇五萬人。

一八五九年四月，英國新任駐華公使普魯斯決定再次向中國訴諸武力。六月二十五日，英法艦隊向大沽口炮臺發動進攻。這一次，清軍是有準備的，雙方激戰一晝夜，英法聯軍慘敗，十三艘軍艦中有四艘被擊沉，六艘失去戰鬥力，死傷官兵五百多人，英國艦隊司令何伯受傷，最後只好狼狽而逃；清軍方面只有三十二人陣亡。

這是清朝方面罕見的一次勝利，卻不是關鍵性的勝利，然而，僧格林沁卻因此產生了輕敵情緒，而咸豐的主導思想也不立足於戰，而是「以撫局為要」。在這種形勢下，僧格林沁撤掉了北塘的守備。

一八六〇年七月二九日，英國軍艦一百七十三艘、官兵一千〇五百人，法國軍艦三十三艘、官兵六千三百人麇集於大沽口；八月一日，順利地佔領了無人防守的北塘；八月十二日，聯軍進攻新河、軍糧城，三千名清軍奮力抵抗，幾乎全部陣亡（只有七名倖存）；八月二十一日，清軍與英法聯軍在大沽口展開激戰，戰鬥持續了六個小時，北岸炮臺失陷，清軍傷亡近千人，聯軍死傷四百多人。僧格林沁認為大勢已去，下令撤軍，南岸炮臺也落於敵手。

聯軍乘勝進擊，攻勢凌厲；僧格林沁又下令撤走天津的清軍，逃至通州張家灣。英法聯軍不費吹灰之力佔領了天津。

咸豐派大學士桂良、恒福為欽差大臣前往天津與洋人談判，英法公使提出：一，對大沽口之戰認錯；二，允許英法各帶兵千人進京換約，公使駐京；三，承認天津條約；三，賠償軍費八百萬兩。咸豐拒絕了這些要求，談判破裂。

英法向清廷發出照會，聲稱要進兵通州。咸豐不得不同意和談。於是，巴夏禮等代表來到通州，咸豐則改派怡親王載垣、兵部尚書穆蔭為欽差大臣與巴夏禮談判。這時，巴夏禮節外生枝，提出了更為苛刻的無理要求：清朝撤除北京周圍的防禦。這是清廷無法接受的，急難之中，咸豐做了一件既可笑又愚蠢的事，他命令僧格林沁將巴夏禮一行三九人拘捕，以為這樣就可以消除威脅。結果，聯軍攻陷張家灣，又向八里橋撲來。

八里橋是北京最後的一道關口，為了保衛北京，咸豐孤注一擲，抽調了直隸、山東、山西、河南、陝西以及黑龍江、吉林和蒙古等地的武裝力量，總共二十萬人。

一八六〇年九月二十一日，決定滿清命運的八里橋大戰打響了。清朝這邊，是傳統的騎兵，使用刀劍弓箭；英法方面，是近代化的洋槍洋炮。副都統勝保身先士卒，向敵軍衝鋒，奮力衝殺，斃敵千餘人，但清軍損失慘重，勝保受傷落馬，而僧格林沁見敵軍炮火猛烈，「於酣戰之際，自乘騾車，撤隊而逃」。清軍全線潰敗，英法聯軍兵臨北京城下。

咸豐應該怎麼辦？這又是一次關乎大清命運的抉擇！

早在大沽口失陷之際，僧格林沁就給咸豐上了一道密折，建議他去熱河避難。現在，咸豐將此意見端了出來，讓王公大臣討論。有兩種意見：一是御駕親征，效法澶淵之盟。北宋時，遼兵入侵宋境，宋真宗畏之，打算遷都逃遁，宰相寇準阻止，讓他親臨澶淵督戰，結果宋軍獲勝，與遼國簽訂了「澶淵之盟」。第二種意見是巡幸木蘭，防止「土木之變」重演。明朝時，蒙古瓦剌部進攻中原，宦官王振挾持明英宗率軍親征，行至土木堡，被敵軍俘虜。留城的英宗之弟朱祁鈺被群臣擁戴為帝，是為明代宗。咸豐此時已經決計逃難了，但他希望這話由大臣們說出來。誰知朝中群臣紛紛上書，要求咸豐留下來，堅守京師。咸豐表面上表示留京禦敵，並任命弟弟恭親王奕訢為欽差大臣，處理一切事務，暗地裡卻準備車馬。九月二十二日，咸豐攜帶親眷隨從自圓明園後門出發，向熱河奔逃。這就是他「巡幸木蘭」的方案。明明是逃逸嘛，「巡」的哪門子「幸」？玉輦中，咸豐淚流不止，大清王朝入主中原兩百一十六年了，不料想到了他這一輩竟被攆出了京城……

咸豐在慌亂中從全國各地調兵遣將，保衛北京和避暑山莊。無奈清軍因為連戰連敗，鬥志已經喪盡，無法振作。十月五日，英法聯軍進攻北京，先頭部隊逼近德勝門、安定門。

次日聯軍闖入圓明園，將裡面的珍貴文物搶掠一空。後來英法聯軍撤退時，運載贓物的大車綿延數里。

北京城內的守軍有十三萬人，城外有一萬六千五百人，但將官畏敵如虎，士卒毫無鬥志。聯軍勒令清軍於十月十三日中午交出安定門，豫親王義道等王公大臣不敢怠慢，如期打開城門。英法聯軍不費一槍一彈，安然進入外城。

這時奕訢釋放了巴夏禮等十九人，原來的三十九人，已有二十人在監獄中死去。這使英國專使額爾金十分惱火，決定進行報復，他原想燒毀皇宮，但考慮到這樣做可能使咸豐失去皇位，那樣英人就無法從這個王朝獲取應得的利益了，於是，決定燒毀圓明園。法國反對這種「不文明」的舉動，拒絕參加。

十月十八日，英軍火燒圓明園。這片占地五千兩百多畝、花費了一百五十多年的時間建成、擁有一百四十座宮殿樓閣和一百多處園林的世界第一流建築，在三天三夜的大火中化為焦土！

當大火燒起的時候，清軍的最高統帥僧格林沁逃到廣安門外蓮花池的一個農戶家中，他把部下所有的兵眾都弄丟了，身邊只帶了僮僕三人。

對於英法聯軍的野蠻行徑，偉大的法國文學家雨果給予了憤怒的譴責，他把搶劫和火燒圓明園這一事件看做是「強盜的歷史」，他說：「我們歐洲人是文明人，在我們的眼中，中國人是野蠻人，可是你看文明人對野蠻人幹了些什麼。在歷史的審判台前，這兩個強盜，一個叫法蘭西，一個叫英吉利。」

十月二十四日和二十五日，奕訢分別與英法代表簽訂了《中英北京條約》、《中法北京條約》，在承認《天津條約》的基礎上，開放天津為商埠，准許英法買華民出洋做苦工，賠償英、法的軍費各增至八百萬兩。俄國也趁火打劫，與清廷簽訂了《中俄北京條約》，從中國人手裡奪走了一百五十萬平方公里的疆土。

中國在災難的泥潭中又一次大幅度地下沉！

打從乾隆後期，清王朝便出現了由盛而衰的徵兆，但衰敗的過程是緩慢的、量變的，但兩次鴉片戰爭給了這個王朝以致命的打擊，這個過程則是迅急的、突發的。這是新興的、生氣勃勃的資本主義向沒落的、垂垂老矣的封建力量發動的一場進攻，從而決定了後者的瓦解。讓我們看看馬克思在《中國革命和歐洲革命》中寫的一段話吧：

英國的大炮破壞了中國皇帝的權威，迫使天朝與地上的世界接觸。與外界完全隔絕曾是保存舊中國的首要條件，而當這種隔絕狀態在英國的努力下被暴力所打破的時候，接踵而至的必然是解體的過程，正如小心保存在密閉棺木裡的木乃伊——接觸新鮮空氣便必然解體一樣。

四、在血泊中甦醒

太平天國這邊，石達開出走後，由於李秀成等人的強烈反對，洪秀全免除了兩個哥哥的王位；但他同時表示，今後不再封王，這是他大權獨攬心理的流露。

靠誰來治理天國？軍事方面以陳玉成、李秀成、李世賢、韋志俊、蒙得恩為「五軍主將」，政務方面有蒙得恩、林紹璋、李春發等。這些人中，蒙得恩地位最高，他資格老，卻庸碌而無才能；林紹璋，就是在湘潭吃了敗仗的指揮官，正是因為他的失敗，曾國藩才取消了自殺的念頭，此人「無大本領」，「內外陰結而財用私設」，居然被洪秀全看中了；李春發在此以前沒有任何值得一提的事蹟。在這八個人當中，陳玉成、李秀成確實是出類拔萃的人才。

一八五八年九月二十六日的浦口之戰和同年十一月十五日到十八日爆發的三河之戰，是太平天國在內訌的血泊中奮然振作的強烈信號。

浦口之戰，太平軍擊潰了清軍重新建立的江北大營，大營統帥德興阿被咸豐革職，大營的番號也從此取消。

三河之戰是李秀成、陳玉成指揮的，太平軍集中優勢兵力與湘軍在安徽三河鎮展開了一場激戰，戰場綿延二、三十里，三天之內，太平軍殲滅了湘軍精銳部隊六千人，包括四百多名文武官員，湘軍主帥李續賓自殺、曾國藩的弟弟曾國華陣亡，湘軍士卒的老家湖南戶戶啼血，處處招魂。這是一次極其出色的殲滅戰，參戰的湘軍只有數十名士卒逃生。此一戰，湘軍元氣大傷，在此後一年多的時間裡，不敢東犯。

三河大捷之後，太平軍連克舒城、桐城、太湖、景德鎮等地，扭轉了不利局面。

一八五九年四月，洪秀全的族弟洪仁玕來到天京，洪秀全大喜過望，竟出爾反爾，忘了自己說過不再封王的話，見面僅十九天，便封洪仁玕為干王，讓他總理朝政。朝臣不服，洪秀全只得將陳玉成封為英王，將李秀成封為忠王，以息眾臣的不平之心。

洪仁玕曾經在香港待過多年，接受了一些西方文化的影響，來天京不久，就便將興國方案《資政新篇》呈給了洪秀全。方案中提出了一系列帶有資本主義色彩的治國措施：政治方面，提出「自大至小，由上而下，權歸於一」，興鄉官，設鄉兵；發展新聞事業，設立新聞館；興辦福利機構，成立士民公會。思想風尚方面，反貪污，反迷信，反陋習，禁煙酒，禁遊民。經濟方面，發展交通（興車馬、舟楫之利，即火車、輪船），辦銀行，行紙幣，興寶藏，開礦產，興器皿工藝等等。

《資政新篇》引起了洪秀全的極大興趣，他在洪仁玕的稿本中寫了許多讚揚性的眉批，但由於當時客觀條件的限制，這套方案在太平天國的轄區內未能付諸實施。

這是一篇奇特而新穎的著作，作為中國第一個近代化藍圖，它在十九世紀五十年代出現在華夏大地，顯得光彩照人，氣勢不凡，但也有些突兀，與當時中國的現實有較大的隔膜，在它之後很長的時期內，沒有相應的聲音與之呼應，這實在是文化史上一件罕見的現象。

為了聚攏人心，為了彌補楊、韋治亂以後留下的思想混亂，一八五九年秋，洪秀全宣佈以楊秀清的忌日為「東王升天節」。

話說清軍的江南大營被太平軍擊破之後，一八五八年春，清欽差大臣和春、幫辦大臣張國梁又在天京雨花臺重新設立了江南大營。江北大營既破，太平軍就著手解決江南大營。

天王洪秀全批准了洪仁玕和李秀成的作戰方案：圍魏救趙。一八六〇年春，李世賢部佯攻湖州，而李秀成則只帶六、七千人輕裝前進，突襲杭州，克之。和春聞訊，急忙遣部將張玉良率兵前往杭州增援，李秀成見清軍中計，便主動撤離杭州，迅速返回天京，與陳玉成部匯合，一舉擊潰江南大營。和春與張國梁逃往鎮江，軍需輜重均落入太平軍之手。江南大營被摧毀，天京解圍。

從戰術上講，這一仗幹得確實很巧妙，很漂亮，但我認為，從戰略上看，卻是令人惋惜的。太平天國的領袖們沒有看到，太平軍真正的勁敵不是江南大營那些綠營兵，而是曾國藩的湘軍。這一點，洪仁玕、李秀成們遠不如清朝的某些官員，當江南大營告破的消息傳開後，咸豐因受打擊而咯血，但湘軍派系的左宗棠、胡林翼卻大喜過望，認為是否極泰來之兆，湘軍的出頭之日到了。果然，清廷不久就任命曾國藩為欽差大臣、兩江總督，授節制四省的大權。此前，清廷依靠正規軍綠營兵，視湘軍為偏師，因此湘軍是沒有資格上主戰場的。江南大營一破，清廷對綠營兵徹底失望了，只好全面依賴湘軍。從這個角度上看，李秀成破江南大營的客觀效果是：趕走了一匹狼，卻引來了一隻虎。

但那時，太平軍的領袖們卻為這一勝利歡欣鼓舞。不過，洪秀全的老毛病就是改不了，他當著眾臣的面，將這次勝利說成是天父皇上帝對他護佑的結果，把李秀成和十萬將士浴血奮戰的功勞一筆抹煞了。

為了佔有江浙一帶富庶地區，保證太平天國的糧秣軍需，一八六〇年五月，李秀成奉命揮軍東征，連克丹陽、常州、無錫，幫辦大臣張國梁溺水而死，欽差大臣和春自殺。六月二日，李秀成克蘇州，洪秀全忌其功，急忙降詔，說他與天母夢見天兵天將下凡克復蘇州，醒來果然應驗，又一次把李秀成的功勞抹掉了。李秀成軍又克嘉興、太倉、嘉定、常熟、青浦、松江等地，太平天國因此建立了蘇福省。與此同時，陳玉成軍攻克了浙江的臨安、餘杭、富陽等地。蘇浙地區物產富庶，太平軍經略東方，在經濟上立下了牢固的根基。

然而，從軍事上看，長江上游卻更有價值，武昌、九江已經失陷，離天京最近的安慶就至關重要了。能夠看准這一步棋的，是曾國藩和洪仁玕。曾國藩說，「自古平江南之策，必踞上游之勢，建瓴而下，乃能成功。」因此，不論太平軍東征取得多大的成就，他都不理睬，只是咬住安慶不放。洪仁玕也說：「長江者古號長蛇，湖北為頭，安省（即安徽）為中，而江南為尾。今湖北未得，倘安徽（安慶在安徽）有失，則蛇即中折，其尾雖生不久。」

為此，太平軍於一八六〇年九月兵分兩路，發動第二次西征，攻取上游的武漢，因為占了武漢，下游的安慶自然就得以保全，這是「圍魏救趙」的計畫。

北路由陳玉成率領，一路勢如破竹，於一八六一年三月十八日攻克黃州，逼近武漢，清朝官兵一片驚慌，湖北巡撫胡林翼急得吐血，湖廣總督官文惶遽無措，束手待斃。恰好英國參贊巴夏禮到此，會見了陳玉成，聲稱要保護英國商務，要求太平軍離開。由於陳玉成不瞭解武漢防禦空虛，而李秀成軍未能與他回合，又因安慶吃緊，便留下賴文光守黃州，自己回師救援安慶去了，結果喪失了奪取武漢的絕好機會，這實在是太平軍的一大憾事。這次「圍魏救趙」計畫的失敗，史家們多是指責李秀成未能如期趕到武昌與陳玉成會師，對陳玉成的失誤卻有意無意地忽略了。其實，陳玉成也負有相當大的責任，他至少犯了三個錯誤：其一，他未能對武漢的虛實作出認真的偵察就盲目撤兵；其二，他缺乏與洋人周旋的經驗，結果上了巴夏禮的當；其三，此時李秀成已經進入了江西，正向建昌進攻，陳玉成沒有探聽這一情況就倉促東返，是軍事上的短視，他急於回軍直接救援安慶，卻忘了戰略大局。

率領南路軍的忠王李秀成未能看出武漢、安慶在軍事上的分量，他一心經營江浙，對這一計畫態度消極。後來得到江西、湖北有三十萬人要參加太平軍的消息，便率軍西進。一八六〇年十二月一日，李秀成碰上了一件更大的憾事：他的軍隊在皖南破羊棧嶺，克黟縣，而曾國藩此時正在祁門營寨，離太平軍只有六十里，已成甕中之鼈，絕望中，曾國藩給兒子寫下了遺囑，準備一死。可能李秀成不知道曾國藩就在祁門，也可能他以為祁門駐紮著重兵，總之，此時他得到敵軍圍攻休寧的消息後，便領兵前往營救去了。於是，曾國藩又一次死裡逃生。輕易地放棄攻打祁門，是李秀成的一大失誤，因為即使他不知道祁門的駐兵情況，也應當想到祁門是兵家所說的「死地」、「絕地」，如果發動進攻，太平軍必勝無疑。

直到一八六一年六月，李秀成才輾轉到達武昌縣，此時陳玉成已經撤離，會師計畫失敗，李秀成便率軍回浙江去了。李秀成又一次犯了大錯，他完全可以與賴文光部合力攻打武漢，但他沒有這樣做。他的東撤，連湘軍的首腦們都困惑不解。四年後他被俘時，曾國藩的幕僚趙烈文曾問起他不戰自退的原因，他回答說：「時得蘇州而無杭州，猶鳥無翼，故歸圖之。」就是說，他的東返，是為了奪取杭州。李秀成一向主張經略東南而忽視西部戰場，乃是認識上的一大謬誤，在這方面，洪秀全、洪仁玕、陳玉成都比他高明。

五、天子蒙塵

咸豐十年八月十六日，咸豐一行經過塵土奔波，來到避暑山莊。自從嘉慶皇帝在這裡死後，四十年的歲月裡，清王朝的帝王沒再踏上這片風景佳美同時又佈滿塵埃的名勝之地，現在咸豐來了，但今非昔比，他不是來觀光的，而是被洋鬼子打懵了，到此避難的！

史家們對咸豐逃離京城多有指責。的確，當初明成祖朱棣遷都北京，就是要「天子守國門」，就連崇禎皇帝在大兵壓境之際，也沒有逃走，寧可死在煤山，而咸豐卻在國家命運攸關的節骨眼兒上逃之夭夭，不但有失國體，而且亂了人心。

但我認為，問題不是這樣簡單。首先，清朝落到這般地步，是幾代皇帝造成的（前面幾章我們已經分別做過分析），責任不能由咸豐一人承擔；其次，就咸豐自身而論，失誤也是多方面的，上面我們也作了議論。由於若干弊病積累到一起，才釀成英法聯軍兵臨北京城下的局面。至於咸豐該不該離京，我們不能脫離當時的具體情況和條件。自從第三次大沽口之戰失敗後，清軍就一蹶不振；八里橋之戰，清軍孤注一擲，又敗了。當時主張咸豐留京的朝臣們，認為京城堅固，可以禦敵。這是冷兵器時代的陳舊觀念，面對洋人的火炮，堅固的城牆是起不到防禦作用的。問題就來了，如果咸豐留京，北京是否能夠守得住？不可否認，他留京，在一定程度上能夠聚攏人心，提高清軍的戰鬥力，但絕對不能保證北京的安全。從當時清軍潰敗的程度和速度看，從領兵的那些大員的低劣素質看，北京多半是守不住的。那麼，咸豐留京就可能落得個更糟糕、更丟臉、更可悲的下場，那就是做英法聯軍的俘虜。因此，對咸豐的出走，沒有必要做過多的責難。

咸豐在避暑山莊聽到圓明園被焚毀的消息，口吐鮮血，舊有的肺癆病又發作了（今之學者有的認為咸豐所患之症是肝硬化）。更重要的是，他的精神完全垮了，這期間，他沉溺於三種不良嗜好：一是迷戀女色，佳麗纏身，乃至體力不支。二是貪戀美酒，一飲即醉，每醉必怒，每怒必發洩在太監或宮女身上。三是吸鴉片，美其名曰「益壽如意膏」，這在清代皇帝中算是一個特例。除此，咸豐還癡迷於戲劇，且親自粉墨登場，演過《朱仙鎮》、《青石山》等戲曲，野史載，「到熱河行在唱戲，使咸豐樂不思蜀」。

國難當頭，咸豐不思禦敵保國，卻自我麻醉，遁入逍遙宮中，誤國誤民可謂甚矣！

北京這邊，一系列不平等條約在緊鑼密鼓地進行著……

正當外頭風狂雨暴，朝廷內部鬥爭的暗流也洶湧激盪。以恭親王奕訢為首的「北京派」和以御前大臣肅順為首的「熱河派」的矛盾達到了白熱化的程度。

早在英法聯軍攻佔天津的時候，奕訢與肅順就產生了政見分歧，奕訢主和，肅順主戰。要判斷兩派的是非是很難的。奕訢是主持與英、法、俄簽訂北京條約的人，與洋人打交道較多，心中萌生著興辦洋務的念頭，在洋人眼裡，奕訢是開明的，友好的，可以合作的；肅順是咸豐依賴的重臣，在肅清官場、整頓吏治方面多有貢獻，也主張大膽重用漢臣，但在治國思想上卻傾向於保守。在權力的角逐中，奕訢和肅順都想把皇帝拉到自己一邊，這正是「北京派」要求咸豐「回鑾」而熱河派加以阻撓的原因。為此，兩派矛盾越來越大，竟至於到了互相攻訐的程度。「北京派」彈劾肅順等人「熒惑」聖上，而「熱河派」則攻擊奕訢一夥借洋人勢力反叛朝廷。

在咸豐眼裡，「熱河派」才是忠心的，可靠的，但他也知道，與洋人打交道，還得靠「北京派」，而這，正是他的苦惱所在。

奕詝與奕訢兄弟倆，積怨並非一日。奕詝的生母全皇后死得早，由奕訢的生母靜皇貴妃撫養成人。奕詝登極以後，一度很重用奕訢，任命他為首席軍機大臣。但後來，奕訢請求加封母親為皇太后，咸豐沒答應，責備他「禮儀疏略」，並撤銷了他的一切職務，兄弟失和。咸豐這次到熱河，命奕訢留守京師，實在是出於無奈。

在咸豐逗留熱河期間，「北京派」一再籲請咸豐「回鑾」，卻遭到「熱河派」的阻撓。春節過後，咸豐決定回鑾，不幾天又宣佈改期，因為他的病情加重了，弄得「北京派」的人非常失望，也使「熱河派」丟掉了人心。

奕訢心裡很清楚，政權、軍權已經牢牢地掌握在「熱河派」手中，要想與政敵抗衡，就要另立門戶，於是，一八六一年一月，他與文華殿大學士桂良、戶部左侍郎兼軍機大臣文祥一起向咸豐提出成立總理各國事務衙門的申請，咸豐迫於形勢，只得首肯。兩個月後，總理衙門成立了，這是中國近代史上第一個正式外交機構，它標誌著中國步入了國際社會。

其實，在宮廷中還有一支潛伏的、不被人注意的力量，那就是懿貴妃葉赫那拉氏，即後來的慈禧太后。關於她的身世，有許多說法：一說她生於安徽蕪湖，其父惠徵曾做過安徽寧池太廣道的道員，她年少慧黠，善唱南方諸小曲，因此得到咸豐的寵倖。此說是不足為據的，惠徵任安徽道員是在咸豐二年，當時葉赫那拉氏已經十八歲了，這年二月，她入了宮，被冊封為蘭貴人，之後，惠徵才動身去蕪湖上任。因此，葉赫那拉氏不可能生於南方。

一說她生於甘肅蘭州，因其父曾任過甘肅布政使衙門的筆帖式（掌理翻譯滿漢奏章文書的官員）。但據學者考證，惠徵雖然任過筆帖式之職，但任職期間一直待在北京，沒有去過甘肅，此說也不能成立。

一說她生於山西綏遠，綏遠在民國時期劃歸內蒙古，所以此說也稱「內蒙說」。此說認為葉赫那拉氏的父親惠徵曾任山西綏遠道員，居住在歸化城（今呼和浩特市），葉赫那拉氏的乳母是回民，叫逯三娘。但惠徵任綏遠道員的時間是道光二十九年，這時葉赫那拉氏已經十五歲了，因此只能說她曾在綏遠住過，不能說她生於此地。

一說她生於北京。葉赫那拉氏生於道光十五年，這時她的父親惠徵在北京任筆帖式，祖父景瑞也在北京任刑部郎中，因此她只能生於北京。

還有一種說法，是一九八九年才提出的，說葉赫那拉氏生於山西長治，其父不是惠徵，她壓根兒就不是滿洲人，而是農民王增昌之女，名叫王小慊；家貧，四歲時被賣給宋四元家，改名宋齡娥，聰慧而善唱，能讀書寫字。但十一歲時宋家遭難，宋齡娥就被賣給潞安府（今長治市）知府惠徵做丫頭。一次，惠徵夫人偶然發現她兩隻腳上都生有一個瘊子，就認為是福相，便將其收為養女，改姓葉赫那拉氏，更名玉蘭，後來皇宮選秀女時進了宮。此說舉出了許多證據：當上了太后的慈禧，愛吃山西的黃小米、玉米麵、壺關醋、蘿蔔菜；她偏袒和重用山西長治人和長治官員；西坡村王氏家譜上有「王小慊後來成為慈禧太后」的話，且發現了慈禧生母的墳；上秦村宋家的土炕上，刨出了慈禧給宋家的信殘片、光緒年間清廷特製的皮夾、清代帝后宗譜、慈禧本人的單身照片等等。為此，長治市成立了慈禧童年研究會。

「山西長治說」是很有力度的，因此有的專家認為可以與「北京說」並存，但也有人認為，此說證據仍有可疑之處：慈禧家信殘片顯然不是慈禧的筆跡；慈禧生母的墳經歷了

「文革」和「農業學大寨」不可能保留至今；最重要的是，從道光五年至咸豐元年這二十六年間，任潞安知府的共七人，卻沒有惠徵，怎麼會發生童年慈禧被賣到惠徵家的事呢？

比較諸說，最穩妥的是「北京說」。

葉赫那拉氏入宮後，頗得咸豐的寵愛。原因有三：一是貌美，二是喜歡書法繪畫，酷愛京劇，與咸豐愛好相近，第三個原因最重要，她為咸豐生了一個兒子，這就是咸豐惟一的兒子載淳。咸豐二年她初入宮時，封為蘭貴人，兩年後晉升為懿嬪，咸豐七年又晉封為懿貴妃。

如果說葉赫那拉氏生子是她交運的第一個關鍵因素，那麼咸豐的體弱和庸碌則給了她第二個機會。咸豐沒有其先輩雍正那股事必躬親的條件（體力和精神），處理不了成堆的奏章，於是這項工作的一部分就由葉赫那拉氏代勞了，這是違背祖制的。這期間，她得到了歷練，同時也滋生出兜攬權力的強烈慾望。她做為一支宮廷力量，無論是肅順還是奕訢，恐怕都未意識到，但咸豐在臨死之前，對葉赫那拉氏佻巧奸詐、窺視權柄的本性卻有所覺察。

四月初，咸豐的身體更壞了，「咳嗽不止，紅痰屢見」。他意識到自己死期將近，便不得不考慮後事。他很擔心自己死後，葉赫那拉氏專權，因此就想及早除掉她，為此他曾經徵求肅順的意見，想效仿鉤弋夫人之例。鉤弋夫人侍奉漢武帝，生子弗陵，武帝欲使弗陵繼位，擔心「主少母壯」，出現當年呂後專權的情況，便將鉤弋夫人賜死。肅順當時不敢說一句話，害怕禍及自身，但後來事情還是傳到葉赫那拉氏耳朵裡去了，從此她對肅順愈加忌恨。咸豐呢，沒有把這一念頭付諸行動，一來因為心慈手軟，二來因葉赫那拉氏的妹妹與妹夫醇郡王奕譞以身家性命擔保，向咸豐求情，事情便擱置下來。

葉赫那拉氏自從隨同咸豐離開北京，就與肅順產生了矛盾。當時肅順在宮中弄了一輛車給咸豐乘坐，而後妃們的車是從市上雇來的，車敝騾瘦，一路顛簸，中途葉赫那拉氏要求換車，肅順回絕道：中途哪裡去弄車？她心中銜恨。途中吃飯時，後妃只供應豆乳，她更是大為不滿。到了避暑山莊，各地呈進的鹿肉、黃羊、燻肉、滷蝦等，咸豐分賞時，都有皇后的一份，卻經常不給懿貴妃，這也使她遷怒於管理總務的肅順。件件瑣事，埋下了日後拼鬥的種子。後人說肅順：「滅門之禍，起於飲食之微，可為歎息。」

咸豐的身體逐漸衰竭，終於連寫字都不能了。此時他的心中充滿了矛盾：為了避免葉赫那拉氏專權，他決定任用輔政大臣，但他又擔心再次出現當年多爾衮、鼇拜擅權的局面，就決定增加輔政大臣的人數，他選擇了八個人，他們是：怡親王載垣，是康熙第十三子怡親王允祥的五世孫，道光朝為御前大臣，咸豐朝，為宗人府宗正，領侍衛內大臣；鄭親王端華，是鄭親王濟爾哈朗之後，道光朝為御前大臣，咸豐朝，為領侍衛內大臣；肅順，是端華之弟，曾任左都御使、理藩院尚書，後任御前大臣、內務府大臣、戶部尚書、大學士；景壽，御前大臣；穆蔭，軍機大臣，兵部尚書、國子監祭酒；匡源，軍機大臣；杜翰，是咸豐的師傅杜受田之子，軍機大臣；焦祐瀛，軍機大臣。他們是顧命大臣，贊襄一切政務。

但咸豐又怕大權旁落，便將隨身的「御賞」印授給皇后鈕祜祿氏，將「同道堂」印授給兒子載淳，因其年幼，此印由其母葉赫那拉氏保管。這兩方印是皇權的象徵，規定以後下達詔旨時，「御賞」為印起，「同道堂」為印訖，兩印俱備，諭旨方能生效。

咸豐以為，如此安排，就可以使後宮與顧命大臣的權力得到平衡，萬無一失了。

咸豐偏偏把能夠扭轉乾坤的人物排除在思慮範圍之外，這個人就是他的弟弟恭親王奕訢！咸豐曾經任命奕訢為首席軍機大臣，現在的顧命大臣中卻沒有此人，這顯然是有意為之。他不想讓奕訢染指權力，是可以理解的；但奕訢的政治能量他卻應當估計到，因此，咸豐對奕訢的疏忽，只能有一個解釋：這正是他政治智力不健全的表現。

果然，奕訢得知此消息後，氣憤又蔑視地說：「區區者而不予畀，予必自取之！」

後來政治格局的發展結果是咸豐無論如何也料不到的。但肅順門下的文人王闓運看得很深透，他在《獨行謠》一詩中寫道：「祖制重顧命，姜姒不佐周。誰與同道堂，翻怪垂簾疏？」其中「姜姒不佐周」一句，分明把矛頭指向葉赫那拉氏（後來的慈禧），這個王闓運膽子真夠大的！

六、漸入末路

華夏大地出現了十分奇怪的格局：在北方，洋鬼子攻陷北京城，火燒圓明園，燒殺搶掠，無惡不作；而在南方，他們卻與清政府勾搭成奸，沆瀣一氣，共同對付太平軍。

一八六〇年六月二日，以美國人華爾為領隊，以法國人法爾思德、白齊文為副領隊的洋槍隊在上海成立。洋槍隊隊員由外國水手、浪人、流氓組成，約三百人。洋槍隊的經費由買辦楊坊供給，上海道台吳煦和署江蘇巡撫薛煥予以支持。

不過，洋槍隊開始打得很糟糕，青浦第一戰，被李秀成部打死了三分之一，華爾受傷五處；第二戰，又有百人斃命，槍炮喪失大半。

八月十八日，李秀成、洪仁玕率兵進攻上海，致書各國公使：太平軍只打清妖，不傷洋人，要求洋人懸掛本國國旗，太平軍盡力保護。結果事出意料，英軍向太平軍進行了猛烈的炮擊，李秀成面頰受傷，只四天，太平軍便退出戰鬥。佔領上海的計畫失敗。

此時，洋槍隊擴充到一千兩百人，改名為「常勝軍」。

年底，太平軍李世賢部攻克寧波；李秀成部攻克杭州，浙江巡撫王有齡自縊而死……太平軍在東南地區的勢力大增。

但天京城裡卻是另一番面貌。

從六〇年代一開始，洪秀全就利用安慶吃緊，洪仁玕、陳玉成、李秀成在前方浴血奮戰的機會，大搞權力再分配的醜惡活動，把天國的大權全攬到洪氏門下。

一八六〇年二月五日，洪秀全以幼主洪天貴福的名義降詔，任命幼西王蕭有和（西王蕭朝貴的兒子）為齎奏官，負責上傳下達工作，百官的本章送到他那裡，交幼東王蓋印，再交洪秀全；文件下達也如此。詔旨中特意強調「自今內外本章，免蓋玕叔金印」，把洪仁玕的權柄也奪了（洪仁玕畢竟不是洪秀全的親弟）。此時，幼主洪天貴福只有十一歲，幼西王蕭有和只有十三歲左右，而幼東王實際上是洪秀全的第五子洪天佑（韋昌輝血洗東王府時，已將楊秀清一家全部殺光），過繼給了楊秀清，大約只有三、四歲。洪秀全把日常軍政要務交給了幾個毛孩子，簡直視國事如兒戲！

這年四、五月間，洪秀全又炮製了一幅《朝天朝主圖》，是天朝地位的名次表，該表把幼東王、幼西王、洪仁發的七個兒子、洪仁達的兩個兒子、洪秀全的三個女婿排在前面（他們當中有許多是襁褓中的嬰兒），而在戰場上出生入死、戰功赫赫的洪仁玕、陳玉成、李秀成等則尾隨其後。

為了遏制李秀成與陳玉成等，洪秀全開始大封諸王。封王日增，一發而不可收，終成氾濫之局，交上若干錢就可以買一個王。後來王封得太多，起不出那麼多王的名稱，就一律稱「列王」，再往後，就發明了一個新字，上面是「光」字的前三劃，下面是「王」字，意思是「小王」。到一八六四年天京陷落之前，封王的就達二千七百多人。

封王的同時，又大肆封爵封官。本來，太平天國的級別，王以下是侯。後期，王之下有佐將、主將、六部、神使、護京神將、朝將、神策、儘管、統管、掌率、天將十一等職銜，然後是義、安、福、燕、豫、侯六爵，再往下是丞相、檢點、指揮、將軍、總制、監軍、軍帥、師帥、旅帥、卒長、兩司馬、伍長、伍卒，從天王到伍卒，跨越了三十五個等級，這是歷代封建王朝望塵莫及的。由等級而派生出瑣碎的禮儀，《天秤禮制》中稱呼之繁多，在歷史上可謂登峰造極。

王爵的氾濫，是政治腐敗的重要標誌，其責任，在洪秀全一人。亂封王，除了遏制李秀成、陳玉成以外，還有籠絡人心的目的。但效果卻適得其反，那就是養成了「動以升遷為榮」的風氣，「一歲九遷而猶緩，一月三遷而猶未足」，於是，官場風氣敗壞，朝綱紊亂，王侯官吏們貪污行賄，損公肥己，其伎倆手段與清朝的官場如出一轍，把個天朝弄得烏煙瘴氣、濁穢不堪。

一八六一年三月六日，洪秀全又幹了一件蠢事，他冷不丁地降詔，將太平天國的國號改為「上帝天國」。很明顯，強調上帝，就是強調他自己，因為他就是上帝的次子。但國號是能夠隨便改的嗎？他的此舉，足以顯出態度之草率，思維之混亂。不幾天，他又下了一道詔旨，將國號仍改為「太平天國」，但前面加上了「天父天兄天王」六個字，從那以後，天國的詔旨就一律用十個字的落款。

也是這一年，洪秀全重新刊印《天朝田畝制度》，這是個非常多餘的舉動，他為什麼要這樣做呢？沒有任何史料能夠幫助我們瞭解他的動機，把一套被現實證明了是無法實現的「制度」抬出來，只能是為了突出個人的思索成果，樹立自己的威信，或者是用這個畫出來的餅，給處於信仰危機的天國兵民們進行精神充饑。

權柄由洪家來掌，仗還得讓洪仁玕、陳玉成、李秀成這些人來打。

早在九江失守後，安慶就成為雙方爭奪的目標。曾國藩看准了這一步棋，就死啃著安慶不放，將安慶包圍起來。這期間，洪仁玕、陳玉成率太平軍發動了三次救援安慶的行動，均未成功，一八六一年九月五日，安慶失陷，守將葉芸來與兩萬將士拼死抵抗，全部壯烈犧牲。

洪秀全得知後，不過問失敗的原因，不考慮如何挽救敗局，而是把這次失敗當作進一步奪權的好機會，他當即將洪仁玕、陳玉成革職，又把自己的哥哥洪仁發封為信王、洪仁達封為勇王，讓二人主持朝政。從此，洪仁玕就只管外交了，但不久，洪秀全又進一步奪權，把外交事務交給了他的親信林紹璋。陳玉成被革職後，感情上受了很大打擊，他在給朋友的信中發牢騷說，「朝中辦事不公平」，後來李秀成也在《自述》中說陳玉成當時「心煩意亂，願老於廬城，故未他去，坐守廬城，愚忠於國」。

不過，在這段時間裡，洪秀全幹了一件很有骨氣的事。一八六一年年底，英國海軍提督何伯派「狐狸」號艦長班漢和參贊巴夏禮向太平天國提出了四項要求：一，賠償英人在太平軍轄區內的損失；二，懸掛英旗的船隻可以自由航行在太平天國領域的河流中；三，太平軍不得侵入上海、吳淞周圍百里地帶；四，太平軍不得進入漢口、九江周圍百里地帶。這分明是一種挑釁行為，對此，洪秀全毫不客氣地予以拒絕。

李秀成後來在《自述》中提到：洋人曾提出幫助太平天國打清朝，之後平分土地，洪秀全回答：「我爭中國，欲想全圖，事成平分，天下失笑；不成之後，引鬼入邦。」比起後來清廷「借洋兵助剿」的無恥行徑，洪秀全頗有大義凜然的民族氣節。

一八六二年一月七日，太平軍第二次打上海。這一次李秀成接受了教訓，清妖洋鬼一起打。

開始，太平軍連續失利，但洋鬼也付出了沉重的代價：洋槍隊副隊長白齊文在高橋一戰受傷，提督何伯也在七寶之戰受傷，法國水師提督卜羅德被太平軍擊斃。後來李秀成親臨前線，扭轉了戰局。太倉一戰，擊斃知府李慶琛，消滅清軍五千人，洋鬼數百名，毀清營三十餘座，獲大炮洋槍無數。接著，太平軍克復嘉定、湖州、青浦，生擒常勝軍副領隊法爾斯德，英軍司令斯迪佛立帶領殘部逃回上海，從此，洋鬼不再敢與太平軍接仗。李秀成一路進擊，破清營一百多座，直達松江，將松江城圍得水泄不通。

太平軍挫敗洋人，在華夏大地上引起了強烈的震動：曾國藩引用左宗棠的話說，「夷人（指洋人）畏長毛，亦與我同，委而去之，真相畢露」，李鴻章也說「西兵（洋兵）為賊（太平軍）所攝，從此不敢出擊」。即使後來在李秀成身陷囹圄之後，也仍然傲氣十足地說：「那時洋鬼並不敢與我見仗，戰則即敗。」

請讀者注意，以往的歷史教科書，對李秀成的指責頗多（除了說他投降變節，還有不聽調遣、戰略思想的錯誤等），但幾乎都忽略了一個十分重要的事實：當時的整個中國，在戰場上能夠挫敗洋鬼、並使洋鬼膽戰心驚的華夏將領只有一人，那就是李秀成。林則徐為中國人爭了一口氣，但他不是在戰場上。那時候，清廷君臣上下，沒有一個不怕洋人的，包括被稱為「咸同中興之臣」的曾國藩、胡林翼、左宗棠以及李鴻章之輩，均畏洋人如虎。胡林翼身為湖北巡撫，在江面上看到洋人的輪船，頓時口吐鮮血；李鴻章在後來攻陷蘇州時，違背了常勝軍頭領戈登的意願而殺死了太平軍的降將，戈登大怒，要找他算帳，李鴻章嚇得急忙求海關稅務司赫德出面斡旋，並獻上了十萬兩銀子犒賞常勝軍；而曾國藩直到八年後處理天津教案時，在洋人面前仍然戰戰兢兢，不敢稍有差池。李秀成跟他們相比，要高出千百倍！太平軍的其他首領，都未在戰場上與洋人正面較量過。因此李秀成第二次打上海，不但是他本人征戰歷程中最為精彩的一筆，而且是太平軍戰爭史上、也是中華民族戰爭史上輝煌燦爛的一頁。

在西線，這時英王陳玉成犯了一個戰略上的錯誤，在如何擺脫安徽困境的問題上，他提出了開闢西北戰場的方略，即分兵遠征豫、陝，廣招兵馬，然後回救安徽；遵王賴文光則主張經略荊、襄，認為「不出半年，兵多將廣，可圖恢復皖省」。應當說，賴文光的意見是正確的，經略西北，等於分散兵力，且路途遙遠，一旦天京有急，來不及救援，而立足於荊、襄，則能成為安徽和天京的屏障，遏制長江上游的敵軍。後來的事實證明了這一點。

但陳玉成沒有聽從賴文光的建議，一八六二年一月，太平軍西北遠征軍在扶王陳得才、遵王賴文光等人的領導下從廬州出發，踏上了征途，一路奪關斬將，到五月，就進逼西安。

西征軍走後不久，清軍圍困廬州，陳玉成發信救援，五月十三日廬州陷落，陳玉成率敗軍北上，後中叛徒苗沛霖之計，被執，於六月四日不屈殉國，年僅二十六歲。

西征軍得報，急忙回軍救廬州，兵至河南，就獲悉陳玉成犧牲的消息，只得作罷。

陳玉成的死，是太平天國的一大損失，後來洪仁玕說：「如英王不死，天京之圍必大不同……英王一去，軍勢軍威同時墮落，全部瓦解。」李秀成聞訊，驚歎道：「吾無助矣！」連陳玉成自己也說：「太平天國去我一人，江山也算去了一半。」、「我死，我朝不振矣！」

果然，陳玉成一死，湘軍氣焰大增，以凌厲的攻勢向天京進逼，接連攻克金柱關、蕪湖、鎮板橋、秣陵關、大勝關、三叉河等地，於一八六二年五月三十日包圍了天京。

洪秀全一日三道詔旨遞至松江，命李秀成立即回軍，解天京之圍。

那麼，天京的情勢是不是十萬火急？值不值得一日三詔把李秀成調回？

天京被圍不是一次了，第一次是一八五三年三月，清軍江南江北兩大營圍困之，至一八五六年六月被太平軍擊破；第二次是一八五八年三月被和春的江南大營包圍，一八六〇年五月又被太平軍擊破。兩次圍困歷時八年，屯兵七萬，天京巋然不動。現在，曾國荃以區區兩萬之眾兵臨城下，早已犯了孤軍深入的兵家大忌，因其後續不及，故不可能在短時間內攻下天京。當時連曾國藩都認為，「金陵城大而堅，未易猝拔」。

李秀成召開了一次軍事會議，他認為，此時撤軍回救天京，可能使東征前功盡棄，另一方面，此時與湘軍接戰不是最好的時機，為此他提出了如下方案：將蘇福省米糧炮火大部分運往天京，待二十四個月之後，湘軍不戰自疲，那時則可一鼓解圍。

但他的本章呈上去以後，洪秀全勃然大怒，立即降詔責問李秀成：「三詔追救京城，何不啟隊發行？爾意欲何為？欲擁兵自立否？爾身受重任，爾知朕法否？若不遵詔，國法難容！」措辭之嚴厲，可謂無以復加。其中「欲擁兵自立否」一語暴露了洪秀全的擔憂，他連不是親兄弟的同族弟洪仁玕都信不過，對李秀成就更是放心不下。蘇州是太平天國的第二首都，李秀成東征的節節勝利，洪秀全心中是不安的，因此，他一日三詔，不光是為了緩解天京之圍，也是為了防止李秀成勢力做大。

李秀成奉命西撤，是洪秀全在戰略上的重大失誤。在武昌、九江、安慶相繼失守的情況下，東南地區對太平天國就具有了重要的戰略價值，現在擺在洪秀全面前的問題是，一方面要緩解天京之圍，一方面也要鞏固東征成果。可惜洪秀全亂了方寸，胸無全局，不但十萬火急地召回了李秀成，也把在浙江與左宗棠作戰的侍王李世賢的部隊調了回來。後果是十分嚴重的，由於太平軍西撤，敵對勢力得到了喘息機會，常勝軍重整旗鼓，李鴻章的淮軍擴充了隊伍；浙江方面，中英混合的常安軍、中法混合的常捷軍也相繼成立。幾股力量聯合，在上海、浙江、江蘇、安徽等地大舉反攻，太平軍東征時奪得的地盤接連失陷，從此，太平軍便陷入了背腹受敵的窘況之中！

七、辛酉之變

咸豐十一年七月十七日晨，咸豐皇帝死於避暑山莊煙波致爽殿，享年三十一歲。年僅六歲的載淳繼承皇位，尊皇后鈕祜祿氏為母后皇太后，懿貴妃葉赫那拉氏為聖母皇太后。因鈕祜祿氏住在煙波致爽殿的東暖閣，故稱「東太后」；而葉赫那拉氏住在西暖閣，故稱「西太后」。八月三十一日，顧命八大臣擬定年號，是為「祺祥」。

新帝載淳登極伊始，兩太后與顧命八大臣的矛盾一下子就浮上了表面。矛盾的焦點自然是權力。咸豐的遺命看似很周全，但關於諭旨的擬定、呈覽、修改、頒發程序卻一字未提。於是就產生了不同的解釋，顧命八大臣提出：諭旨由大臣擬定，太后只是鈐印，不得更改，章疏不呈內覽。兩宮太后哪裡肯依？她們明確提出，對於諭旨，太后有審閱權、修改權、否決權和鈐印權。雙方爭執不下，整整僵持了四天。

後來八大臣做了讓步：同意兩宮太后的要求，奏章由八大臣擬定，呈兩宮皇太后覽閱；督撫等重要官職的任命，由八大臣擬名，兩宮皇太后裁決，次要官吏採取掣籤法，即由軍機處將任命的官員名字寫在籤上，然後糊名，在兩太后的監督下由小皇帝抽籤，先抽中者為正職，後抽中者為副職。這種程序，表面上看兩太后有了裁決權，實際上，政務的運作方向仍然操縱在八大臣手裡，因為候選人是他們指定的，而且要職、肥差是不掣籤的，由八大臣安排，這其中的奧妙兩太后就無從得知了。

兩宮皇太后雖然獲得了小小的勝利，但西太后知道，在顧命八大臣的包圍之下，她的權力是得不到保障的，她想到了一個人，他就是被咸豐排擠出權力圈子以外的恭親王奕訢。

她是怎麼跟奕訢取得聯繫的？說法很多，一是說通過廚役送出密信；一是說太監安德海捎的信；一是說東太后派侍衛恒起捎信給她的弟弟廣科，由廣科轉給奕訢；一是說西太后的妹夫奕譞去北京找的奕訢。這幾種說法都有可能，從宮中留下的資料來看，奕譞有一段時間離開過熱河，不久返回，很可能就是他去北京與奕訢接的頭。足見當時兩宮皇太后的處境是頗有些困窘的。

九月五日，恭親王奕訢趕到避暑山莊為咸豐奔喪，先叩謁梓宮，伏地痛哭，然後見載垣、端華、肅順，態度極其謙卑，肅順對他很蔑視，以為不足畏也。當奕訢要求見兩宮皇太后時，肅順等以叔嫂當避嫌為由加以阻攔，奕訢靈機一動，請端華一起進見皇太后，端華目視肅順，肅順笑道：「汝與兩宮叔嫂耳，何必我輩陪哉！」於是奕訢得以單獨進見。

叔嫂進行了長達兩小時的密談，倘若是禮節性的會晤，何至於這麼長時間？對此，肅順們雖有所疑慮和警覺，卻也無可奈何。

九月十日，叔嫂之間又一次會晤，這次時間很短。次日，奕訢便離開熱河，趕回北京。從此，他深居簡出，不少人向他打聽熱河的虛實，他只說回鑾有期，不言及其他。

奕訢身邊，很有一批擁護者：除了前面提到的桂良、文祥以外，還有大學士、戶部尚書周祖培，大學士賈楨，署兵部尚書趙光等等，此時，他們正在思謀著打擊「熱河派」的對策。

周祖培授意其門人、山東道監察御史董元醇上了一道摺子，主要提出了三點要求：一，籲請皇太后垂簾聽政；二，親王參與輔政；三，為小皇帝選師傅。

周祖培覺得意猶未足，又指使部下李慈銘搜集歷代太后臨朝的先例，準備呈進，作為兩太后聽政的歷史根據。李慈銘翻遍了古代典籍，好不容易找到了八個例子：和熹（漢和帝之皇后）、順烈（漢順帝之皇后）、康獻（晉康帝之皇后）、睿知（遼景宗之皇后）、懿仁（遼興宗之皇后）、章獻（宋真宗之皇后）、光獻（宋仁宗之皇后）、宣仁（宋英宗之皇后），他把八后之事匯成一冊，名曰《臨朝備考錄》。但他知道，八個聽政的太后中，沒有一個是以賢德著稱的。

董元醇的奏摺在熱河行宮立即引起了軒然大波。

九月十五日，兩宮皇太后召見八大臣，宣佈接受垂簾聽政的建議，載垣、端華、肅順堅決反對，說「臣等贊襄幼主，不能聽命於皇太后，請皇太后看折亦為多事」。雙方爭執相當激烈，聲震殿陛，小皇帝嚇得尿濕了太后的衣服。

八大臣退下後，立即起草批駁董元醇的諭旨，呈給兩太后。次日，八大臣見兩太后，兩太后堅持不發董元醇的奏摺和批駁諭旨，雙方又是一陣爭吵，相持不下。八大臣退下以後以停止辦公相要脅，在東太后的勸說下，西太后只得讓一步，就把奏摺和諭旨發了下去。八大臣滿意了，「始照常辦公，言笑如初」。

董元醇的奏摺受到諭旨的批駁，周祖培嚇得心驚膽戰，那本《臨朝備考錄》就沒敢呈上去，投機拍馬屁的醜惡嘴臉暴露無遺！

正在熱河的軍機章京許庚身卻把事情看得透亮，他認為垂簾聽政已成定局，誰也不能阻止，如同溫公、魏公不能禁止垂簾一樣，又說「霍氏之禍，萌於驂乘」。溫公、魏公指宋代宰相司馬光和韓琦，宋英宗病了，慈聖、光獻兩太后聽政，司馬光和韓琦沒有反對。霍氏指霍光，是漢昭帝的大將軍，受遺詔為宣帝輔政，宣帝謁見高廟，霍光從驂乘，宣帝害怕，「若有芒刺在背」，後來宣帝親政了，就以謀反罪名把霍光滿門抄斬。因此許庚身料定八大臣必遭殺身之禍。

八大臣不是沒有考慮到正在帶兵的人物，但兵部侍郎勝保善於看風使舵，從葉赫那拉氏生兒子之日起，他就已經開始向她靠攏，八大臣是無法爭取此人的；御前大臣、科爾沁親王僧格林沁是八大臣想要籠絡的，格外允許他叩謁梓宮，但僧格林沁並不買他們的賬；時任欽差大臣、兩江總督的曾國藩更受八大臣的重視，為此，肅順特派門客王闓運面見曾國藩，進行遊說，但曾國藩是何等人物，其老奸巨猾更勝於勝保和僧格林沁，王闓運說了半天，曾國藩卻用手指蘸著茶水寫了一個「妄」字，王闓運遊說失敗。

十月七日，載垣、端華、肅順幾個，不知是昏了頭，還是向兩太后表示友好，他們提出了一個奇怪的申請：因差事繁忙，有關業務請另派人料理。這一申請正中西太后下懷，當即順水推舟，奪了八大臣的權柄：解除載垣鑾儀衛之職，解除端華步軍統領之職，解除肅順管理理藩院之職。

西太后把步軍統領之職委任給她的妹夫奕譞，輕易地完成了軍權的轉移。想來，此時八大臣的心裡，肯定是叫苦不迭的。控制軍隊的人一個也沒拉過來，自己手裡的兵權也撒手交給了政敵！

十月二十六日，兩宮皇太后與載淳由載垣等七大臣護送，先自熱河啟程，間道返回京師；肅順、奕譞等人護送梓宮緩緩行進。擔任沿途保衛的兵力足有兩萬人，他們都是奕訢的親信、內務府大臣榮祿的部下。

五天之後，兩太后及載淳到達京郊，恭親王奕訢前來迎駕，叔嫂立即密謀政變事宜。

十一月二日，兩太后宣佈：載垣、端華、肅順解任，景壽、穆蔭、匡源、杜翰、焦祐瀛退出軍機處。宣讀畢，侍衛當場將載垣、端華二位親王拿下，關進大牢。景壽等五人也束手就擒。然後，西太后發了一道諭旨，命睿親王仁壽、醇郡王奕譞逮捕肅順。當晚，肅順在密雲縣被執，立即解往京師。

十一月八日，宣佈肅順等人罪狀，載垣、端華賜死，肅順斬於市。另外五大臣或發遣新疆效力，或革職免於發遣。值得玩味的是，八大臣的罪狀中，有「不能盡心和議，以至失信於各國」等語，按此道理，與列國簽訂屈辱條約的人倒是立下了大功的。

發動這次政變是在確定了祺祥年號以後，故史稱「祺祥政變」；又因為發生在辛酉年，故也稱「辛酉政變」；也因為發生在北京，還稱作「北京政變」。

咸豐為了政權的穩定，精心選拔了八大顧命大臣，他一萬個料不到，自己死後不到八十天，八大臣就成了階下囚和刀下鬼，主謀者恰恰就是他所忽略的弟弟奕訢和他視為「鉤弋夫人」的葉赫那拉氏。

咸豐十一年十月初九日，載淳的登極大典在紫禁城太和殿舉行，封母后皇太后鈕祜祿氏以「慈安」尊號，封聖母皇太后葉赫那拉氏以「慈禧」尊號；廢除「祺祥」年號，改明年為同治元年。同治，是兩太后一同治理國家的意思。

政變成功，西太后的喜悅之情自不待言，她授恭親王奕訢為議政王，在軍機處行走，又授總管內務府大臣，她覺得這樣仍不能表達感激之情，又給奕訢以親王「世襲罔替」的待遇，奕訢感到自己受惠太重，泣涕固辭，始罷。

大清朝廷的權力形成了新的格局：恭親王奕訢取得了議政權和施政權，而兩太后擁有審核權和裁決權。

十一月一日，是大清朝和中國的命運正式操縱在慈禧太后一人手中的日子，這天，紫禁城養心殿，舉行了「垂簾聽政」大典：小皇帝端坐龍位，御榻後，是八扇黃色紗屏，慈安坐在左邊，慈禧坐在右邊，眾臣在恭親王奕訢的帶領下，聚集於殿外，三拜九叩。

誰也不會料到，慈禧垂簾聽政，一聽聽了半個世紀……

八、一誤再誤

經過長時間的考察，列強們都認為不能依靠太平天國實現他們對華夏進行經濟掠奪的願望，相反，必須與清廷合作，撲滅太平天國這支力量。

那麼，清朝方面持怎樣的態度呢？恭親王奕訢等人在給慈禧的奏摺中說得十分明確：「就今日之勢論之，髮（指太平軍）捻（指捻軍）交乘，心腹之害也；俄國壤地相接，有蠶食上國之志，肘腹之患也；英國志在通商，暴虐無人理，不為限制，則無以自立，肢體之患也。故滅髮捻為先，治俄次之，治英又次之。」這就是說，清廷把太平軍和捻軍看做最大的威脅（心腹之害），因此剿滅太平軍和捻軍就成了朝廷的第一要務。

一八六二年二月八日，清廷降旨，宣佈放手借洋兵絞殺太平軍，這就是「借師助剿」的政策。其實，「借師助剿」的行動早就開始了，一年半以前華爾的洋槍隊就是明顯的信號，現在不過是以朝廷的名義加以認可而已。詔旨一下，「中外會防局」就採取了三項措施：（一）英國在華軍隊除了留大沽半個炮兵隊和五百士兵外，全部來上海；（二）華爾的洋槍隊擴充到五千人，改名為「常勝軍」；（三）用英國輪船將李鴻章的淮軍從安慶運到上海。

從此，太平軍的處境更加困難了！

再說李秀成受到洪秀全的嚴責後，又主持了一次軍事會議，提出了「如欲奮一戰而勝萬戰，先須聯萬心而作一心」的號召，他的部署是將部隊分為三路：北路為主力，進援天京；中路進攻蕪湖金柱關，截斷敵軍糧道，南路進攻寧國，牽制敵軍的增援部隊。為了消除洪秀全的猜忌，李秀成把自己的老母和妻小都送到了天京。

一八六二年九月一四日，李秀成率北路軍西上，向秣陵關和雨花臺進發，同時調侍王李世賢和護王陳坤書前來參戰。十月十三日，太平軍向雨花臺的曾國荃軍發動總攻。

從三個戰場的力量對比來看，太平軍是佔優勢的。其一，太平軍的三路人馬加起來約有二十萬，而湘軍與太平軍對峙的只有十萬人（直接包圍天京的只有兩萬）；其二，太平軍擁有精良的武器，開花炮多尊，洋槍兩萬杆，裝備比湘軍優越得多。其三，當時湘軍正癘疫流行，曾國藩後來記載了當時的情況：其兄生病而其弟受了傳染，一個人早晨還有笑聲傍晚就成了僵屍，十個軍篷就有五個不能經常開火做飯。一個人暴斃，數人送葬，等到他們返回時，就有人在半路上跌倒再也不能爬起。藥品已經用盡，只好到湖北、安徽去征藥。這一情況使湘軍的戰鬥力大減。

這場天京解圍戰打得很激烈，太平軍把湘軍團團圍住，旗幟如林，層層排列，晝夜不停地向湘軍陣地轟擊，「洋槍洋炮，驟若飛蝗」，「開花綳炮，橫飛入營，烽燧蔽天，流星雨地」。戰鬥中，曾國荃受傷，險些喪命，後來感慨地說，他當時已經「知盡能索，肆應不暇，瀕於危者累矣」。曾國藩也說自己「心已用爛，膽已驚破」。曾國藩的幼弟曾貞幹則病死於軍中。曾國藩作挽聯說：「大地干戈十二年，舉室效愚忠，自稱家國報恩子；諸兄離散三千里，音書寄涕淚，同哭天涯急難人。」

一直打到十一月二六日，共四十六天，雙方各自死傷六、七千人，最後太平軍終於因為缺糧和沒有棉衣而不得不撤出戰場。

天京解圍戰，不論對太平天國還是湘軍，都是命運攸關的一次決戰，從雙方的傷亡人數看，打了個平手；但從解圍的目的看，太平軍失敗了。失敗的原因是什麼呢？

首先，太平天國由於封王太濫，這次參加天京解圍戰的竟有十三個王，如果這些王分佈在不同的戰場上，或許能夠發揮各自的作用，但現在滙聚到一起了，都是王，誰指揮誰呢？李秀成跟其他王相比，威信高，封王的時間早，但這不是指揮者的硬條件，當初洪秀全大封諸王的目的就是抑制李秀成（還有陳玉成）的勢力，因此，李秀成對諸王的節制必然是無力的。

其次，把十萬多人擁擠在一個狹小的戰場上，非但不能充分發揮將士們的作用，反而給軍需供給造成了巨大的麻煩。這一點，曾國藩看得最為透徹，戰鬥打響之後的第十一天，他就在給曾國荃的信中說：太平軍每日須食米千石，沒有大舟運糧，何能持久？

再次，要解天京之圍，必須裡應外合。第一次解天京之圍時，執掌朝政的是楊秀清；第二次解天京之圍時，執掌朝政的是洪仁玕；而現在，執掌朝政的卻是洪秀全的二哥勇王洪仁達，此人不識字，且貪婪成性，加上朝綱混亂，人心離散，因此不能與解圍之軍配合。在當時文人王闓運的記載中，就有「城寇（指天京城裡的太平軍）與援寇（指城外的太平軍）相環伺」之語。王闓運曾著《湘軍志》，敢於秉筆直書，對曾國藩、曾國荃多有譏評，態度是比較公正的，他對太平軍的指評應當是可信的。

又次，以輔王楊輔清、堵王黃文金為首的南路軍佔領了甯國縣，使那裡的湘軍三面受敵，起到了牽制援軍的作用；但以護王陳坤書為首領的中路軍卻為湘軍所敗，未能完成斷敵糧道的任務，因此曾國荃軍的糧食火藥始終沒有斷絕。

最後，曾國荃所指揮的湘軍在這次戰鬥中發揮了困獸猶鬥、堅苦卓絕的精神，相比之下，太平軍則顯得缺乏銳氣。王闓運在《湘軍志》中指出：當時太平軍依仗炮聲相震駭，卻很少進行近距離的肉搏戰，戰場上的氣勢「比於初起時衰矣」。

解圍戰的失敗，使洪秀全怒火中燒，他革去了李秀成的職爵，制定了「進北攻南」的戰略，強令李秀成執行。

所謂「進北攻南」，就是「圍魏救趙」之法：讓李秀成去江北安徽一帶開闢新戰場，使湘軍不得不分兵回救，從而減輕天京的壓力；另一方面是徵收米糧接濟天京。洪秀全的這一決策盲目而愚蠢：第一，「圍魏救趙」之法太平軍運用過多次，現在故技重演，極容易被識破；第二，安徽早被清軍和湘軍洗劫一空，無糧可徵。

曾國藩一眼就看穿了太平軍這次行動的用意，他說：「賊（指太平軍）行無民之境，猶魚行無水之地；賊居不耕之鄉，猶鳥居無木之山；實處必窮之道，豈有能久之理？」因此他的決策是，對李秀成北上不予理睬，反而加強了對天京的攻勢。

一八六二年十二月一日，李秀成率領二十萬太平軍渡江至九洑洲，冒著紛飛的大雪踏上了「進北」的征途。昔日富庶的安徽，早已成了不毛之地。簡又文《太平天國全史》載：「清軍撤退時，厲行焦土政策，無論遐邇，毀壞一切，造成饑荒，以阻太平軍之前進。凡禾田、農莊與種植場，一概破壞，使成沙漠荒地，絕無些少糧食可以獲得。」李秀成非但征不到糧食，還把軍糧撥出一部分救濟當地災民，太平軍處境更加窘困，餓死了許多人。又值初春，陰雨連綿，道路泥濘，士兵患病者甚眾。太平軍雖然奪取了浦口、含山、巢縣、小店、和州，但廬州、舒城、六安這些重鎮均未能攻克，戰果寥寥。李秀成原想與陝西的陳得才會合，但沒有達到目的。

一八六三年六月，雨花臺失陷，洪秀全急命李秀成回救天京，李秀成倉促南返。但在九洑洲，遭到了湘軍的伏擊。當時恰逢河水上漲，渡江困難，太平軍損失慘重，多虧英國人呤唎聯絡了外國商船將太平軍一批一批地運送過江，而他自己則帶領外國志願兵在炮臺上與清軍作戰，掩護太平軍，戰鬥中，呤唎的妻子瑪麗犧牲，他自己也受了重傷。

回到天京的太平軍只有四、五萬人，「進北攻南」的戰略以徹底失敗而告終。

或許洪秀全意識到了自己犯下了致命的錯誤，他恢復了大敗而歸的李秀成的職爵，並加封他為真忠軍師，讓他主持天京防務。

東南戰線形勢十分吃緊了，左宗棠的湘軍佔領了紹興、金華、龍遊等地，直指杭州；李鴻章的淮軍和戈登的常勝軍（常勝軍首領華爾已經戰死）連陷太倉、昆山、吳江之後，包圍了蘇州……

此時的太平天國，疆域已經十分狹小了。蘇州與天京，在軍事上可成犄角之勢，經濟上，蘇州是天京的軍需保障，萬一蘇州有失，天京就會變成一座孤城。因此，蘇州是必救之地。李秀成心急如焚，但他一連給洪秀全上了幾道本章，均無回音。不得已，他闖進天王府，敲響了「登聞鼓」（此鼓為臣下在急難之際強行求見天王而設，李秀成是惟一將它敲響一次的人）。結果，卻發生了在世界歷史上都難以尋找的荒唐情節：洪秀全懷疑李秀成有二心，不肯放他出京，李秀成堅請，最後洪秀全答應了，條件是：一、家屬不准帶走；二、繳納十萬兩餉銀；三、限期四十天返回，否則國法從事。李秀成迫於無奈，接受了洪秀全的敲詐勒索條件，收拾家底又東借西討，湊了七萬兩，並保證回京時再交三萬兩，洪秀全才放他出城。

君王把臣子逼到這般地步，焉有不敗之理？

李秀成率一萬七千人駐紮在蘇州城外的馬塘橋，守蘇州的太平軍士氣為之一振，李鴻章說，「忠逆（指李秀成）回蘇後，賊氣頗增」，李秀成「號令極嚴，人心鎮定」。十一月二十七日，太平軍在李秀成的指揮下進行反擊，蘇州婁門的一場激戰，太平軍擊斃戈登的常勝軍五十人，傷一百三十人，據呤唎記載，常勝軍「連見到自己的影子都害怕」，戈登不得不撤退。次日，戈登調集了四十六門大炮，再次發動進攻，又遭慘敗，死者五十多人，傷者甚眾，包括高級副官克根木。

但李秀成沒有能夠挽救蘇州。原因：一是封王太濫，李秀成調遣不靈。陳坤書原是李秀成的部下，因向洪秀全的次兄洪仁達行賄，被封為護王，從此便與李秀成平起平坐，分庭抗禮。南京解圍戰中，他沒有完成斷敵糧道的任務，現在李秀成要他帶兵救蘇州，他竟置之不理。二是人心離散。在此關鍵時刻內部出了叛徒，納王郜永寬等八名高級將領設計殺死了慕王譚紹光。三是李秀成疏於防範。郜永寬等人的變節傾向，李秀成是有所覺察的，但他未能採取有效的措施。

十二月四日，納王郜永寬等八將領一面獻城投降，一面屠殺譚紹光的部下，譚部五千多將士被叛軍殺害大半，只有幾百人逃出蘇州。富有戲劇性的是，兩天後，李鴻章就將這八個叛徒殺死了，與他們一起投降的兩萬士兵也全部被屠殺。

常勝軍首領戈登原是答應不殺降將降兵的，現在見李鴻章背信，怒不可遏，攜槍到李鴻章的船上，要找他算帳，李鴻章躲了，戈登留下一封信，大罵其「奸惡無信」，並勒令李鴻章辭去江蘇巡撫之職，否則發兵攻打湘軍，並將所奪之地交給太平軍。李鴻章慌忙求海關稅務司赫德出面斡旋，又獻上了十萬兩銀子犒賞常勝軍，才算平息了此事。

李鴻章為什麼殺降？王闓運在《湘軍志》中透露了其中的祕密：原來是貪戀郜永寬等降將的財產，除金銀珠寶外，僅搜奪的錫器就賣了二十萬斤。從此，李鴻章一躍而成為名滿天下的大富戶，遂有「宰相合肥天下瘦」的譏諷之語在全國流行。

蘇州既失，太平軍大勢已去，緊接著，無錫、嘉興、杭州、石門、常州相繼陷落……，這期間，雖然太平軍也打了一些勝仗，比如在江陰一戰中大敗常勝軍，斃敵二百五十二人，傷敵六十二人，但已經無法扭轉整體的頹勢了！

九、悲聲長吟

天京已經成了一座孤城！李秀成向洪秀全提出了「讓城別走」的建議。

以往不少教科書把李秀成的主張說成是「逃跑主義」。其實，他的主張是清醒的，明智的，是審時度勢的戰略轉移。當時，天京城外大約有將近三十萬太平軍，但大多分散在蘇福、浙江、皖南等幾十個地盤，正在各自與湘軍、淮軍、綠營、英法軍對壘，無法救援天京；天京城裡約三萬兵將，但文官多，武將少；老幼多，青壯少。能守城者不過數千人，因此，固守城池，只能坐以待斃。李秀成主張，棄城西去，進兵中原，與擁有二十萬將士的陳得才、賴文光的部隊會合，開闢新的戰場，而這個戰場，是英法軍的勢力所達不到的。

李秀成「讓城別走」的建議，應該說是太平軍起死回生的惟一正確的方案，除李秀成外，李世賢、楊輔清、黃文金等都主張放棄天京。

不料，固執到昏庸地步的洪秀全卻大發雷霆，嚴厲地斥責李秀成：「朕奉上帝聖旨，天兄耶穌聖旨，下凡作天下萬國獨一真主，何懼之有？不用爾奏，政事不用爾理，爾欲外出，欲在京，任由於爾。朕鐵統江山，爾不扶，有人扶。爾說無兵，朕的天兵多過於水，還怕曾妖（指曾國藩、曾國荃等）嗎？爾怕死，便是會死。政事不與爾相干，王次兄勇王執掌，幼西王出令，有不遵幼西王令者，合朝誅之！」幼西王前面提到過，是西王蕭朝貴的兒子，現今才十六歲左右。

當李秀成揮淚下殿之後，洪秀全有些後悔。次日，他派人給李秀成送去一件龍袍，以示寬慰，也是為了安穩其心。但固守天京的主意沒有變。

洪秀全放棄了太平天國最後的求生機會！

一八六四年春，天京幾乎絕糧。勇王洪仁達挨家挨戶搜索，將糧食銀錢等物盡行沒收，貯存在洪氏的王府中，鬧得民怨沸騰，兵民餓死者甚眾。

李秀成建議，放老弱百姓出城，免得他們在城裡餓死。但洪秀全說：「合城俱食甘露，可以養生。」他所說的「甘露」，就是野草。洪秀全身體力行，帶頭吃起了「甘露」，以作全民楷模。結果沒多久，自己就先吃出病來了。這期間，李秀成瞞著洪秀全，密令居民出城逃生，而洪仁發、洪仁達則派人在城門把守，「將出城男婦所帶金銀取淨」。

一八六四年二月，陳得才和賴文光的遠征軍因得到天京吃緊的消息，已從漢中起兵二十萬分三路回援。三月間進入河南，四月入湖北，五月，在湖北與安徽交界處遭遇清軍的阻遏……

天王洪秀全的病情一天天惡化，又不肯吃藥，遂於六月三日這天回到了天父皇上帝耶和華身邊，年五十歲。臨死前大呼：「大眾安心，朕即上天堂，向天父天兄領到天兵，保固天京。」如此執迷不悟，實在是可悲到了極點！

兩天後，洪秀全的長子洪天貴福繼位，稱「幼天王」。

天京保衛戰進入了最艱難的階段。湘軍挖了三十多條地道，太平軍發現後及時鼓煙、灌熱水，斃敵無數，據六月二十五日曾國藩的奏報，攻城的湘軍已有四千多人喪生。曾國荃焦躁不堪，一心要奪此大功。偏偏此時朝廷降旨，命李鴻章帶兵進擊金陵，曾國荃心中更是火上澆油，眼看就要到手的頭功哪能讓他人分享？他將這一消息告訴了眾將士，激勵他們速戰，諸將慷慨表示：「願盡死力！」

其實曾國荃的擔心是多餘的，李鴻章與曾國藩交情篤深，不肯分享曾氏兄弟之功，因此對朝廷推說淮軍尚待訓練，遲遲不肯發兵。這邊，曾國荃指揮湘軍猛烈攻城，炮火晝夜不息……

七月十九日，湘軍點燃了地保城下地道的數萬斤炸藥，太平門城牆崩塌了二十餘丈，湘軍蜂擁登城，接著是野獸式的殺戮、搶掠、姦淫、縱火，天王府和各大王府的財產洗劫一空，大火燒了七天，一場大雨才把火焰澆滅……

曾國藩的幕僚趙烈文在日記中寫下了湘軍的暴行：「城破之後，官軍逢男便殺，逢女便掠……沿街屍骸塞路，臭不可聞。死屍十之九皆老者，其幼孩未滿二、三歲者亦斫戮以為戲，匍匐道上。婦女四十歲以下者，一人俱無，老者無不負傷，或十餘刀，數十刀，哀號之聲，達於四遠，淫掠之慘，世所罕見。……金陵城外，湘軍滿載金銀女子，聯帆而上，萬目共睹。」

簡又文在《太平天國全史》中寫道：「湘軍獸行之尤著者則為虜奸少婦少女，大概四十以下至十餘歲者，除自殺者外俱遭虜奸，後來多載回湖南。……其尤為可惡者，則不特太平軍之婦女被虜，甚至城外人民閨女亦多被虜去。」

湘軍所掠之財寶，大部分歸了曾國荃，那以後他便成了巨富，置田百頃，就連曾國藩都說他「老饕之名遍天下」。

城破後，李秀成與老母、妻小揮淚告別，之後棄家眷而不顧，護送幼天王逃出天京。因幼天王的馬不得力，李秀成將自己的戰馬換給他，結果自己掉了隊，走到方山時，被兩個村民出賣，做了湘軍的俘虜。

八月七日下午，曾國藩匆匆忙忙地將李秀成殺害了，按照朝廷的諭旨，李秀成是要解往京師的。曾國藩為什麼這樣做？其一，天京金銀財寶之貴重者，被曾國荃運到湖南老家去了，其他財寶也被將官們瓜分淨盡，交給朝廷的只有兩方玉璽和一方金璽；其二，在與太平軍交戰的過程中，曾國藩曾多少次向朝廷虛報戰功，連他自己都記不清了。這兩方面的情況，是絕不能向朝廷交底的。一旦李秀成到京，天京財寶的去向、戰場中的詳情，都會露餡。於是，他在奏摺中說：就地正法，不解京師是有先例的，如陳玉成、石達開；

押解李秀成，擔心他竄奪而逃，或絕食而死，又怕路途遙遠，騷擾地方云云。

之後，曾國藩就動手篡改《李秀成自述》，《自述》是李秀成在獄中寫成的，是關於太平天國的歷史概述，也指出了太平天國的失誤。曾國藩為什麼要加以篡改呢？無非是瞞己之過，彰己之功而已。篡改的地方很多，主要有三點：一是關於洪秀全的死，《自述》中說洪秀全是病死的，曾國藩改成了服毒自殺，這樣更能顯示出湘軍對洪秀全的威懾力；二是關於李秀成被俘，《自述》中說被兩個奸民出賣，事實也是如此，曾國藩改成被湘軍將領「親自搜出」，如此改動，湘軍的功勞就更大了；三是天朝的失誤，李秀成羅列了十條，第十條是「立政無章」，曾國藩改成「誤不應專保天京，扯動各處兵馬」，這個改動太重要了，他獲得了一箭雙雕的效果：既然太平軍把各處兵馬都調來保天京，那麼曾國荃的壓力就十分沉重了；另一方面，其他地方太平軍的力量就十分薄弱了，李鴻章和左宗棠才能乘虛而入，順利地打下了蘇州和杭州。

長期以來，史家們根據李秀成的《自述》斷定他是投降變節分子，研究太平天國歷史的專家羅爾綱先生認為李秀成是假投降，筆者同意羅先生的見解。李秀成的被捕後，據曾國藩的幕僚趙烈文說，有乞活的傾向，其實這種乞活不是偷生，他活著，能做很多事：一，他說要勸告他的部下解甲歸田，其實，只要放他出去，他就會東山再起；二，他在《自述》裡蔑視清妖和洋鬼，卻稱讚曾國藩，實際上是企圖策劃曾國藩反清；三，如果曾國藩執行朝廷的諭旨將他解往京師，他更可以大做文章，使朝廷加深對曾國藩的猜疑，逼迫曾國藩造反。趙烈文接觸了李秀成之後，對曾國藩說：「此賊甚狡，不宜使入都。」曾國藩之所以匆忙地將他殺掉，顯然是深有顧忌的。

再說幼天王突圍出京，到達浙江湖州，與堵王黃文金（驍勇善戰，人稱「黃老虎」）、輔王楊輔清等會合。幼天王任命洪仁玕為軍師，尊王劉慶漢為副軍師，之後洪仁玕將他接到安徽廣德。不久，湖州失守，幼天王與洪仁玕、黃文金等西走寧國，途中，黃文金病死，軍心大散。幼天王一行輾轉到了江西，在石城楊家牌，洪仁玕被俘，幼天王流落到荒山野谷間，不久亦被俘。十一月十八日，幼天王在南昌遇害，年十六歲；洪仁玕於十一月二十三日在南昌就義，臨終前，留下了一首《絕命詩》：「韃妖禽獸行，居心殊貪殘。離間我骨肉，耗盡我財源。……千秋及萬代，此仇銘心間。我今既永逝，一語貽後賢：天國祚雖斬，複生待他年。」

許多史書說太平天國維持了十四年，是從金田起義（一八五一年一月）算到天京陷落（一八六四年七月），這種演算法是不錯的。但嚴格地說，應該算到一八六八年八月捻軍的失敗，這樣，太平天國的歷史就是十八年。關於捻軍，我們將在下一章提到。

轟轟烈烈的太平天國運動失敗了，它留給了後人數不清的沉思。

以往的教科書大多把太平天國的失敗歸結為兩個方面：第一，中外反動勢力聯合絞殺的結果，這個原因是主要的，根本的；第二，農民運動的歷史局限性使然，這個原因是次要的，附帶的。這種認知模式顯然是階級分析在史學界的具體運用（外國侵略者是彼國的剝削階級和統治階級），它道出了歷史事件某些方面的本質，卻顯露出思維的機械和片面。

太平天國亡於清政府的鎮壓，這一點是無須爭論的。但清政府鎮壓太平軍不力，也是有目共睹的，於是，人們就把帝國主義的干預當作太平天國失敗的更重要的原因。太平天國的領袖之一洪仁玕就說過，「我朝禍害之源，即洋人助妖之事」，又說「如洋人不助敵軍，則吾人斷可長久支持」。（《洪仁玕自述》）應當承認，這種見解也是有一定道理的。

然而，「那時洋鬼並不敢與我見仗，戰則即敗。」李秀成是不怕洋鬼的。相反，洋鬼怕李秀成。

太平軍既不怕清妖，又不怕洋鬼，何以失敗呢？其實，太平天國滅亡的根本原因與其說是在外部，不如說是在內部。

太平天國政權的性質是什麼？其性質怎樣規定著整個天國的面貌和命運？答曰：太平天國在制度上仍舊是傳統帝王秩序的重複，沒有新的時代色彩，值得注意的是，在許多環節上，它強化或發展了專制制度腐朽的一面。

先看經濟制度，前面說過，《天朝田畝制度》提出的均貧富主張，是不可能實現的農民烏托邦空想，太平天國在經濟上的基本國策是「照舊繳糧納稅」，這與其他封建王朝並無二致。誠然，洪仁玕在《資政新篇》提出過一套資本主義的興國方案，並且得到了洪秀全的讚賞，但是由於它與現實距離較遠，也由於洪秀全意志的消退，這套方案也就束之高閣了。

再看其政權體制。太平天國前期設有軍師（即楊秀清），但內訌之後，洪秀全破壞了軍師制，而集全部大權於一身，竟至於達到了為所欲為、毫無顧忌的地步。

在獨裁體制下，首腦的素質決定著臣民的命運。可惜洪秀全在能力上缺乏領袖才具，性格上耽於幻想而脫離實際，固執己見而心胸偏狹，行動上則追求奢侈而疏於理政。後期，就更是暴戾專橫，昏聵不堪。為了神化自我，他自比「耀萬方」的太陽，而在《天榜》中把受到人們普遍敬仰的周文王、周武王寫作「文狂」、「武狂」；他任人唯親，排擠賢能，先是逼走了石達開，後是猜忌李秀成，並擅自將「太平天國」的國號改為「上帝天國」，唯恐別人竊其國；他蔑視臣下，貪天功據為己有；他癡迷於宗教而不能自拔，在生命垂危之際，居然信誓旦旦地承諾要回天堂調集天兵下凡殺妖……凡此種種，給天國造成了巨大的損失。

談到思想支柱，那就是洪秀全創制的拜上帝教，這實際上是將西方基督教生吞活剝的產物。就時代的要求而言，落後的中國從西方引進的東西應當是民主意識與科學技術，而不是中世紀的宗教。況且，太平天國的領袖們一再玩弄「天父附身」、「天兄下凡」之類的迷信把戲，這就使拜上帝教教義成為不倫不類的怪胎，洪秀全正是靠了這個怪胎，愚弄著、統治著他的臣民，把歷史拉向後退。

此外，洪秀全還在許多重大決策上犯了嚴重錯誤，比如：定都南京，造成偏居一隅的格局，是政治上的短視；北伐行動從動機上講只是為了減輕天京壓力的防禦，而不是置敵於死命的進攻，從部署上講犯了孤軍深入的錯誤；一日三道聖詔把取得節節勝利的李秀成調回天京，不但使東征功敗垂成，而且使太平軍陷入了背腹受敵的窘況；「進北攻南」的戰略使太平軍損失了十幾萬將士；拒絕李秀成「讓城別走」的建議，使太平天國喪失了重整旗鼓的機會等等。

因此，太平天國從根本上講是亡於自身的，用著名歷史學家羅爾綱的話說，洪秀全是「自惹而亡」。

以上是對太平天國運動的性質和失敗原因的分析，這一分析直接影響著我們對曾國藩的評價。馮友蘭在《中國哲學史新編》中，對此作了鞭辟入裡的論說：「當時，西方帝國主義所強加於中國的不平等條約，大都提出兩個要求：一個是通商，一個是傳教。通商是向中國經濟侵略，從經濟上剝削中國，使中國人永遠貧窮；傳教是向中國的文化侵略，使中國人永遠愚昧。洪秀全和太平天國，以國家政權力量推行基督教，這就起了帝國主義所不能起的作用。在這一點上，洪秀全可能不自覺，但客觀上就是如此。

曾國藩的成功阻止了中國的後退，他在這一方面抵抗了帝國主義的文化侵略，這是他的一大貢獻。」

馮友蘭是從宗教這一角度來肯定曾國藩的，而要對曾國藩作出全面的評價，則是一個複雜的題目。

曾國藩作為晚清朝廷的中流砥柱，通過對太平天國的鎮壓而延長了這個衰竭不堪的政權的壽命，同時，他在一定程度上結束了混亂局面，對恢復正常的社會秩序，也起了積極的作用。從這方面看，我們應當充分肯定他的功績。

但另一方面，曾國藩鎮壓太平天國，靠的是湘軍，它有力地支撐了清王朝即將傾倒的大廈，可以說是有功於朝廷的，然而，這支軍隊成為朝廷依賴的力量之後，便在客觀上瓦解了朝廷的正規軍（八旗和綠營），並且成為朝廷尾大不掉的包袱。私人軍隊排擠國家軍隊，對於任何性質的政權，都不是好的徵兆。雖然曾國藩為了避免朝廷的猜忌主動裁減了湘軍，但那時，與湘軍性質相同的淮軍已經壯大起來了。後來，中國土地上軍閥割據的混亂現象，其淵源，即可追溯到湘軍身上，而曾國藩，就成了近代軍閥的祖師爺。

於是產生了這樣的悖論：曾國藩在忠心耿耿地維護清王朝統治的同時，實實在在地挖掘著這個王朝的牆角。

然而，接下來又引出了第二個問題，挽救了清王朝，是否等於挽救了中國？是否等於推動了歷史車輪的前進？

在曾國藩那個時代，無論是清王朝，還是中國，都進入了窮途末路，封建制度的合理價值已經喪失殆盡。鴉片戰爭給國人提出了嚴峻的課題：中國向何處去？道路一，通過武裝革命打碎現存制度；道路二，通過改良使中國富強；道路三，維持苟延殘喘的現狀。

曾國藩走的是第三條道路。誠然，曾國藩也算是洋務派的先驅，但他的主導方面是在維護搖搖欲墜的滿清政權，是在彌補沒落制度的漏洞。

因此，曾國藩鎮壓太平天國，有效地維護了清王朝的生存，卻未能推動中國社會前進。

十、臨淵履冰

讓滿清朝廷頭痛了十四年的太平天國，被曾氏兄弟所領導的湘軍擊潰了，顛覆了，此等功勞在清朝的歷史上堪稱是空前絕後的，金陵城破的當天，疲憊不堪的曾國荃回到軍營，滿眼含淚一頭紮在床上，昏睡過去，他實在撐不住了。這次巨大的成功，可以說是用性命和心血換來的。

當初咸豐皇帝曾經允諾，陷金陵者可以封王。自從平定了三藩之亂以後，漢人再也沒有封過王啊，如今，王爵就要降落到曾氏兄弟頭上了！

萬萬沒料到，六月二十六日朝廷下達了諭旨，對曾國荃的偉績豐功隻字未提，反而斥責他破城之後沒有一鼓作氣佔領全城，生擒太平軍首領，又說「倘曾國荃驟勝而驕，令垂成之功或有中變，致稽時日，必惟曾國荃是問」。此時曾國藩已趕到南京，見了諭旨，直如五雷轟頂，湘軍眾將官齊聲喊冤鳴不平。

曾國藩心裡明白，朝廷在敲山震虎，太平軍既然已經蕩平，那麼曾氏兄弟的湘軍就成了雄視天下的力量了。

「功高震主」、「狡兔死走狗烹」、「高鳥盡良弓藏」的古訓，曾國藩是再熟悉不過了，他知道，自己進入了臨淵履冰的日子，稍有不慎，即身死名裂！

他的部下沉不住氣了，他們不願意做推了磨而被殺的驢，於是三十多個將領把正在患病的曾國荃拖來見曾國藩，想要效仿當年宋太祖趙匡胤陳橋兵變之例。但曾國藩一言不發，命人取來紙筆，寫道：「倚天照海花無數，流水高山心自知。」寫完，擲筆而去。十四個字，撲朔迷離，不知所云，曾國荃忽然惶惶然對眾人說：今日之事不准再提，也不准外傳。

其實，在此之前，早就有人勸曾國藩自立朝廷了。曾國藩的好友彭玉麟，曾經給他寫了一封密函，其中有「東南半壁無主，我公其有意乎？」等語，曾國藩閱罷，當即撕碎，放進嘴裡吞了。左宗棠也曾用「鼎之輕重，似可問焉」的話試探曾國藩，曾國藩把「似」字改作「未」字，於是成了「鼎之輕重，未可問焉」。曾國藩的另一個朋友李元度也寫過「將相無種，帝王有真」的話，他看後也立即撕碎。曾國藩的這些表現，都說明他不想造清王朝的反。

曾國藩為什麼不造反？

主要是因為他不想造清王朝的反，沒有自立為帝的念頭。他接受的是儒家的教育，像大多數士人（知識份子）一樣，有牢固的忠君觀念，恪守臣子的本分。

但也有人認為，曾國藩不敢造反，因為他的實力不足，當時武昌、鎮江、江寧、皖、鄂一帶都駐有清兵，曾國藩不能不有所顧忌；而且如果他真的造反，李鴻章這些人未必都會跟他走，而左宗棠肯定會反戈相向；還有，湘軍此時戰鬥力已經開始下降，軍紀比初起時相差甚遠。這些因素都決定了他不敢輕易下此賭注。

朝廷對曾氏兄弟打一下，撫一下，那就是給功臣們封爵。但王是不能封的（咸豐的話不算數了），公爵也不捨得封，於是，六月二十九日降旨，封曾國藩為一等毅勇侯，世襲罔替，加太子太保銜；曾國荃封一等威毅伯，加太子太保銜。其他部將也都加官進爵。

七月十八日，江寧將軍富明阿來到金陵，說是看望八旗兵，但曾國藩知道，他是作為朝廷的耳目來的。富明阿在金陵水西門，恰好看見湘軍紛紛從城牆上搬運戰利品，便有不滿之語。不幾天，曾國藩又接到諭旨，一是追問幼天王洪天貴福逃出金陵的事，命曾國藩「從重嚴辦」防範不力人員，二是查詢金陵財產，命其上繳。諭旨中還強調「自曾國荃以下，均應由該大臣隨時申儆，勿使驟勝而驕」。

簡直欺人太甚了！左宗棠攻陷杭州的時候，太平軍幾乎全部突圍而出，朝廷卻一味予以表彰嘉獎；湘軍拿下金陵，逃出一些太平軍也屬正常的事，怎麼就要「從重嚴辦」呢？再說，諭旨再一次點曾國荃的名，並且重複「驟勝而驕」的語句，這已經是故意找岔子了。當然，金陵的財產被搶劫一空了，實在難以交代，不過李鴻章克蘇州的時候，將財寶一個人獨吞了，朝廷何曾追究過？但曾國藩不得不承認，自己確實也有失誤，金陵初破時，他聽說幼天王自焚而死，後來李秀成說他已死於亂軍，因此就貿然上奏朝廷了。現在才知道，李秀成那樣說是為了保護幼天王，而自己是上了李秀成的當。更可氣的是左宗棠，他是靠曾國藩一步一步爬到閩浙總督這個位子上的，得知幼天王逃出金陵的消息，卻不先給恩人打個招呼，而是直接上報朝廷，以此邀功，把恩人掀了一個大趔趄。

此時曾國藩的心情，憤懣、冤屈、悔恨、氣餒攪成了一團……

然而曾國藩畢竟是曾國藩，面對如此錯綜而險惡的處境，他仍然能夠寫出一道十分像樣的奏章。關於朝廷「從重嚴辦」防範不力人員的要求，他寫道，「賊從缺口處衝出，我軍巷戰終日，並未派有專員防守缺口，無可指之汛地，礙難查參」。「礙難查參」四個字固然生硬，一口回絕，但必須這樣寫，不能留有餘地，事實上也是如此，責任是無法追查的。然後把左宗棠拉出來墊底，「杭州省城克復時，偽康王汪海洋、偽聽王陳炳文兩股十萬之眾，全數逸出，尚未糾參。此次逸出數百人，亦應暫緩參辦。」關於金陵財寶的下落，曾國藩寫道：「歷年以來，中外紛傳洪逆之富，金銀如海，百貨充盈。臣亦嘗與曾國荃論及破城之日，查封賊庫，多則進奉戶部，少則留充軍餉，救濟災民。無奈克城之後，偽宮賊館一炬成灰……蘇州存銀稍多於金陵……克復老巢，竟全無財貨，實出微臣預料，亦為從來罕見之事。」這段話，把財寶問題推得一乾二淨，同時，也把李鴻章拽了出來，「蘇州存銀稍多於金陵」一語分明是在責怪朝廷：怎麼不向李鴻章追問蘇州財貨的下落？

誰知奏稿呈上去以後，立即遭到左宗棠的質問：說克杭州時有十萬髮逆逃出，有何憑據？況且我當時已奏知朝廷有部分髮逆逸出，不像你曾國藩向朝廷撒謊說髮逆全部殺盡。

曾國藩又是一陣懊惱……

不過，朝廷沒再難為曾國藩，因為不想把他逼得太甚，萬一曾國藩真的反了，那禍害的程度恐怕不亞於「髮逆」。

但曾國藩懂得「日中則昃，月盈則虧」的道理，他在日記中寫道：「日內思家運太隆，虛名太大，物極必衰，理有固然，為之悚然無已。」為了減少朝廷對他的猜忌，他決定自削羽翼，裁減湘軍。此時湘軍、淮軍共三十萬人，左宗棠的湘軍已經脫離了曾國藩的指揮，而淮軍歸李鴻章領導，曾國藩手下的湘軍是十二萬人，而最招眼、也最為朝廷所擔心的是曾國荃指揮的五萬人。曾國藩就拿曾國荃的部下開刀，裁減兩萬五千人，等於砍掉了曾國荃部下一半的兵將。這樣做，曾國藩還覺得不放心，因為他和曾國荃兄弟倆都掌握著一批部隊，朝廷必定仍然視作一種威脅。於是，曾國藩兩次向朝廷提出：因曾國荃勞累患病，請求回原籍療養。裁軍和曾國荃回籍的請求，正中慈禧的下懷，自然是「恩准」了。

古代的臣子，絕少有像曾國藩這樣城府高深的，居功自傲而不知自忌者比比皆是，僅在清朝，就有多爾袞、鼇拜、年羹堯、和珅之輩，這些人都沒有好下場，曾國藩深諳官場之道，功勞越大，位子越高，就越謹慎，越謙卑，越有超常的忍耐力。

曾國藩的運作是成功的，他的卓越才能使朝廷不得不依賴他，他的自我節制使朝廷相信他，他軟中有硬的性格又使朝廷不敢開罪於他。從曾國藩的為官之道，我們可以看出在專制制度下，君與臣之間複雜而微妙的關係。

第三章　驚心的較量

一、權力遭遇挑戰

慈禧垂簾聽政之初，幾乎是把朝政的大權全部放給了奕訢的。這一來是因為奕訢在祺祥政變扭轉乾坤、力挽狂瀾，救了兩太后和載淳孤兒寡母們，立下了首功的；二來因為慈禧年方二十六歲，對國政軍務孤陋寡聞，對外事更是一竅不通，不得不依靠這位精明能幹的小叔子。為了進一步籠絡奕訢，慈禧尊他的生母為孝靜成皇后，這是奕訢曾向咸豐提出過卻遭到拒絕的要求；到同治三年正月，慈禧又把奕訢的女兒封為「固倫公主」。依照《大清會典》，只有皇后的女兒才能得到這個封號，嬪妃的女兒只能做「和碩公主」，親王的女兒更要等而下之，稱之為「郡主」。慈禧這樣做顯然是「違章」的，但我們可以從中看出她討好奕訢的心理。對此，奕訢心不自安，再三懇求兩太后收回成命，兩太后只好改封為「榮壽公主」。

在朝廷內部，奕訢大權在握，如日中天，正可以大有一番作為。

歷史為奕訢提供了一片大平臺，於是他便大刀闊斧地幹了起來，這就是所謂「洋務運動」，我們將在下文另作分解。

但好景不長，慈禧與奕訢合作了只有三年，就發生了摩擦。什麼原因？有人說，是政治見解的不同。奕訢一貫執行重用漢臣的政策，慈禧不滿，對他說：「這天下，咱們不要了，送給漢人吧。」奕訢不服，慈禧怒道：「汝事事與我為難，我革汝職！」奕訢道：「臣是先皇第六子，你能革我職，不能革我皇子！」因為跪的時間太長，說完就不耐煩地站起來，慈禧大叫：「怎麼，你要打我！」太監急忙將奕訢推了出去。其實，在對待漢臣方面，慈禧與奕訢的態度非常接近，她對曾國藩、李鴻章、左宗棠等人的重用充分地證明了這一點。她指責奕訢，只是找岔子而已。

還有人認為，是奕訢處事不夠謹慎，鋒芒畢露，舉止高傲，這當然是慈禧對他不滿的一個原因，但奕訢的這一缺點不至於導致叔嫂之間的決裂。

再一點就是太監安德海的挑撥。王闓運的《祺祥故事》中記載：安德海受寵，不斷地打著慈禧的旗號向奕訢要這要那。一次，他向奕訢要求添置餐具，奕訢解釋說，國家艱難，應以節約為本，況且瓷器杯盤每月都按時供應，宮中積存不少，何必再行索要？次日慈禧進膳時，安德海故意將往日的御瓷藏起來，盡使用村店中粗製濫造的盤碗，慈禧驚問其故，安德海說：恭親王要求太后節儉。慈禧咬牙切齒地說：他在約束我的飲食啊！

應當說，奕訢的不謹慎、安德海的挑撥，都是慈禧與奕訢失和的因素，但最根本的原因卻是：慈禧是個嗜權如命的女人，政變之初他放權給奕訢，是因為不得不放，但三年下來，她覺得髮逆已平，洋人停戰，天下平穩了，自己已經懂得如何使用皇權了，便想將奕訢一腳踢開。她的這一心理，英國人約翰．濮蘭德看得很清楚，他在《慈禧外記》中寫道：「久之，慈禧於國故朝政，漸皆了然，本性專斷，遂不欲他人參預。」

於是，叔嫂之間的衝突就不可避免地發生了。

同治四年三月初四日，慈禧召集奕訢等軍機大臣，突然對奕訢發難，說：有人彈劾你。奕訢問：是何人？慈禧答：是蔡壽祺。奕訢答道：蔡壽祺不是好人，他在四川招搖撞騙，還有案子未消呢！

蔡壽祺何許人也？他原是勝保的朋友，剛剛由翰林院編修補為日講起居注官。就這樣一個不起眼的下等官員何以敢把矛頭對準權傾朝野的恭親王？不必問，他受了慈禧的指使。

慈禧被頂撞了一下，惱怒不已，又想不出反駁的話，只得讓軍機大臣們退下。又召見周祖培等內閣大臣，泣不成聲地向他們控訴奕訢如何專橫跋扈，如何欺君罔上，大臣們摸不著頭腦，無人敢應一言。可也是，皇室叔嫂之間的事，外人怎能跟著瞎摻和？慈禧一再鼓動說：你們要惦念先帝，不要怕恭親王，仍然沒人搭腔，最後周祖培說：「此惟兩宮乾斷，非臣等所敢知！」慈禧聽了大為光火，斥責道：若如此，還用你們做什麼？皇帝長大了，不追究你們嗎？周祖培不得已，只好接手這椿棘手的案子。他與大學士倭仁立即對蔡壽祺進行盤問，到底掌握奕訢哪些罪行？蔡壽祺答：均系風聞，無證據。周祖培、倭仁明白這是慈禧下的套子，不能治蔡壽祺的誣告罪，更不能無憑無據地給奕訢治罪，只好不表態，由太后自行裁決。

奪權心切的慈禧於三月初七日抛出一道錯別字連篇的手詔，大意說，恭親王從議政以來，妄自尊大，目無君上，趾高氣揚，胡說亂道，此種情形，以後何以能辦國事？恭親王以後不必在軍機處議政，革去一切差使。

當慈禧將手詔向大學士倭仁、周祖培等內閣大臣出示時，說：「詔旨中多有別字及辭句不通者，汝等為潤飾之。」大臣們見事情已無可挽回，只好請求加入「議政之初，尚屬勤慎」八個字。慈禧指示他們立即發下，不必通過軍機處，又任命文祥等辦理總理衙門事宜。

卻不料，第二天惇親王奕誴就上疏反對，說：「自古帝王舉措一秉至公，進一人而用之無二，退一人而亦必有確據，方行擯斥。今恭親王自議政以來，辦理事務，未聞有昭著劣跡，惟召對時言語詞氣之間，諸多不檢，究非臣民所共見共聞。而被參各款，查辦又無實據，若遽行罷斥，竊恐傳聞中外議論紛然。」

奕誴是咸豐的五弟，他的話是很有份量的，慈禧不能不當回事，於是，急忙召集大臣們開了兩次會，但兩次會上她卻發表了兩種相反的意見，弄得大臣們無所適從。不幾天，醇郡王奕譞上奏，指出奕訢「事煩任重，其勉圖報效之心，為我臣民所共見」，至於小節之虧，也不是因為有心驕傲，如果因此罷斥，則「不免駭人聽聞」。奕譞是慈禧的小叔子，又是她的妹夫，慈禧更不能輕視他的意見。

此後，又有肅親王隆懃起草的、由七十多位大臣聯名的奏疏送到慈禧手裡，他們認為恭親王奕訢是尚可錄用之人。還有許多個人的奏摺，提醒慈禧：恭親王為中外所仰重，不要因此而引起外國的干涉。

在這種情況下，慈禧不得不退步了，這正是她的聰明之處，既然這麼多人為奕訢求情，她不能駁眾人的面子，而且她也看出奕訢是很得人心的。於是，三月十六日發了一道諭旨，表示奕訢「仍在內廷行走，並仍管理各國事務衙門事務」。但沒有恢復奕訢「軍機大臣」和「議政王」的職權。

四月十四日，慈禧召見了奕訢，奕訢痛哭流涕，承認了自己的錯誤，慈禧恢復了他「軍機大臣」的職務，但「議政王」的頭銜從此永遠去掉了。

有人認為奕訢的哭是愧悔，慈禧恢復他軍機大臣的職務是動了惻隱之心，這就把他們看得太簡單了。其實雙方的表現都是理智的，而非感情的：奕訢的哭是一種退讓，一種姿態，是為了減少慈禧對他的猜忌，以便今後在自己的權限內更有所作為；而慈禧則考慮到奕訢在王公大臣中的威信和在國際上的影響，奕訢的眼淚也正好給她留了面子，因此也作出了寬容大度的姿態。

叔嫂之間的這場糾紛，說不上誰勝誰敗。慈禧要剝奪奕訢的一切職權，卻由於群臣的反對，而退了好幾步，她的目的並沒有達到，由此而論，她的計畫失敗了，但另一方面，慈禧憑藉手中的權柄，最後畢竟拿掉了奕訢議政王的頭銜，也算是勝利了。

通過這件事，慈禧一定體驗到，在這個封閉的朝廷裡，她的權力不是無止境的，她不能為所欲為，她的重大決斷是受到多方面牽制的。

太監安德海被殺的事件，使慈禧的無上權威又一次受挫。

安德海是慈禧最寵倖的太監，人稱「小安子」，其人伶俐而狡獪，善於阿諛逢迎，平日裡給慈禧梳頭按摩，把慈禧伺候得舒舒服服，升為總管太監之後，便籠絡朝士，納賄招權，干預國柄，漸漸勢焰駸駸，肆無忌憚，與慈禧相處時，不免搬弄是非，說三道四，引起了許多人的憎恨。一次，奕訢請見慈禧，慈禧正與安德海說笑，竟推辭不見，奕訢私下裡說：「不殺安德海，不足以對祖宗，振朝綱」。童年的同治也很恨安德海，曾斥責過他，結果安德海向慈禧告狀，慈禧反而訓斥同治，同治就做小泥人，砍其頭，說：「殺小安子！」安德海的囂張氣焰也使朝臣們看不下去，就紛紛彈劾安德海。

慈禧愛看戲，安德海討好她，就請了戲班子進宮，宮內搭了戲臺，小太監們也跟著學戲，然後請慈禧看戲，以為娛樂。不料御史賈鐸上奏，其中說「請飭速行禁止，方可杜漸防微」。奏摺送到慈安手中，慈安動用東宮太后的權力下了一道懿旨，嚴厲地提出「必宜絕戲渝之漸，戒奢侈之萌」，並且強調，「嗣後，如太監有不法之事，應由總管太監舉發，否則，定要從重治罪」。慈禧自知理屈，卻變被動為主動，督促內務府、敬事房對宮中人員多加管束。

安德海還為慈禧裁製戲裝，這是違背祖制的。奕訢密奏慈安太后，要懲治安德海，慈禧聞到風聲，先發制人，下了一道諭旨，說「茲事可斷其必無」，不了了之。

同治八年七月，安德海向慈禧提出，要為同治的大婚到江南採辦龍衣等物。按清朝的祖制，太監是不能出京城的，但慈禧經不住安德海一再請求，便同意了，又覺得不放心，就把這件事情告訴了同治。同治表面上贊成，背地裡卻密令山東巡撫丁寶楨，讓他做好殺安德海的準備。

安德海出了京城，一路招搖張揚，船頭上掛龍鳳旗和三足烏旗，自穿四品文官袍服，身邊簇擁著俊男美女，在絲竹樂曲的伴奏下，浩蕩而進。每到一地，則遊山玩水，向地方官勒索財物。德州知府趙新得此消息，當即報知丁寶楨，丁寶楨擬出奏稿，派人加急送往京師。

恭親王奕訢見了密奏，立即找到慈安和同治，三人一起商議，決定除掉這一禍害，便當即擬旨，命丁寶楨將安德海就地正法，不必解往京師。慈安蓋了印章，對奕訢說：「此舉必得罪西太后，將來或甘心謀我，亦未可知。雖然，為國事計，不得不爾。」

丁寶楨接到密旨，火速命總兵王正起領兵追趕安德海，在泰安，將其捉住，押解到濟南，將其處決，同行的隨從二十餘人也被殺。查抄所帶財物，有駿馬三十餘匹、黃金一千一百五十兩、元寶七十枚、巨珠五顆、翡翠朝珠和碧霞朝珠各一掛等等，一律交到了內務府。

慈禧得報，「惱羞成怒，竟向慈安提出質問，以為不與己商，未免輕視，大有悻悻之態」。她立即召集王公大臣，讓他們表態，大臣們異口同聲地說：「祖制太監不得出都門，犯者死無赦。」但事已至此，無可挽回，慈禧只能順水推舟，作出姿態，遂於八月初三發下一道上諭，令就地正法。實際上，此時安德海已經死去五天了。

丁寶楨殺了安德海以後，又剝光了他的衣服，曝屍三天。因為民間傳說安德海是假太監，與慈禧有私情，曝屍就表明了慈禧的清白。慈禧得知，誇獎丁寶楨「所辦甚屬認真」。但丁寶楨的這一番苦心，老百姓卻不買帳，於是就有了這樣的傳說：被曝屍的是跟從安德海的太監，根本就不是安德海本人。你看看，慈禧的權力再大，也封不住老百姓的嘴。

曾國藩得知安德海被殺的消息，誇讚道：「稚璜（丁寶楨的字）豪傑士也！」李鴻章也高興地說：「稚璜成名矣！」總之，安德海死，朝廷上下人心大快。

被稱為正史的《清史稿》說「太監安德海私出山東，矯稱採辦御衣」，實際上是為慈禧開脫責任、塗脂抹粉，安德海不能不知道大清刑律，沒有慈禧的允許，他是絕對不敢「私出山東」的。

二、捻軍

早在嘉慶年間，淮河流域就出現了地方性的農民自衛組織，稱為「捻子」。「捻」是淮北方言，意思是一群、一夥、一股。這些組織有大有小，人多的叫「大捻」，人少的叫「小捻」。後來捻子聲勢壯大，波及安徽、江蘇、河南、湖北數省。

最有影響的是安徽亳州張樂行領導的一支隊伍，多達萬人。咸豐五年，各路捻子彙集於亳州雉河集舉行會議，公推張樂行為「大漢盟主」，捻軍的軍隊編制劃分為五旗：黃旗由張樂行親自率領，藍旗總目是韓奇峰，紅旗總目為侯士偉，黑旗總目為蘇添福，白旗總目是龔得樹。咸豐七年，張樂行接受了太平天國授予的「沃王」封號，因此捻軍也是名義上的太平軍。

太平天國雄踞江南，捻軍活躍於北地，清廷深以為患，於是派欽差大臣勝保、河南巡撫英貴、督辦三省軍務袁三甲率兵剿捻。勝保收買了安徽鳳台團練頭目苗沛霖（此人後來誘捕了陳玉成），又策動了捻軍小頭領李昭壽和薛之元叛變，使捻軍一度受挫，但捻軍勢力仍在不斷壯大。後來，清廷不得不派科爾沁親王僧格林沁和大學士瑞麟赴山東剿捻。僧格林沁在戰場上敗多勝少，但同治二年，張樂行被叛徒出賣，僧格林沁將其凌遲處死，清廷對僧格林沁嘉獎備至。

張樂行死後，其侄張宗禹領導捻軍繼續反清。一八六四年天京陷落後，太平天國的遵王賴文光、扶王陳得才參加並領導了捻軍。同年，陳得才因作戰失利而自盡。此後，捻軍雖然首領很多，但起主導作用的是賴文光。

在與僧格林沁的作戰中，賴文光出色地施展了運動戰戰術，而僧格林沁則專以追擊為能事。捻軍每人有兩、三匹馬，輪流乘騎，行動迅捷異常，剽疾如風，而清軍卻是一人一馬，結果是疲於奔命。捻軍誘引清軍追趕，既不跑得無影無蹤，讓清軍找不到目標，又不讓清軍追上。僧格林沁是個性急的人，因求戰不得而心急如焚，常常一連十幾天不離馬鞍，手累得抓不住馬韁，就用布帶把手掛在肩膀上。捻軍從容不迫，帶著清軍兜圈子，等到清軍疲憊鬆懈之際，捻軍出其不意，打一場伏擊戰，清軍每每敗北。

一八六五年五月四日，捻軍與僧格林沁在山東曹州高樓寨展開了一場空前的激戰，僧格林沁全軍覆沒，他本人也在身受八傷之後命歸黃泉。

僧格林沁一死，朝廷震悼，同治萬般無奈，命兩江總督曾國藩北上，督師剿捻，賦予曾國藩以節制直隸、山東、河南三省軍隊的權力。

對已經五十四歲、被太平天國折磨得焦頭爛額的曾國藩來說，這無疑是個天大的苦差事。但聖命難違，一八六五年六月，曾國藩動身北上，開始了新的戎馬生涯。

曾國藩比僧格林沁聰明，他知道一味地尾追是無效的，於是制定了堵截為主、追擊為輔的戰略：堵截措施是，以安徽的臨淮關、江蘇的徐州、山東的濟甯、河南的周家口四個重鎮為軍事據點，駐守重兵，以靜制動，形成了一個大的包圍圈；追擊措施是，派一支騎兵，搜索捻軍，在駐守之兵的配合下打擊捻軍。

捻軍士兵具有亦兵亦民的特點，沒有戰事，他們就各自回家，一有戰事便集合起來，「居者為民，出者為捻」。曾國藩摸准了這一情況，便實行了保甲連坐之法：每五家具保結給圩長，凡捻軍首領有匿藏於民居的，圩長連坐。這一手特別毒辣，從此捻軍士兵無法再回自己的家，糧食供應也就得不到保障了。

一八六六年一月，捻軍進入湖北，在麻城、黃陂一帶大破清軍。清廷調兵遣將，並讓曾國荃再次出山，任湖北巡撫，加強剿捻力量。但捻軍卻撤離湖北，長驅入山東。等清軍雲集山東，捻軍又轉向河南。此時曾國藩所指揮的軍隊有八萬之多，但基本上沒有戰果，因為捻軍日行百里，忽東忽西，能打贏就打，打不贏就跑，曾國藩找不到作戰機會。

這年六月，曾國藩制定了新的計畫，也就是畫河圈地，稱為「防河之策」：將捻軍阻遏在河南的沙河、賈魯河以西以南，然後將捻軍逼進河南與湖北交界的山區。為了確保萬無一失，曾國藩使用挖溝築牆的老辦法，企圖阻止捻軍突圍，而另以遊擊之師與捻軍交鋒，追逼捻軍。不料，到九月底，捻軍毀掉了濠牆，沖過了賈魯河，進入了山東。「防河之策」宣告失敗。

十月中旬，捻軍分成兩支，一支由遵王賴文光、魯王任化邦率領，在河南、山東一帶作戰，稱「東捻軍」；一支由沃王張宗禹率領，進兵陝西，稱為「西捻軍」。

曾國藩剿捻一年半了，他所設立的四大據點與防河工事都作廢了，剿捻無功，曾國藩灰溜溜的，但清廷還是給了他很大的面子，這年年底，讓他再回到兩江總督任上，而把李鴻章調出來，指揮剿捻事宜。

實際上，是曾國藩的命運不濟，「防河之策」雖然失敗，但這一招確實把捻軍推向很艱難窘迫的境地，分為東、西捻軍是一種無奈的舉措，這說明曾國藩是有成績的。但清廷只看到表面現象，剝奪了他剿捻立功的機會。

李鴻章手下有十萬軍隊，比曾國藩多，對付的又只是捻軍其中的一支，即東捻軍。因此他的麻煩比曾國藩就少得多。他接受了曾國藩堵追結合的戰略衣缽，將隊伍分成「堵擊之師」和「兜擊之師」。

但李鴻章尚未佈置就緒，東捻軍就從山東突圍，奔襲湖北，與那裡的湘、淮軍打了三個戰役。一八六七年一月，在羅家集設伏，殲滅湘軍兩千人，湘軍提督郭松林被俘；接著又在德安府楊家河重創淮軍，擊斃總兵張樹珊等數百人。東捻軍聲威大振，官軍喪膽。這是第一戰。二月，淮軍主將劉銘傳部萬餘人向尹漋河捻軍發起進攻，結果遭到痛擊，死傷過半；後湘軍鮑超部趕到，總算挽救了敗局。這是第二戰。三月，曾國藩的表弟彭毓橘率軍三千人在蘄水被捻軍包圍，湘軍大敗，彭毓橘喪命。這是第三戰。

之後，捻軍突破運河防線，進入山東。李鴻章施展曾國藩的防河之策，以運河為週邊防線，膠萊河為內圍防線，以黃河為北防線，以六塘河為南防線，將捻軍限制在山東半島登州（萊州）、萊州（掖縣）一帶狹小的範圍之內。在這種不利的情況下，捻軍內部發生了分裂，由於遊民在其中占較大比重，而李鴻章又採用招撫政策，結果出了叛徒，領袖任化邦被部將潘貴升殺害。東捻軍勢力大跌。李鴻章曾對賴文光進行招降，賴文光斷然拒絕。處於危難境地的捻軍依然保持著良好的紀律，對百姓秋毫無犯。賴文光想率部下突圍，但多次搶渡運河未成，於一八六八年一月五日在江蘇揚州瓦窯堡與清軍展開激戰，打得昏天黑地，「火箭嗤嗤滿天飛」，終於因寡不敵眾而失敗，賴文光負傷被俘，「惟一死以報國家，以全臣節」，在揚州城外老虎山從容就義，年四十一歲。至此東捻軍覆滅。

李鴻章真是個幸運兒！曾國藩設計出一套出色的剿捻方案，但天不作美，失敗了；而他，對曾氏方案依樣畫葫蘆，卻成功了。曾國藩謀事在人，李鴻章成事在天！

西捻軍入陝西以後，於一八六七年一月，在灞橋十里坡開了一戰，大破清軍，當地回民紛紛響應。清廷驚慌失措，忙派左宗棠為陝甘總督，前往剿捻。左宗棠採取「先捻而後回」的分化政策，企圖阻止捻軍與回民軍的合作。但西捻軍仍然與回民軍一起攻克了綏德州城。後來得到東捻軍失利的消息，張宗禹率兵東進，回援東捻軍。他們突破了左宗棠軍的包圍，進入山西，左宗棠無計可施，「憂憤欲死」。一八六八年二月，西捻軍攻入直隸，威脅北京，這是「圍魏救趙」的戰術，目的是減輕東捻軍的壓力。清廷震動，二月八日京師進入戒嚴狀態，但此時張宗禹得知了東捻軍失敗的消息。四月，西捻軍攻打天津附近的楊柳青，未成。由於西捻軍孤軍作戰，處境更為艱難，他們在冀、魯、豫三省平原與清軍周旋，一八六八年八月，被圍困在黃河、運河、徒駭河之間，最後全軍覆沒，張宗禹投徒駭河而死。

在中國歷代農民起義中，捻軍是一道格調獨特的風景線。建立騎兵兵種，採用運動戰術，運兵神速，來去無蹤，聲東擊西，出奇制勝，真堪前無古人，後無來者。《孫子兵法》曰：「攻其無備，出其不意」，「能而示之不能，用而示之不用」（能戰卻裝作不能戰，決定要打，卻表現出不想打的樣子），「避實而擊虛」，「退而不可追，速而不可及」，不管賴文光等人是否讀過《孫子兵法》，他們都深諳其中之精髓。

捻軍在賴文光、張宗禹等人的領導下，在長江以北作戰長達四年之久，轉戰九省，給了清政府以沉重的打擊。由於賴文光本來就是太平天國的首領之一，而其他首領也接受了太平天國的封號，因此我們可以說捻軍是太平天國的繼續。這樣算來，太平天國起止時間就不是十四年，而是十八年了，即自一八五一年金田起義起，到一八六八年西捻軍失敗止。

三、天津教案

一八七〇年六月，天津桃花口的村民捉住了一個誘拐兒童的騙子，名叫武蘭珍，村民將他送到天津縣縣衙。知縣劉傑當即進行審訊，武蘭珍交代：他用的迷藥是教堂中的教民王三給的，他白天睡在望海樓教堂的席棚子裡，晚上出來誘拐兒童。此前，社會上早就有風聞，說教堂誘拐兒童挖眼剖心，用來做藥，教堂裡有地窖，裡面有個罈子，裝滿了眼珠。劉傑覺得事關重大，就與天津知府張光藻一起請示駐天津的通商大臣崇厚，崇厚派天津道周家勳與駐天津法國領事豐大業交涉，雙方同意對質。

六月二十一日，周家勳、張光藻、劉傑帶武蘭珍來到教堂，但教堂裡既沒有席棚，也沒有叫王三的教民，而武蘭珍竟不認識教堂裡的任何人。這時許多居民在教堂周圍看熱鬧，與教堂的人發生口角，竟至於扭打，崇厚派了兩個巡捕彈壓。這時豐大業來到，不問情由，即毆打巡捕，之後到崇厚官署，暴跳如雷，竟向崇厚放槍，幸未打中，崇厚好言相勸，豐大業隨手砸爛什物，氣衝衝地離去。恰好遇到知縣劉傑，豐大業舉槍就放，打傷了劉傑的家人高升。民眾再也忍耐不下去了，便一哄而上，將豐大業和他的秘書西蒙毆斃，然後，將望海樓天主教堂、法國領事館、仁慈堂、英國講書堂、美國講書堂盡皆焚毀。

直隸提督陳國瑞聞訊，立即帶兩千綠營兵趕到現場，企圖制止民眾的過激行動，但他們被人群擋在離望海樓教堂二里遠的地方，無所作為。

在這個過程中，有二十個外國人被打死，除了豐大業、西蒙外，還有法國教士謝福音、法國翻譯官湯嗎辛和他的妻子、仁慈堂修女十人、法國商人查勒松和他的妻子，俄國商人巴索夫、普羅波波夫和他的妻子。

這一事件震動京津，震動世界！後人稱之為「天津教案」。

次日，法國、俄國、美國、英國、普魯士、比利時、西班牙七國聯合向清廷發出照會，表示強烈抗議，法國和俄國還單獨發出照會，與此同時，各國軍艦向天津大沽口集結……

面對如此嚴峻的形勢，朝中分成兩大派：「論理派」認為，洋教亂我中華信仰，洋兵屢屢占我領土，今又亂殺國人，對洋人絕不能讓步，應趁機與之決戰，上雪先皇（咸豐）之恥，下快萬民之心；「論勢派」則認為，中國兵疲將寡，庫帑空虛，沿江沿海略無預備，而西洋各國糾結狼狽之勢銳不可當，戰則難勝，況且已經有了咸豐震驚輦轂之先例。

兩派人物各執一端，舌戰不休。

慈禧慌了手腳，萬般無奈之際，發出上諭，命曾國藩前往天津處理此案，要求他「體察情形，迅速持平辦理，以順輿情而維大局」。

此時的曾國藩病魔纏身，右眼已經失明，左眼也看不大見，且有暈眩之症，但聖命既然落到自己頭上，只好接下這個棘手而倒楣的差使。曾國藩深知情勢的險惡，一方面是「外國性情兇悍」，另一方面是「津民習氣浮囂」。偏向洋人吧，很可能引起民變；偏向民眾吧，說不定挑起外釁，再燃戰火。無論是民變還是外釁，他曾國藩都會被指為罪魁禍首。意識到事態的嚴重，他便給兒子曾紀澤、曾紀鴻寫下了長長的一份遺囑，其中說：「余若長逝，靈柩自以由運河搬回江南歸湘為便，沿途謝絕一切，概不收禮。」之後，便動身前往天津。

一路上，攔輿遞書者多達百人，都義憤填膺地控訴洋人之殘忍，請求曾大人為國民伸張正義，曾國藩問起教堂殘害兒童、剖心挖眼之事時，來人都說沒有親眼見到。曾國藩到了天津，審問仁慈堂男女一百五十多人，也無人知道拐賣兒童之事。曾國藩又調查百姓與官吏，結果是，近期沒有關於失蹤或被害的傳聞和報案者，也沒有發現新近被挖掉眼睛的人，可見，教堂以迷藥誘拐兒童、剖心挖眼的傳說純屬子虛烏有。豐大業被毆斃，可以解釋為民眾防衛過當，但那麼多外國修女、商人及其家屬也被打死了，又算怎麼回事呢？

今天我們才知道，所謂「迷藥」，只是民間流言而已，當時的科學水準根本就製造不出來；我們也可以設想，滿滿一罎子眼睛，正值夏季，很快就腐爛了，究竟能做什麼用？但當時人們不考慮這些，居然都相信了，而且由此引起了極端的憤慨和不可遏制的行動。

六月十九日，曾國藩在崇厚府邸與法國公使羅淑亞會晤，羅淑亞提出了四點要求：一，賠修教堂；二，安葬豐大業等死難者；三，懲治地方官吏；四，查辦殺人兇手。但過了兩天，又提出了新的要求：必須讓知府張光藻、知縣劉傑、提督陳國瑞抵命，否則定將天津化為一片焦土。

這一來，可難住了曾國藩！他的難處何在？其一，外國修女、商人及其家屬是無辜的，無辜而被毆斃，肇事者當然是要償命的，國內如此，國際上也是如此，何況設立教堂，是康熙年間已經得到允許的，教士傳教是合法的，在此問題上，國人已經理屈了；既然理屈，如何去為國人爭得面子？其二，弱國無外交，咸豐出逃熱河、圓明園被焚毀的場景記憶猶新，要避免重複這段歷史，只有委曲求全。曾國藩曾感慨地說：中國可以防禦一個海口，卻無力防禦所有的海口；能夠一時取勝，卻未必能力持多年；能夠抵抗一國，卻無法應付眾國。

要討好洋人，容易，答應他們的一切條件；要出口氣，容易，拒絕洋人的一切條件。但二者都做不到，因為處理此案既不能引起民變，又不能引起外釁。曾國藩思量再三，終於給朝廷上了奏本，奏本中詳細交代了天津民眾對洋教士產生誤解的原因：一，教堂終年關閉，使人們感到神祕莫測；二，中國人患病到此，往往留下來治病，不再出去；三，有些瀕臨死亡的人進了教堂，教士為之洗禮，使升天堂，外人不知，作出許多猜測；四，教堂院落多，被收容的人往往母在此院，子在彼院，久不相見；五，本年五月，天津連出拐賣之事，恰教堂死去一些病人，於是浮言大起。然後，曾國藩提出了處理意見：賠償洋人損失，修復教堂，撫恤死難洋人，肇事者抵命；張光藻、劉傑無罪，不能抵命，因事情發生在二人的轄區內，故將二人革職，交刑部議處，陳國瑞未能制止這次事件，但也未參與此事件，也不能抵命，只交總理衙門查辦。

曾國藩萬萬沒想到，朝廷毫不留情地把他出賣了！

曾國藩的奏摺被朝廷抄寫傳閱，但關於天津民眾對洋人的五點誤解之內容被刪掉了，只保留了最後的處理意見。結果，朝野一片沸騰，人人痛責曾國藩賣國殘民，敗壞朝綱，取悅洋人，數典忘宗……

這是朝廷的慣用伎倆，出了棘手的事，就委派某大臣辦理，勢頭看好，結果圓滿，自然是聖上英明，皇恩浩蕩；但勢頭看壞，出了亂子，就把責任一股腦兒推到該大臣身上，讓他承擔罵名。當年林則徐禁煙是受了道光支持的，但清兵打了敗仗之後，道光就把責任歸之於林則徐，說他輕易得罪洋人；後來簽訂了《南京條約》，國人斥之為賣國，道光又把罪名加到主和派穆彰阿身上。不管是主戰還是主和，都沒有好果子吃。如今，曾國藩就充當了這樣的替罪羊，有口難辯，只有「打掉牙，和血吞」。

案件的處理結果是，肇事者償命，重修教堂，賠償洋人損失五十萬兩，張光藻、劉傑發配黑龍江「效力贖罪」（曾國藩曾奏請減輕二人的處分，朝廷沒有採納）。陳國瑞與此案無關，免於處分。

曾國藩覺得很對不起張光藻和劉傑，先讓幕僚匯去三千兩銀子，作為他們的獄中之資，二人到了黑龍江以後，曾國藩又籌集了一萬兩，贈送給二人。

最難辦的事是查找毆斃洋人的肇事者。當時群情激昂，聚如雲屯，去如鳥散，誰動了手，誰打得重，無法追究，查到了一些人犯，也時而認帳，時而翻供，旁人又不肯輕易指證。最後決定，只要有二、三人指實，就具結定案。按照洋人被毆斃的人數，找出了二十名人犯，判處死刑；另有二十五名情節較輕的人犯處以流放之刑。後來，俄國方面只要求賠償不要求抵命，故又有四名人犯免死。十月十九日，十六名天津教案的肇事者在天津被處死。曾國藩知道其中有許多人是冤枉的，便發給每一名死刑犯家屬五百兩銀子。

北京、天津的官員、學子和市民掀起了一陣怨曾反曾的浪潮：名士王闓運、曾國藩的弟子李鴻章都懇切陳言，為曾國藩的做法感到惋惜；醇親王奕譞等人上奏朝廷，要求懲治崇厚等媚外官員；京師學子貼出了抨擊曾國藩的公開信；湖南學士把曾國藩書寫的湖南會館的匾額搗毀；其他各處曾國藩的題字均被刮掉；「大賣國賊」、「洋人走狗」之類的「桂冠」紛至遝來，飛到了曾國藩的頭上……

此時的曾國藩，可以說是焦頭爛額，灰心喪氣，用他自己的話說，是「外慚清議，內疚神明」。

朝廷呢，慈禧指責曾國藩「文武全才，惜不能辦教案」，將他調回兩江總督之任，另派李鴻章接手此案。

天津教案對曾國藩是一次致命的打擊，一年之後，他就死在兩江總督任上。

天津教案留給今人何種感想呢？

感想一，是天津教案之後的八年，曾國藩的兒子曾紀澤說出來的：「中國臣民當恨洋人，不消說了。但須徐圖自強，乃能有濟，斷非毀一教堂殺一洋人，便算報仇雪恨，現在中國人多不明此理。」這番話可謂切中要害！

感想二，曾國藩對天津教案的處理，是被清廷認可的，甚至對張光藻、劉傑的懲罰，朝廷比曾國藩的方案更加嚴苛，然而國人不罵慈禧而只罵曾國藩，是何道理呢？魯迅在《阿Q正傳》中著力挖掘了國民的劣根性，那麼，「壞官」誤國而皇帝聖明的習慣邏輯，是不是國民心靈中的劣根性呢？

感想三，倘若國人殺的不是法國人，而是盧森堡、尼日利亞、尼泊爾這些弱小國家的無辜僑民，該不該追查肇事者？該不該抵命？該不該賠償損失？

感想四，朝廷對張光藻、劉傑顯然處理過重，放到今天，充其量只是引咎辭職，但上文說過，發配黑龍江是朝廷判的，不是曾國藩的意見。當然，將二人革職交刑部議處是曾國藩提出來的，對此，應當作何種評價呢？一，崇厚曾提出，答應法國人的要求，讓張光藻、劉傑、陳國瑞三人抵命，曾國藩堅決反對，認為那樣做有失國格，這個尺度他把握准了，沒有退讓；二，交刑部議處在清朝是家常便飯的事，許多人在刑部「議」來「議」去，後來仍然出去做官；三，在外國人面前，將張、劉交刑部議處，不能不說是一種委曲求全的態度，這的確是曾國藩的失誤，但這個失誤的原因有二，一是弱國無外交，而國力衰弱不是曾國藩的責任；二是曾國藩自己慮事不周。但在天津教案處理過程中，曾國藩聽到了法國與普魯士開戰的消息，認為法國無力對中國發動進攻了，於是態度強硬起來，不肯再做讓步。

感想五，豐大業的死，應當作為個案處理，他是死有餘辜，不在抵命和經濟賠償之列，曾國藩沒有這樣做，是一大失誤。

感想六，在處理天津教案的過程中，曾國藩一方面與外國人周旋，一方面積極備戰，他命令駐紮在山東的劉銘傳部淮軍趕赴直隸滄州，又致函正在山西的李鴻章率軍來直隸。可見曾國藩是做了避免外釁和應對外釁兩手準備的。

縱觀天津教案的全過程，筆者認為，曾國藩的思謀是比較周全的，換上別的人，不會比他處理得更好。失誤是有的，但不是賣國，也不是投降主義。

四、短暫的皇權

同治八年，同治十四歲了，按祖制，應該親政了，順治、康熙都是十四親政的。但慈禧為了她繼續把持朝政，便以同治「典學未成」為藉口，不允許他親政。

又過了三年，同治十七歲了，到了成婚的年齡。但在選后問題上，兩太后發生了矛盾。

慈安看中了翰林院侍講崇綺的女兒阿魯特氏，端莊賢慧；慈禧選中了員外郎鳳秀的女兒富察氏，容儀婉麗。兩太后爭執不下，只好讓同治自己定奪，結果同治選中了阿魯特氏，富察氏就只能降格，被封為慧妃。這對爭強好勝的慈禧來說，無疑是一個不小的打擊，但她還是忍了，沒有發作。

同治十一年九月，舉行了同治的大婚典禮。

婚後，同治生活並不幸福。慈禧對他橫加干涉，不讓他常與皇后在一起，而強迫他移情於慧妃，同治不喜歡慧妃，就賭氣獨宿乾清宮。

同治十二年正月二十六日，宮中又舉行了同治親政大典，同治下詔，表示要「敬天法祖，勤政愛民」。

同治親政的第二天，就碰到一件本來是極其平常而對清廷卻是驚天動地的大事。俄、德、英、美等國公使要求覲見皇帝，祝賀皇帝的大婚和親政，並遞交國書。其實作為國際上的常規禮節，外國公使早在十二年前就提出這個要求了，但總理衙門一再推諉，不是說皇帝年齡太小，就是說有皇太后聽政不便接見男賓。現在，同治親政了，皇太后不再聽政了，沒有理由再拒絕接見他們了。但要接見，首先碰到的又是一個老而又老的問題，即禮節。總理衙門大臣文祥主張外國公使行跪拜禮，各國公使則堅持免冠三鞠躬。滿清朝廷有個奇怪的邏輯，向列強割地賠款這樣的大事，滿不在乎，人家要多少就給多少，但在禮節上，卻寸步不讓。況且，一大堆喪權辱國的條約都簽訂了，在若干勝利者面前，還擺哪門子譜啊？但是不行，這個坎兒就是過不去。為此，同治一連開了好幾次御前會議，大臣們爭吵不休，莫衷一是。

翰林院編修吳大征語氣激憤地說：「我國定制，從無不跪之臣，若謂賓禮與外藩不同，必欲執泰西禮節行之於中國，其勢萬不可行！行朝廷之禮，乃列祖列宗所遺之制，非皇上一人所得而私也。若殿陛之下，儼然有不跪之臣，不獨國家無此政體，即在廷議諸臣，問心何以自安？」

這時，一番石破天驚的見解忽然閃躍出來，河南道監察御史吳可讀上疏說：「在外國，臣民就像玩棋那樣廢立君主，女人在前面坐轎，男人像差役一樣跟在後面。洋人追求的是利，沒有親親尊賢、仁義禮智信這一套觀念，因此外國使臣對皇帝跪拜並非是朝廷的榮耀，不跪拜也不是朝廷的恥辱，他們不是我國的臣子，為什麼要按我國的禮節行事？再說如果行不好禮，鬧出笑話，反而引起多餘的爭端，我國須謀自強之道，不值得在這些瑣碎小事上斤斤計較，要寬容大度，這樣反而更能顯示出我方的尊嚴。」

同治本人，則片面地認為，外國公使前來朝拜，是沒安好心。

最後，恭親王奕訢提出了一個為皇帝大爭面子的方案。改外國習慣的三鞠躬為五鞠躬，這樣，就顯得中國皇帝高於外國皇帝。

拖到六月五日，同治皇帝終於在紫光閣接見了日使副島種臣、俄使倭良嘎里、美使鏤斐迪、英使威妥瑪、法使熱福理、荷使費果蓀。就這樣，苦苦等待了十二年的外國使臣，總算見到了大清皇帝的龍顏。

在同治看來，這次接見沒有任何意義，又丟了大清王朝的面子，覺得自己做了一件很不光彩的事，因此接見過程中，他一句話都沒說。而後，在《清實錄》中，只是簡短地提了一句，說各國使臣「於紫光閣前瞻覲」，似乎是羞於啟齒的樣子。

更可悲的是，很快就有人編造出一則栩栩如生的故事：外國使臣開始堅決反對跪拜，但見了同治的龍顏之後，嚇得魂不附體，都不由自主地跪下了，接見完畢，他們仍不敢起身，就戰戰兢兢地跪著退出大殿。編造這故事的，像是阿Q的爺爺。

同治一點兒也不知道這次接見外國使臣的重要意義，但世界史家們認為，這是中國元首平等接見外國使臣和接受國書的開端，它標誌這中國在外交禮儀上與世界同步了。

同治親政後，慈禧就嫌「養心殿地太迫窄」，想尋找一個風景佳美而又寬敞開闊的居住地，她選中了圓明園，派了大內總管去圓明園勘察，並且親自參與繪製重修圓明園的圖樣。

同治得知母親的意願，便當作頭等大事來抓，這一來是給兩位母親提供一個安度晚年的優越環境，盡點兒孝心；二來也是讓慈禧享享清福，少干涉朝政。於是，就在同治十二年九月二十八日下了一道重修圓明園的諭旨。

然而，同治生不逢時，一連串的割地賠款條約，早已壓得朝廷透不過氣來，加上他親政之前已經開始辦洋務了，建工廠、開礦山、造槍炮、購軍艦、辦學堂，樣樣都得花錢，哪裡有銀子修建圓明園？

果然，御史沈懷上疏，說目前西北叛亂未平，南北亦有旱澇災情，請求緩修圓明園。同治又一次降旨，說明自己盡孝的心意，並強調修園以節儉為本。但另一名御史遊百川上奏，表示反對，同治大怒，將他革職。同治原以為可以殺一儆百，不料吏部尚書、大學士文祥又出面反對，弄得同治懊惱不已。但他仍然堅持己見，定要把工程進行下去。

內務府的款項是由戶部撥給的，每年的費用大約是六十萬兩，應付日常的生活開支都不夠用，往往要戶部增撥三、四十萬兩。因此王公大臣們想出了捐款的辦法，恭親王奕訢帶頭，捐了兩萬兩，其他人也紛紛效仿，但捐款總數只有二十三萬兩，通過其他辦法又籌集了一些，總共四十萬五千兩。這一數位，跟一千萬兩的預算相比，簡直是杯水車薪！

但重修圓明園的工程仍然於同治十三年正月開始啟動了。慈禧太后在同治的陪同下，興致勃勃地拿著圖樣到處監督查看……

官僚體制的弊病體現在各個方面，建築工程尤甚。動工之前，先派勘估大臣，勘估大臣必帶隨員；勘估之後，派承修大臣；承修大臣之後又有監督。材料（如木材）由承修大臣指派，領價時，承修大臣得三成，監督得一成，勘估大臣得一成，隨員得半成，兩大臣衙門的書吏合得一成，經手者又得一成，於是，實際購買材料的錢就只剩下二成半了。同治所籌集的一點兒可憐的經費，大部分落入了這些官吏們的腰包，還建什麼園？

這期間，出了一件「木材案」。廣東奸商李光昭，賄賂內務府大臣貴寶、成麟等，又勾結太監，聲言從四川採運木材用來修圓明園，以報效朝廷。同治得知，十分高興，派成麟與李光昭同去四川，四川總督吳棠覺察到其中的可疑跡象，結果李光昭的騙局未能得逞。之後，李光昭又向法國商人訂貨，法國商人把木材運到天津後，李光昭卻沒有錢提貨，被告到了法國領事館。直隸總督李鴻章將李光昭的行徑上奏同治帝，同治大怒，當即命李鴻章將其處決。

「木材案」在宮廷中引發了反對重修圓明園的群體行動，七月十六日，恭親王奕訢、醇親王奕譞、科爾沁親王伯彥納謨沽、貝勒奕劻、軍機大臣文祥等十位王公大臣一起見同治，要求停止修園工程。不料同治大發雷霆，竟然對奕訢吼叫道：「你向逼朕退位嗎？皇位讓給你好了。」份量如此沉重的話語，誰能擔待得起？文祥當場就嚇暈了。奕訢等人只好啞然而退。

都察院左都御使李鴻藻直諫兩太后，懇請停止修園。

作為母親，恐怕世界上沒有比慈禧的靈魂更卑鄙、更骯髒、更醜惡的了。重修圓明園是她的主意，圖紙是她親自參與繪製的，她也親臨工地監督視察過，從同治第一次降詔宣佈修園到現在，時間已經長達十個月了，大臣們反對修園的聲浪她是一清二楚的，但他沒有對自己的親生兒子同治做過任何提醒，也沒有做過任何批評，她在做什麼呢？她在看兒子的笑話，在等待兒子犯更大的錯誤，等待他觸犯眾怒，這個結果她終於等到了。當奕訢們把事情鬧到她那兒的時候，她沒有為自己的兒子分擔一絲一毫的責任，相反，她把事情一股腦兒全推到兒子的頭上，而她自己，則以諫如流的姿態贊同了奕訢們的建議，並對同治痛加申斥。

年輕幼稚的同治，不知道母親的居心，更不是母親的對手，他看到自己在朝臣面前一文不值，無法壓下心頭的怒火，便決定罷免十大臣，七月三十日，正當他宣佈這道諭旨的時候，已經歸政的兩宮太后忽然駕到，慈禧把同治的過錯控訴得淋漓盡致，然後聲淚俱下，歷數恭親王奕訢和諸大臣多年來的豐功偉績，最後斬釘截鐵地宣佈，同治的諭旨不作數。這一來，就把人心拉到自己方面來了，滿朝文武齊聲稱頌「皇太后聖明」。

同治親政期間，慈禧的表現是，最大程度地給王公大臣造成一種印象；同治根本就不配當皇帝，只有她，才能主持朝政。

下有大臣反對，上有慈禧責難，同治已經成為地地道道的孤家寡人了！八月初一，同治不得不宣佈修園停工，之後，他就病倒了。

五、同治之死

患病期間，同治把閱折權和批折權交給了奕訢和李鴻藻，慈禧是決不會讓大權旁落的，她一連三次召見大臣，讓大臣們看重病的同治，講明他短時間不能理政，讓大臣們表態，大臣們領會慈禧的意思，便提出讓兩宮皇太后垂簾聽政，等明年二月再由同治親政。慈禧呢，想得很周到，她又讓大臣們奏請皇帝，同治只得表示同意。

於是，兩宮皇太后再次垂簾聽政。

同治的病沒能好起來，同治十三年十二月五日，他撒手人寰了，這年他只有十九歲，在位十三年，親政只有一年多。

同治是怎麼死的？說法有三：天花說、梅毒說、天花加梅毒說。

天花說見於《翁同龢日記》，說十一月初二，「聞傳蟒袍補褂，聖躬有天花之喜」。又記，初九日召見大臣時「氣色皆盛，頭面皆灌漿泡飽滿」。惲毓鼎的《崇陵傳信錄》中則明確寫道，同治之病「實系患痘，外傳花柳毒者非也」。有關學者從清宮留下的藥方分析，認為同治的病確實是天花。

梅毒說的根據很多。主要根據是兩方面，一是有關同治治遊的記載，二是關於他死前病情的記載。

印鸞章在《清鑒》中寫道，同治「終歲獨宿乾清宮，內侍有陰導帝以微行者，起居多不律，因以致疾」。《清宮遺聞》中也說同治到私娼處，染上了梅毒。《清代野史大觀》中寫得最為詳細，同治「與貝勒載澄尤善，二人皆好著黑衣，娼寮酒館，及攤肆之有女者，遍遊之」。又說同治不敢到著名的大妓院去，害怕碰上朝廷裡的官員，於是尋找私賣淫者取樂，從行者只有一兩個小內監而已。人們起初不知道他是皇帝，後來知道了也假裝不知道。同治患了梅毒，傳太醫診視，太醫大驚，知為梅毒而不敢言，反請示慈禧是何病症。慈禧說：恐怕是天花。於是太醫就按天花來開藥方。無效，同治大怒，罵道：「朕非天花，為何以天花醫治？」太醫答道：「是太后之命也。同治乃不言，憤憤而已。」

同治微服出行，一次在酒肆中與兵部尚書毛昶熙相遇，毛昶熙大驚，急忙通知步軍統領派出十幾名將士暗中保護同治。幾天後，同治見了毛昶熙，責怪他多管閒事。

如果說上面的記載不是正史，不足為據，那麼從同治的病情來看，我們能夠找到更為確切的證據。《翁同龢日記》十一月二十三日記，同治「脈息皆弱而無力，腰間腫處，兩孔皆流膿，亦流腥水，而根盤甚大，漸流向背，外潰則口甚大，內潰則不可言」。十一月二十八日記，太醫說，「腰間潰如椀，其口在邊上，揭膏藥則汁如箭激」。從這些病症來看，患的是梅毒。清宮留下的「醫案」也能說明這一點。同治從十月三十日發現出痘，到十二月初五日駕崩，共三十七天，每天太醫珍視數次，每次都有脈案和用藥的詳細記錄。從這些病案看，到十一月二十日，痘情基本上得到了控制，痘痂開始脫落，但以後流毒繼發，腰臀部位潰爛流膿，失眠多夢，遺精尿血，這些症狀，顯然是梅毒導致的。

有的清史專家指出，清朝的制度十分嚴格，並打包票說，同治跑到紫禁城外面去尋花問柳是絕對不可能的。但也有人認為，重修圓明園期間，同治經常奔走於紫禁城與圓明園之間，完全有機會到市民街巷中尋歡作樂。

尤其惹人注意的是，同治死後，傳言中陪同他微服外出的幾個人受到了慈禧的懲治。一個是侍講王慶祺。御史陳彝參奏說，「查侍講王慶祺，素非立品自愛之人，行止之間頗多物議」，並斥責王慶祺「公然微服冶遊」。陳彝不敢直接說王慶祺陪同同治冶遊之事，就說「至於街談巷議無據之詞，未敢瀆陳」。於是，慈禧將王慶祺革職，永不敘用。受懲治的還有幾個太監，如總管太監張得喜、孟忠吉，頂戴太監周增壽，均發配到黑龍江；頂戴太監王得喜、梁吉慶以及太監任延壽、薛進壽均遭杖責。

此外，有人堅持同治死於天花兼梅毒。總之，同治患有梅毒的嫌疑是絕難排除的。

同治死後，有人寫了一副嘲諷對聯：「弘德殿，廣德樓，德行何居？慣唱曲兒鈔曲本；獻春方，進春冊，春光能幾？可憐天子出天花。」

弘德殿，是同治讀書學習的地方；廣德樓，是北京有名的大戲院。

這裡有一個問題：同治微服冶遊的行為，慈禧是否知曉？

回答是肯定的。道光的弟弟綿愉之子奕謨，童年與同治一起學習，後來任鑲藍旗漢軍都統，他發現同治他惡習後，「垂涕極諫，帝敬謝之」。同治的老師李鴻藻也對同治多次勸諫。恭親王奕訢、醇親王奕譞、大學士徐桐也紛紛上疏勸諫，委婉地要求同治珍重帝德。這些事情，慈禧不可能不知道。更顯眼的是，內務府大臣桂慶，在奏摺裡直言不諱地說：「皇帝春秋方富，正在戒色之時，而好內多嬖，且輕萬乘之尊，臨汙邪之地，非聖躬所福也。」他擔心不起作用，又將同樣的內容上奏慈禧太后。慈禧卻裝聾作啞，不管不問。那桂慶呢，遭到同治一番嚴厲的斥責，一怒之下，便告老還鄉了。試想，奕譞、李鴻藻等王公大臣會無緣無故地往同治身上潑髒水嗎？那個桂慶，就是長了九個腦袋，也不敢污蔑皇帝「臨汙邪之地」的。

從以上材料看，同治微服治遊是確鑿無疑的；而慈禧，歸政期間，始終密切地注視著朝廷的動靜，她對同治的舉止去向，是瞭若指掌的。

慈禧對同治的惡習採取聽之任之的態度，這是為什麼呢？曰：這正是她所希望的。在修圓明園的問題上，他看同治的笑話；在微服治遊的事情上，同樣如此。在她卑劣污濁的內心中，權柄比起親情來，不知重要多少倍！同治越是不務正業，越是威信低落，她就越有奪回權柄的可能，因此也就越發暗自欣喜。

同治在彌留之際，考慮到儲君的問題。他沒有兒子，皇后阿魯特氏雖然懷孕了，但不知是男是女，因此他必須在皇族中物色其他的人。按父死子繼的傳統，他應當在下一輩，即「溥」字輩中挑選。在道光的子嗣中，「溥」字輩的只有溥倫一人。但從血統上說，溥倫不屬於道光這一支脈的。原來道光的長子奕緯早逝，沒有子嗣，就把乾隆的第三子永璋之孫、奕紀之子載治過繼給奕緯，溥倫就是載治之子。因此，讓溥倫繼位，難孚眾望。

那麼，只有採取兄終弟及的辦法了，這在中國古代例子很多。在「載」字輩中，只有貝勒載澍是合適的人選，載澍現已成年，聰明好學，志向高遠。

同治十三年十二月一日，同治知道自己來日無多，便將帝師兼軍機大臣李鴻藻和皇后阿魯特氏喚到身邊，口授遺詔，遺詔指定載澍繼承大統，命李鴻藻記錄。

同治犯了一個不小的錯誤，那就是口授遺詔的時候，身邊的人太少，人少固然利於保密，卻容易被政敵滅口。而李鴻藻呢？把自己的身家性命看得比大清命運更加重要，他做的第一件事是將記錄稿送到慈禧面前。慈禧閱罷，怒氣直沖天靈蓋，當即將遺詔扔進取暖的炭火裡燒掉了。有記載說，從這天起，同治再也沒有用過一次膳，喝過一口水，這是慈禧的吩咐。

六、宮廷無寧日

同治駕崩的當天晚上，慈禧召集王公大臣二十餘人到養心殿，說：「皇帝病情日益加重，國不可一日無君，今日召集各位，正為立儲之事。」恭親王奕訢奏道：「皇上雖病，卻不至有變，況且聽說皇后已有身孕，何必急於立嗣？」慈禧道：「實不相瞞，皇帝已經晏駕了。」說罷大哭，眾人頓時嚎啕揮淚，如遭天塌地陷。最清醒冷靜的是慈禧，說：「此刻不是哭靈之時，皇后有孕，純屬風聞，當速議立嗣之事。」

軍機大臣文祥提議立溥倫為帝，溥倫之父載治匍匐叩首，力辭。有人說溥倫不是宗室近支，不宜繼位，但也有人反駁說，國家為難之際，應以賢者為儲君，不必拘泥於支脈的遠近。慈禧不想立溥倫，但她最害怕的是有人提出奕訢的子孫，那樣的話，奕訢就要呼風喚雨，無所不能了。於是就試探地問奕訢：「恭親王意下如何？」奕訢當然不能推薦自己的後代，便答道：「愚臣尚無淺慮。」這時慈安提出，恭親王之子載澂可繼大統。奕訢驚惶不已，悲痛絕於地。

這時慈禧一錘定音，說道：「如果年長者為帝，實在心有不甘，年幼者尚可教育。醇親王奕譞之子載湉敦厚聰慧，可繼承大統。」奕譞聽了，渾身戰慄，跪地碰頭求饒道：「臣誠惶誠恐，犬子無知，望兩太后再作他議。」說罷竟昏迷過去，眾人「掖之不能起」。

慈禧為什麼選定了載湉呢？其一，她不會選溥倫，因為溥倫做了皇帝，她就成了太皇太后，中間有個皇太后隔著，就沒法控制皇帝了；其二，載澍、載澂都已成年，不會老老實實聽任慈禧擺佈的，而載湉當時只有四歲，慈禧就可以繼續垂簾聽政若干年；其三，奕譞是咸豐的弟弟，奕譞的福晉又是慈禧的妹妹，因此，載湉既是慈禧的內侄，又是她的外甥，真是親上加親；其四，奕譞是個膽小怕事、世故圓滑的人，其處世原則是明哲保身，讓他的兒子做皇帝，對慈禧沒有任何威脅。於是，兩太后發佈懿旨說，以載湉「承繼文宗顯皇帝（咸豐）為子，入承大統為嗣皇帝。俟嗣皇帝生有皇子，即承繼大行皇帝（同治）為嗣」。這就是說，載湉所繼承的是咸豐的皇位而不是同治的皇位。

正月二十日，在紫禁城太和殿舉行了載湉的登極儀式，定該年為光緒元年。光緒，是光大統緒之意。

兩宮太后垂簾聽政的戲劇重新開幕！慈禧在權力的角逐中又一次獲得了巨大的勝利。這一年，她三十九歲。

英國作家濮蘭德和白克浩司在《慈禧外傳》中對慈禧有一段評論：「當時王公主立溥倫者，力言其合於繼序之正。然慈禧以決定攬權之計，雖違犯眾意，破壞家法而不顧。慈禧志意剛強，毫不疑慮，專圖鞏固其政權，憑己之才力威望，以免除一切之障礙。」

慈禧攬權勝利後，第一件事就是收拾皇后阿魯特氏。

同治大婚之時，慈禧看中了侍郎鳳秀之女富察氏，慈安選中了阿魯特氏，結果同治站在了慈安一邊，慈禧大失面子，憋了一肚子火；同治婚後，與皇后十分恩愛，慈禧忌恨，就百般阻攔，氣得同治獨居乾清宮，後來就微服冶遊，慈禧將這一後果也算在皇后的賬上；如今，皇后懷有身孕，倘若生出男兒，又是個大麻煩；更何況，皇后是同治遺詔的見證人呢！

怎麼除掉這個不順眼的皇后？慈禧決定借刀殺人。她對阿魯特氏的父親崇綺說：「皇后如此悲傷，就讓她隨大行皇帝去吧！」崇綺明白了慈禧的意圖，他要顧全自己的官職和全家人的性命，便含著老淚托太監送給女兒一個食品盒，皇后阿魯特氏打開盒子，竟是空的。她明白其中的含義，為了不連累親人，她了斷了自己的一生。

二月二十日，皇后阿魯特氏離開了人世，距離同治駕崩只有七十多天。關於她的死，有兩種記載，一是說她吞金而死，一是說她絕食而死。在大清王朝，皇后殉帝，阿魯特氏是惟一的例子。

慈禧尋找種種藉口再度垂簾的這一套把戲，朝臣們大為不滿，內閣侍讀學士廣安上奏，提出「頒立鐵券」，來保證為同治皇帝立嗣；御史潘敦儼則奏請為皇后更定謚號。慈禧對廣安嚴加申斥，將潘敦儼奪官，殺一儆百，把輿論壓下去了。

但事情沒完，五年後，御史吳可讀採取了「屍諫」這種決絕的方式再次舊事重提，他在同治及其皇后「大葬」之際自盡，留下遺書。日本學者稻葉君山在《清朝全史》中留有這份珍貴的資料，其中說，「兩宮皇太后一誤再誤，為文宗（咸豐）立子，而不為大行皇帝（同治）立嗣，……將來之紛紜難測」，這實際上是在彈劾慈禧本人。吳可讀的行動震驚朝野，一時輿論又起。然而，一幫趨炎附勢之徒，又搬出了雍正皇帝不預立皇儲的先例，來為慈禧開脫，這樣，非法就變成了合法。至於吳可讀，則因「以死建言，孤忠可憫」，照五品官議恤。這場風波又被壓下去了。

光緒七年三月初十日，朝廷又出了一件大事。年僅四十五歲的慈安太后突然仙逝了。

慈安死得非常奇怪，乃至成為諸多清宮疑案之一。其疑點有五：疑點之一，她死的前一天，只是患了輕微的感冒，太醫薛福辰探視，甚至認為不用服藥。次日上朝，大學士左宗棠、尚書王文韶、協辦大學士李鴻藻覲見慈安時，她的面色是微紅的，毫無病恙之相。嚴格地算起來，她從發病到死去只有十二個小時。疑點之二，清宮制度，皇帝或皇后得病，在傳喚太醫之前，必先通知軍機大臣和御前大臣，太醫開好藥方後，要經軍機大臣、御前大臣過目。但慈安臨死前，不但軍機處對慈安的病情一無所知，而且根本就沒有傳太醫。疑點之三，慈安是晚上八點死的，拖了七個小時以後，王公大臣們才得知她的死訊，秘不報喪的原因何在？疑點之四，在慈安死後，慈禧才向軍機大臣們出示五張太醫開的處方，但處方裡只寫慈安的病症，卻沒寫出慈安服用何種藥物。疑點之五，清宮慣例，皇后病逝，要傳娘家親屬進宮瞻仰遺體，然後將遺體入殮，入殮時要派翰林院的官員輪班看守，但慈安身為太后，入殮時卻既不通知其娘家親屬，也沒通知翰林院，只有少數王公大臣到場。

這些疑點在向人們顯示，慈安是被害死的。嫌疑人是誰？自然是慈禧。

惲毓鼎在《崇陵傳信錄》中載：「慈安在庭中賞魚，西宮太監捧盒來到，說外舍進貢奶餅，西佛爺（慈禧）不肯獨享，特分呈東佛爺（慈安）。慈安嘗之，以示感激。之後立即傳太醫，太醫未至，慈安已經仙逝了。」《清朝野史大觀》、《述庵秘錄》、《十葉野聞》等著作與此大同小異，都是說慈安吃了慈禧送來的毒餅而死的。溥儀在《我的前半生》中提到慈安之死時寫道：「有的說是吃了慈禧送去的點心，有的說喝了慈禧親手做的什麼湯。」

那麼，慈禧為什麼要毒死慈安呢？

《崇陵傳信錄》中寫道：「一日兩太后聊天，談到了咸豐舊事，慈安拿出了咸豐臨終時給她留下的手敕，其中說，如果葉赫那拉氏不能遵守祖法，可用此詔書命廷臣除掉她。一面說著，一面把遺詔給慈禧看了。之後慈安說：你我姐妹相處已久，何必留此詔書？便取火將詔書焚燒了。慈禧面色赤紅，怏怏然而去。」手敕雖然燒了，但慈安可能把此事說出去，而且她的話，王公大臣們都會相信的，因此慈禧便動了殺機。溥儀在《我的前半生》中也提到過這件事，情節跟《崇陵傳信錄》相同。此是一說。

光緒六年去東陵祭奠咸豐，慈安認為自己是東宮，位置應排在前面，但慈禧不依不饒，二人在陵寢之地發生爭執，最後還是照慈禧的意思辦了，二人並列。從此慈禧甚怨慈安。此又是一說。

慈禧與伶人金某有私情，一次慈安探望慈禧的病情，卻見慈禧與金某一起躺在床上，怒而痛責慈禧。慈禧認錯，並把金某趕走，但心裡埋下了仇恨的種子。此又是一說。

李蓮英因受慈禧專寵，傲慢而驕橫，慈安乘輦過某殿，李蓮英與小太監角力，全然不理睬慈安，慈安大怒，嚴責慈禧，不幾天，慈安暴崩。此又是一說。

這四種說法，除了慈禧與金某私通純系捕風捉影以外，其他三件事從邏輯上講都是可能發生的，但都不足作為證據。歷史家金梁就曾反駁說，焚毀手敕、呈送毒餅，有誰見過？

徐徹先生在《正說慈禧》一書中，提到了《翁同龢日記》中的兩條記載，一是同治二年二月初九日：「慈安皇太后自正月十五日起聖躬違豫，有類肝厥，不能言語，至是始大安。」這年慈安才二十六歲，大病二十六天，翁同龢懷疑她是肝病。同治八年十二月初四日：「昨日慈安太后舊疾作，厥逆半時（時辰）許。」這年慈安三十三歲，舊病復發，昏厥一個小時。對照一下慈安臨死前太醫的診斷處方中「瘋癇甚重」、「神識不清」、「牙關緊閉」、「遺尿」、「痰壅氣閉」等語，據此，徐徹先生認為，慈安死於腦血管疾病，很可能是腦出血。他的意見是很值得我們重視的。

但是，徐徹先生僅僅告訴我們，慈安有暴崩的可能，卻不能消除上述疑點。堅持慈安不是被慈禧所害的人常常舉出兩個根據，第一個根據是，慈安沒有什麼能力，對慈禧構不成威脅，慈禧沒有必要害慈安。這種見解是很膚淺的，根本就站不住腳。同治死後，慈禧竟置祖制於不顧，逼迫皇后阿魯特氏殉葬；光緒朝，慈禧在逃離北京之前，把珍妃害死了。試問，阿魯特氏和珍妃對慈禧的權力構成威脅了嗎？沒有！但慈禧為什麼對她們下毒手呢？這些歷史家對慈禧的狠辣手腕置若罔聞，而為她做如此無理又無力的辯護，實在令人大惑不解。

其實，如果把慈安的地位與阿魯特氏、珍妃比較一下，那麼我們就不得不承認，慈安確實是慈禧獨攬大權的絆腳石。

慈安雖然才能不如慈禧，不玩弄權術，不爭奪權柄，但她的頭腦是清楚的，有賢德，識大體，為人敦厚善良，在王公大臣中威信很高，很多決策都是她定奪的。比如，提拔曾國藩為兩江總督、授李棠階為軍機大臣、斬首「失陷封疆」的兩江總督何桂清、將勝保賜死等等。同治雖是慈禧所生，但對慈安的感情遠勝過慈禧。更重要的，她是東宮太后，地位在慈禧之上。這些，就足以使滿肚子嫉妒醋水的慈禧心惱神焦了。兩個人的瑣碎矛盾，史書多有記載，此不贅述，有三件事足以顯示慈安的能量，一是同治選皇后時順了慈安的意願；二是慈安下懿旨禁止安德海在宮中演戲，矛頭直指慈禧，慈禧不得不順水推舟；三是慈安夥同奕訢等人除掉了慈禧的心腹太監安德海，這三筆賬，報復心極強的慈禧是絕對不會忘記的！

第二個根據是慈安死後，慈禧命太監揭去慈安的「面冪」，讓王公大臣瞻仰慈安的遺容，足以說明她「心中無鬼」。此說大謬，甚至可笑！王公大臣到場的時候正是後半夜，宮中燈燭昏暗還是明亮？史無記載。由於慈安死得突然，王公大臣們滿懷狐疑，哪個能仔細審視慈安的面顏？即使有心觀察，也不敢貼近慈安的臉，何況人死了是可以化妝的（七個小時足夠了）。因此，慈禧讓大臣們瞻仰慈安遺容，絲毫不能說明慈禧心中無鬼，反而更使人懷疑她在封王公大臣的嘴；你們既然看了慈安的遺容，當時沒說什麼（也不敢說什麼），出去就不准胡說八道！這樣，王公大臣就成了慈禧的證人。此舉只能顯示慈禧的精明，但絕對不能證明她的無辜。慈安之死因，依然是一個解不開的謎！

慈安的死，對清廷的命運有著頗大的影響。兩宮太后同時聽政，雖然慈禧兜攬權柄，但畢竟不能無視慈安的存在，而且，成長中的光緒必定會日甚一日地努力從慈安那裡尋求支持，當年慈安能夠與同治聯手殺掉安德海，日後慈安與光緒聯手，必定會有更大的動作。慈安活著，後來的戊戌政變就未必能搞成，而光緒絕對不可能被囚禁於瀛台。然而，慈安死了，光緒陷入了十分孤立無助的境地，那些對慈禧不滿的朝臣，處境更為艱難窘迫。

三年後，也就是一八八四年，慈禧又搞了個小動作，藉故罷免了奕訢的一切職務，將他閒置起來，歷史上稱作「甲申之變」。

從此，慈禧進入了權力的高峰期，更加肆無忌憚、為所欲為了。

七、遲到的洋務運動

現代歷史家蔣廷黻在《中國近代史》一書中發表了這樣的感慨：「鴉片戰爭的失敗的根本理由是我們的落伍。我們的軍器和軍隊是中古的軍隊，我們的政府是中古的政府，我們的人民，連士大夫在內，是中古的人民。我們雖拼命抵抗，終歸失敗，那是自然的，逃不脫的。從民族的歷史看，鴉片戰爭的軍事失敗還不是民族致命傷。失敗以後還不明瞭失敗的原因，力圖改革，那才是民族的致命傷。倘若同治、光緒年間的改革移到道光、咸豐年間，我們的近代化就要比日本早二十年。遠東的近代史就要完全變更面目。可惜道光、咸豐年間的人沒有領受軍事失敗的教訓，戰後與戰前完全一樣，麻木不仁，妄自尊大。直到咸豐末年，英法聯軍攻進了北京，然後有少數人覺悟了，知道非學西洋不可。所以我們說，中華民族喪失了二十年的寶貴光陰。」

洋務運動儘管遲到了二十年，但畢竟還是到來了。

十九世紀六十年代，國際形勢也發生了很大變化。洋人暫時放棄了武力手段而努力與中國進行和平通商。美國國務卿西華德指示駐華公使蒲安臣說：「在中國，一切重大問題要協商合作……贊助中國政府在維持秩序方面的努力；在條約口岸內，既不要求，也不佔用租界，不用任何方式干涉中國政府對於它自己的人民的管轄，也永不威脅中華帝國的領土完整。」當時美國生產迅速發展，產品劇增，急需擴展海外市場，另一方面，美國人正在進行獨立戰爭，沒有力量與歐洲列強爭奪中國，因此確立了這種合作的方針。

這一方針贏得了英、法、俄各國的支持，為什麼呢？當時《華北捷報》有文章寫道：「英國將不會再容忍這些對華戰爭的不斷復發」；從管理英國在華權益的那些人的角度看，不論出於何種考慮，推行比以前的政策更具有調和意味同樣堅定的政策，同時對本國輿論和中國人的情感作出某些讓步，這種做法是一項明智的決策。又說，歐洲公眾輿論是不徵求我們的許可就決定我們命運的一種力量，戰爭會引起強烈的反感，任何可能導致吞併領土的政策都會遭到唾棄。

對列強來說，成功的經濟掠奪比起戰爭消耗，更屬上策。洋務運動就是在這一國際背景之下搞起來的。

洋務運動所涉及的範圍很廣，包括設立對外機構、創建新式軍隊、製造槍炮船艦、開發各種礦藏、發展交通運輸、興辦新式學堂、派遣留學生等等。

洋務運動發生在十九世紀六十年代到九十年代，前面我們提到，咸豐十一年，在奕訢的努力下，成立了總理各國事務衙門，這可以看做洋務運動的先聲。有人將洋務運動分為兩個階段，前期是六、七十年代，重在「求強」；後期是七十至九十年代，在求強的同時，加入了「求富」的內容。

前期洋務運動的代表人物，在朝廷中有奕訢、文祥，地方大員中有曾國藩、左宗棠、李鴻章、張之洞等，努力方向以軍事工業和軍事訓練為主。奕訢說：「治國之道，在乎自強，而審時度勢，則自強以練兵為要，練兵又以製器為先。」

一八六一年，安慶軍械所成立，「全用漢人，未雇洋匠」，以徐壽、華衡芳為工程師，仿造出一批洋槍洋炮。同年，奕訢委託總稅司赫德購買外國炮艦。

一八六二年，北京同文館成立，聘請英國人包爾騰為教習。先設英文館，後增設法文館、俄文館、德文館、天文算學館。同文館是中國新式學堂的開始。

同年，李鴻章在英國人馬格里（軍醫出身）的支持下建立上海洋炮局，雇用英、法兵弁進行指導，製造開花炮、自來火等兵器。

一八六三年，上海、廣州成立外國語言文字學館。

一八六五年，李鴻章、曾國藩聯合建立江南製造總局，下設煉鋼廠、洋槍廠、洋炮廠、炮彈廠、子彈廠、火藥廠、輪船廠、水雷廠等，還附設學校和翻譯館。

同年，李鴻章在南京設立金陵機器局，由英國人馬格里督辦，生產槍炮和彈藥。

一八六六年，閩浙總督左宗棠創辦福州船政局，從法國引進成套設備，雇用法國日意格、德克碑等數十名技師。船政局又附設前後學堂，前學堂學習法文和製造學，後學堂學習英文和駕駛技術。在此後的三十年裡，船政局製造大小輪船三十六只。

一八六七年，三口通商大臣、兵部侍郎崇厚在天津建立機器局。此機器局發起人是總理衙門大臣奕訢，初以英國人密妥士為監督，到一八七〇年，李鴻章做了直隸總督兼北洋大臣，接管了機器局。

一八七二年，在曾國藩、李鴻章的主持下，由政府挑選了一百二十名少年分四批赴美留學。這一舉措正如曾國藩、李鴻章在奏摺中所說的，是「中華創始之舉，古今未有之事」。這些留學歸國的青年，後來逐步成為中國政界、軍界、學界、工商界等方面的知名人物和科技骨幹，為中國近代建設做出了貢獻，其中最著名的是後來成為中華民國第一任總理的唐紹儀，和後來成為聞名世界的鐵路工程專家的詹天佑。

一八七六年，李鴻章派遣軍官赴德學習陸軍，船政學生赴英學習造船和駕船。

一八八〇年，李鴻章在天津設水師學堂，學習天文地理、幾何代數、平弧三角、測量、演放魚雷等課程。同年，在天津設立電報總局。

一八八一年，李鴻章設開平礦務局。同年，李鴻章奏派船政前後堂學生十名，出洋留學。

一八八二年，李鴻章築了旅順軍港，創辦上海機器織布廠。

一八八五年，李鴻章設立天津武備學堂，輪訓淮軍及北洋防練各軍軍官，聘請德國軍官李寶為教練。

一八八八年，張之洞在廣州籌建槍炮廠，向德國訂購機器；同年，李鴻章成立北洋海軍……

從總體上看，洋務派所創辦的企業多偏重於軍事工業，就其性質而言，雖然採取雇傭工人的生產方式，卻不屬於資本主義工業，它的資金來自政府撥款，它的生產不是追求剩餘價值，其產品也不拿到市場去出售（不是商品），而是直接撥給清廷的軍隊使用，既不計算成本，也不規定價格，它們基本上屬於封建性的官辦工業。因此，在經營管理的環節上，封建官場中的腐朽制度和作風不可避免地滲透進來。官僚們紛紛安插自己的親信，管理機構臃腫，貪污成風，工作效率低下，產品成本高而品質差等等。比如，福州船政局的監工員紳竟多達一百餘人，甚至設立「官廳」，該局所造「半兵半商」船艦，運貨則不如商輪，作戰則不如兵艦，「欲求兩便而適以兩誤」；再如江南製造總局生產的林明敦式步槍，經常走火，士兵不願使用。主持總理衙門的慶親王奕劻感慨道：各省仿製之外洋軍火，「終不及外洋之精利，且核計價值，較之購自外洋者轉增數倍」。自己製造的武器品質低下，而費用卻比從外國購買貴了好多倍，這無疑是令人痛心的一筆賬！

另一方面，這些工業的所有權，在相當程度上控制在軍閥手中。比如，李鴻章是江南製造總局的創始人，他調離兩江總督以後，仍然控制著該局；再如，左宗棠創辦了福州船政局，後來他調離閩浙總督任，前往西北，但船政局卻一直被他控制著；而張之洞，在調任湖廣總督之後，乾脆將他所籌建的廣州槍炮廠遷往漢陽，改稱湖北槍炮廠。這一狀況表明，所謂「求強」，多半不是求「國家」之強，而是求「軍閥」之強。比如李鴻章打的是「取外人之長技，以成中國之長技」的旗號，實際上，正如時人所評論的，他所製造的船炮，「用以禦敵則不足，挾以自重則有餘」，就是說，李鴻章對洋務的熱情，目的在於擴張自己的勢力。洋務派丁日昌也承認，江南製造局所造的輪船「可以靖內匪，不能禦外侮」。

後世人提到李鴻章常常指責他一味「主和」、「賣國」，教科書上也這樣說，這樣指責李鴻章過於籠統。那麼，其中的緣由究竟是什麼呢？我們看看李鴻章前前後後的表現，是很耐人尋味的。一方面，他到處插手，興辦了許多軍事工業和新式學堂，又建立海軍等等，應當說，洋務運動他的功勞最大，乃至「李鴻章」已經成為「洋務運動」的代名詞了；但另一方面，每當中國和外國發生戰爭，李鴻章總是站在主和派的立場上，並且常常代表清政府與洋人談判，簽訂屈辱條約。時人譏諷說：「議和則李鴻章必占人先，議戰則李鴻章必落人後。」問題就來了，既然你李鴻章事事主和，何必在軍事方面大搞其洋務呢？答曰：李鴻章肚子裡的算盤，是要保存和鞏固私家的武裝勢力，而戰爭，會使這種勢力受到損害，甚至可能將他的家底兒輸光，這就是他畏懼戰爭的說不出口的原因。當然，這與慈禧的平衡術也密切相關，慈禧為了抑制李鴻章勢力的膨脹，便支持左宗棠和張之洞，以牽制李鴻章的淮軍，在這種情況下，李鴻章更不能拿自己的軍隊做賭注跟洋人碰撞了。

現在介紹一下李鴻章其人。李鴻章原姓許，本名章銅，字漸甫，號少荃，晚年自號儀叟，安徽合肥人。曾做過曾國藩幕僚，又編練淮軍，署兩江總督，後任直隸總督兼北洋大臣，建立了北洋海軍，是洋務派的首領。

值得注意的是，除了官辦企業外，出現了一些民營企業。一八七二年，李鴻章在上海設立輪船招商局，它既召集商股（得七十三萬兩），也借官款（一百九十萬兩），其經營方式是官督商辦。一八七七年李鴻章在天津設立開平礦務局，所集股本達一二〇萬兩。一八八〇年李鴻章在天津設立的電報總局，開始是官方墊付資金十八萬兩，兩年後改為官督商辦，繳還了官款。一八九三年李鴻章在上海設立的華盛機器紡織總廠，也是如此。

這些官督商辦的企業，仍舊帶有明顯的封建色彩，其管理機構幾乎是封建衙門的翻版，但它們雇傭勞動力，產品銷售於市場，經營目的是獲取利潤，這就帶有了資本主義的性質。

真正意義上的民營企業是從輕工業開始的。一八七二年，商人陳啟源在廣東南海縣創辦了繼昌隆機器繅絲廠，十年後發展到十一家；九十年代初，唐松岩在上海設立華新紡織新局，朱鴻度在上海設立裕源紗廠，嚴信後在寧波設立通久源紗廠。此外，還有麵粉廠、火柴廠、造紙廠、印刷廠和採礦業出現。

這時候的民營企業規模都比較小，投資少，技術也較落後，主要集中在上海、廣州兩地。

洋務運動，從發展的角度看，無疑是一次歷史的進步，固守的格局打破了，大膽地吸收了西方先進的科學技術，同時也引進了資本主義的生產方式，但洋務運動的局限性是很明顯的，它所面臨的最突出的矛盾，是封建制度強大阻力和列強們的多方限制，後來的歷史證明，這一運動未能拯救中華民族。

既然李鴻章是洋務派的代表人物，我們就用他自己的話來結束對洋務運動的敘說吧：「我辦了一輩子的事，練兵也，海軍也，都是紙糊的老虎，何嘗能實在放手辦理？不過勉強塗飾，虛有其表，不揭破猶可敷衍一時。如一間破屋，由裱糊匠東補西貼，居然成一淨室，雖明知為紙片裱糊，然究竟決不定裡面是何等材料，即有小小風雨，打成幾個窟窿，隨時補葺，亦可支吾對付。乃必欲爽手扯破，又未預備何種補葺材料，何種改造方式，自然真相破露，不可收拾。」這段話應當說是坦率的自省之語。

八、甲午戰爭

日本早在明治維新時期，就確立了一項龐大的對外擴張計畫。第一步侵吞臺灣，第二步佔領朝鮮，第三步征服中國的東北和蒙古，第四步控制整個中國，第五步統治全世界。為了實現這個系列計畫，日本積極備戰，到十九世紀九十年代，其陸軍就擁有了六萬三千名常備兵和二十三萬名預備兵，海軍則擁有軍艦三十一艘，魚雷艇三十七艘，總排水量為六萬多噸的戰艦，日本海軍在世界名列第十一位。

當時，中國的海軍在世界占第八位。中國的戰艦「定遠」號和「鎮遠」號各七千噸，日本最大的只有四千噸，這方面，中國優於日本；但日艦速度快，架設的炮位多，這兩方面，中國不如日本。

值得注意的是，一八八八年以後到甲午戰爭前，日本添置了九艘軍艦；而在同一時間，中國海軍未購一新艦，添一新炮，因為李鴻章把海軍軍費挪給了慈禧建造頤和園，據考證，數額約為一千兩百萬兩到一千四百萬兩。

一八七五年九月，日本軍艦闖入朝鮮漢江口，強佔永宗島。次年強迫朝鮮簽訂了《江華條約》，取得了免稅貿易的特權，一八八五年又迫使朝鮮簽訂《漢城條約》，向朝鮮政府索取若干賠款。不久，日本派遣伊藤博文到中國與直隸總督兼北洋大臣李鴻章談判，雙方商定，朝鮮若發生重大事件，中國和日本均可派兵，事件平息，即行撤兵，不再留防。

一八九四年，朝鮮發生了東學黨領導的農民起義，日本政府認為是侵佔朝鮮的大好時機，便唆使中國出兵，幫助朝鮮平亂，這樣，日本也就有了出兵的藉口。李鴻章不知日本人的算盤，在接到朝鮮政府的請求後，便於六月五日派直隸提督葉志超、太原鎮總兵聶士成率淮軍一千五百人赴朝，進駐離漢城七十公里的牙山地區；不久，日本軍隊一萬多人在仁川登陸，進駐朝鮮。

日本如此大規模地派出部隊，引起了朝鮮政府的警覺，便以起義已經平息為由，要求中日兩國同時撤兵，但日本拒絕這一要求。

對於當時的局勢，已經親政了七年的光緒皇帝有十分清醒的認識，他指出，「該國（指日本）不遵條約，不守公法，任意恃強，專行無忌」，並且對李鴻章三令五申，要求他「必須謀出萬全，務操必勝之勢」，他命令李鴻章做好戰爭準備，不許以犧牲朝鮮為條件與日本訂立協議，要警惕俄國，免中其圈套。後來事態的發展，證明了光緒的眼光是敏銳的。

面對戰爭一觸即發的局面，李鴻章對光緒的諭令置若罔聞，他不是積極備戰，而是請求列強調停。先請俄國，日本向俄國表示，拒絕撤兵，但尊重俄國在朝鮮的利益，於是俄國採取了虛與委蛇的態度；李鴻章又轉求英國，日本又表示，絕不侵犯英國在華的利益，英國非但沒有勒令日本撤兵，反而與日本在倫敦簽訂條約，表示不干涉日本。李鴻章又乞求德、法、美調停，均遭拒絕。調停的努力泡了湯之後，李鴻章仍懷有僥倖心理，以為「我不先與開戰，彼諒不動手」，因此他命令葉志超「靜守勿動」。

李鴻章之所以膽敢置光緒的諭令於不顧，一方面是要保存自己的勢力，另一方面是因為有慈禧在背後撐腰。此時的慈禧，心思根本不在中日的戰事上，而是忙於自己的六十壽辰慶典。為了這個慶典，一年前宮廷上下就開始籌備了，現在正折騰得不亦樂乎！

七月二十三日，日軍進駐漢城，衝入皇宮，劫持國王，組成傀儡政府。七月二十五日，日軍迫使傀儡政府驅逐中國軍隊，同日，日本軍艦在豐島海面向中國的「高升」號商輪發動突然襲擊，將其擊沉，一千數百多名官兵溺水而死，中國「濟遠」號、「廣乙」號兩艦也遭重創。

「高升」號是租來的英國船，李鴻章希望英國能出面干涉，但日本立即向英國賠款道歉，英國遂宣佈中立。李鴻章又請其他列強干預，但列強均採取中立立場。

光緒二十年七月一日，中日雙方正式宣戰。決定中日兩國命運的甲午戰爭打響了！

李鴻章在光緒的催促下，先後派衛汝貴等率軍兩萬人開進朝鮮，集中在平壤。九月十五日，日軍四萬人進攻平壤，與清軍交戰兩天，清軍敗績，葉志超拒絕聶士成「扼守安洲，深溝固壘以待」的主張，向北狂奔五百里，撤入中國邊境。

九月十六日，中國海軍提督丁汝昌率北洋海軍艦艇十餘艘運送援軍至大東溝，十七日返航，途中發現有懸掛美國國旗的艦隊駛來，稍近，該艦隊突然換上了日本軍旗，並炮擊中國戰艦。雙方展開了一場激烈的海戰。中國艦隊在丁汝昌的指揮下，排成「人」字陣，由「定遠」、「鎮遠」兩艘主力艦領先。丁汝昌在「定遠」號的飛橋上指揮作戰，不料才放第一炮，飛橋就被震斷，丁日昌摔下來，受重傷，管帶劉步蟾代替丁汝昌指揮。劉步蟾臨陣膽怯，忽然下令改成倒「人」字陣型，這樣他所在的主力艦便落到了最後，兩側的小艦艇反而居先，這是一個毫無章法、不堪一擊的陣型。因此戰鬥一開始，中方就處於不利地位。

戰鬥中，中國的「超勇」艦被擊沉，「揚威」艦也中彈；「致遠」中炮受傷後，管帶鄧世昌下令開足馬力撞擊日本的「吉野」號，不幸中魚雷沉沒，全艦兩百五十名將士全部犧牲。「經遠」艦也在追擊敵艦時中了魚雷，在船身下沉的同時，仍然放炮轟擊敵艦，最後二百七十人中除十六人獲救外，全部遇難。「鎮遠」艦管帶林泰指揮戰士以十二英寸大炮轟擊敵方艦隊司令伊東祐亨所乘坐的旗艦「松島」號，引起「松島」艦彈藥爆炸，死百餘人，完全喪失了戰鬥力。日軍的「吉野」、「比叡」、「赤城」、「西京丸」等軍艦均遭重創，「赤城」號艦長阪本喪命。因損失慘重，日本艦隊不得不首先撤離。

作戰過程中，清軍管帶方伯謙、吳敬榮分別指揮「濟遠」艦和「廣甲」艦逃離戰場。黃海海戰，雖然中國方面損失更大些，但北洋海軍戰鬥力猶存。可悲的是，李鴻章為了保存勢力而採取了烏龜縮腦之策，他命令北洋艦隊全部躲藏在威海衛軍港，不准出擊。

光緒預料到日軍必定會深入內地，他諭令李鴻章加強旅順和威海衛的防務。旅順是北洋海軍的基地，它與威海衛隔海對峙，兩地呈犄角之勢，是扼守渤海的門戶，一八八五年，清廷花了數千萬兩白銀在旅順建立了一個大型船塢和若干炮臺。旅順的戰略意義如此重要，退一步說，即使李鴻章不為國家而只為保存自己的勢力，也應該嚴密設防，但是他沒有，他仍然對光緒的諭令無動於衷，陽奉陰違，這就暴露出他的愚蠢和無知。

九月二十九日，慈禧太后起用在家賦閒了十年的恭親王奕訢主持總理衙門，不久又任命他為軍機大臣，這是一個引人關注的信號。中日海戰的失敗，使慈禧產生了議和的念頭。

十月下旬，日軍渡過鴨綠江，沿江有四萬多清軍，除了聶士成部在虎山進行抵抗外，其餘清軍均望風而逃。因通往大連、旅順的花園口岸未有一兵一卒設防，日軍在此登陸，時間長達十二天，竟然沒有遇到清軍的截擊。

十一月六日，日軍攻陷金州。這一天，正是慈禧六十壽辰，群臣舉行隆重的朝賀儀式，安排豐盛的宴會，又有戲班唱戲，耗資之巨大自不必說，僅慈禧的玉冊、玉寶、首飾就花了一萬兩黃金（合銀三八・六萬兩），衣物若干，龍袍五四件、大紅旗蟒袍料五十件，貂皮、天馬皮等一六二件，各種襯衣、馬褂、緊身皮筒二一六件，各色綢緞五千九百七十七件。宮內宮外佈置無數景點，紫禁城、中南海、頤和園、萬壽寺等處，除了修繕和油飾外，還用各色綢緞搭設彩殿、彩樓、彩棚、彩廊。戶部奏稱，這次慶典撥出五百四十一萬兩庫銀，而戶部撥給用於甲午戰爭的經費只有二百五十萬兩，還不到慶典支出的一半。但戶部提供的數位是不準確的，《藏園群書題記》提供的數位是七百萬兩，有學者估計，慈禧的慶典耗費資金不下一千萬兩。

帝師、戶部尚書翁同龢等人奏請慈禧把祝壽經費移作軍用，慈禧當著朝臣的面惡狠狠地說：「今日令吾不歡者，吾亦將令彼終身不歡。」慈禧說到做到，果然後來就把翁同銖攆出了宮廷，這是後話。

光耗費錢財還不算，在國難當頭之際，慈禧還貽誤了戰機，慶典活動折騰了半個多月，這期間，光緒和王公大臣們始終陪伴著這位置社稷江山於不顧的老太婆。

十一月九日攻陷了大連。十一月二十一日，又佔領了旅順，四天之內，日軍殘忍地屠殺城中的百姓，槍擊、砍頭、腰斬、穿胸、破腹、姦淫，甚至把小孩活活釘死在牆上，種種獸行，無所不用其極。此時的紫禁城裡，鼓樂喧天，絲竹齊鳴，王公大臣比肩接踵，「萬壽無疆」之聲回蕩四方，慈禧的老臉笑得如同核桃皮一般……

旅順失陷，光緒下詔將臨陣脫逃的方伯謙斬首，又將李鴻章革職留任，褫去三眼花翎和黃馬褂。此時威海衛吃緊，光緒諭令李鴻章「將定遠等船齊出衝擊，必可毀其多船，斷其退路」，丁汝昌也迫切要求出戰，而愚不可及的李鴻章此時上抗朝命，下壓將士，嚴令北洋艦隊「不許出戰，不得輕離威海一步」，並且威脅說，「如有違命出戰，雖勝亦罪」，結果貽誤了最後的戰機。於是，北洋軍眼睜睜地看著日軍從榮成登陸，之後佔領了威海衛南北兩岸全部炮臺，又以海軍封鎖港口，北洋艦隊成了甕中之鱉。一八九五年二月十一日，日軍攻佔劉公島，提督丁汝昌自殺，管帶劉步蟾亦殉國。次日，清軍投降，十一艘艦艇以及劉公島上的軍械物資全部落入日本人的手中。

李鴻章悉心經營的王牌軍北洋水師至此全軍覆沒，他本人，則吞下了自保實力的苦果！

偌大的一個中國，敗在了領土比自己小了將近三十倍的日本，這使清王朝大丟面子。列強原知中國可欺，卻沒料到中國窩囊到如此程度，現在才知道，中國只不過是一塊任人宰割的肥肉而已。

李鴻章丟了旅順，又丟了威海衛，葬送了北洋海軍，罪莫大焉，換了清朝先前的任何皇帝，都會將其斬立決的，然而，就在北洋水師全軍覆沒的第二天，慈禧就下令撤銷了對李鴻章革職留任的處分，賞還他的三眼花翎和黃馬褂，任命他為全權大使，赴日議和。

一八九五年三月一九日，李鴻章帶領兒子李經方和隨員一百三十多人到達日本的馬關，次日，與日本代表伊藤博文等進行談判，三月二十三日，中日雙方簽訂了《馬關條約》。

條約規定：清政府承認日本對朝鮮的控制；割讓遼東半島、臺灣、澎湖列島給日本；賠償日本軍費二億兩白銀，分八次付清；允許日本在中國通商口岸設立工廠，所製造的貨物與進口貨物一樣，免征一切雜稅，並在內地設棧寄存；開沙市、重慶、蘇州、杭州為商埠；日本享受最惠國待遇；日本軍隊佔據威海衛為質，直到中國全部賠款付清方才撤兵，在此期間，清政府每年付五十萬兩作為日本駐軍的經費。

《馬關條約》是《南京條約》以來喪權辱國最甚的條約，此前，中國戰敗賠款最多不超過兩千萬兩，此次賠款竟達兩億兩之巨，這是任何稍有良知的中國人所不能忍受的。

《馬關條約》簽訂後，舉國上下，一片沸騰，悲切、沉痛、憤怒、迷茫，正如譚嗣同《感事詩》中所寫的那樣：「四萬萬人齊下淚，天涯何處是神州？」

四月初八日，康有為、梁啟超等率領進京會試的一百二十多名舉人上書，提出了「拒和、遷都、練兵」的主張，同時呼籲變法。變法內容包括富國之法（允許私人興辦鐵路、開礦、建廠、國家發行紙幣、建立郵政系統等），養民之法（保護農工商業、開發邊區和移民、以機器改進農業生產等），教民之法（改革科舉制度、設立新式學堂、報館、圖書館，吸收西方科學文化），實行議郎制（要求資產階級和開明地主知識份子參與國家管理，改革君主專制的弊端等）。這就是歷史上有名的「公車上書」（漢代以公家車馬遞送應舉的士人，後世即以「公車」指代士人進京應試），是一次「士人干政」的大規模行動。由於頑固派的阻撓，光緒沒能看到這份上書。六月三日康有為又呈遞了《上清帝第三書》，提出了更為全面的變法主張，此書衝破了種種阻力，終於送到了光緒手中。此後，康有為又接連上書數次。

朝廷中的大臣反響也十分強烈，署理兩江總督張之洞兩次上疏阻止議和；各省的封疆大吏也紛紛上疏，慷慨陳詞，聲討李鴻章；御史易鼎順奏請嚴辦李鴻章父子……民間更是怨聲沸騰，北京城裡出現了這樣一副矛頭直指慈禧太后的對聯：「萬壽無疆，普天同慶，三軍敗績，割地求和。」

光緒是反對簽約的。奕訢讓奕劻等人請示慈禧，慈禧避而不見，讓太監傳話：「老佛爺不舒服，一切事情請示皇帝吧！」暗地裡卻唆使總管太監李蓮英向光緒施加壓力，光緒無奈，只得含淚在條約上蓋了玉璽。

一個國家從另一個國家謀取利益之巨大，歷史上沒有超過《馬關條約》的，日本最初的國家工業資本，就是這個條約所提供的賠款扶植起來；而在日本迅速崛起的同時，中國則如同被抽掉了筋骨，再也站不起來了。

《馬關條約》在列強陣營裡也引起軒然大波，中國將遼東半島割讓給日本，侵佔了其他列強（尤其是俄國）的利益，於是就在《馬關條約》簽訂的當天，俄、德、法便共同要求日本放棄遼東半島。四月二十三日，三國駐日公使向日本政府發出照會，重申這一要求，同時，三國軍艦出現在日本海面，俄軍六萬餘人集結於海參威，全然是刀兵相見的架勢。這一場景大出日本人的預料，日本不得不做出讓步。怎樣讓步呢？辦法是讓清政府以三千萬兩白銀將遼東半島贖回。

真是荒誕透頂的強盜無賴邏輯！遼東半島明明是中國的領土，無端被日本人霸佔了，中國卻要拿錢再贖回來，此其一；《馬關條約》簽訂後，中日的糾葛已經了結，俄、德、法想要跟日本爭利益，自管去爭，去要，去搶，去打，與中國毫無關係，他們要在遼東半島這塊地面上謀利益，可以出錢給日本，但他們不，偏偏讓中國出錢，此其二。

表現在中國方面，則是荒誕透頂的奴才白癡邏輯！明明是中國的領土，卻拱手割讓給日本，此其一；花錢把本來是自己的領土從日本人手裡贖出來，不是為了回歸自己，而是為了送到俄國人的手裡，此其二。

是天方夜譚嗎？不，這是事實。因為清政府居然接受了，答應了！

兩億三千萬的賠款，是絕對還不上的。怎麼辦？列強朋友們能夠坐視不顧嗎？不，他們對此表現出極大的熱情與慷慨，《馬關條約》簽訂的當年，俄、法兩國銀行就借給中國四億金法郎（合九千九百萬兩），折扣為94％（即出借一百兩，實付九十四兩），年利息為4％，分三十六年還清；一八九六年，德、英兩國銀行借給中國一千六百萬英鎊（合白銀約一億兩），折扣為94％，年利息為5％，分三十六年還清；次年，兩國銀行再次借給中國一千六百萬英鎊，年息為4.5％，分四十五年還清。

甲午之戰，中國丟了臺灣、澎湖列島不算，還拜了俄、法、德、英四個大債主，當年乾隆皇帝目空一切，與西方使臣斤斤計較跪拜之禮，如今，大清王朝卻是債臺高築，只剩下俯首貼耳、跪地求饒的份兒了！

一八九五年五月二十日，清廷命令臺灣巡撫唐景崧撤出臺灣，同時派李鴻章之子李經方為「割台大臣」前往臺灣辦理交接手續，李經方將臺灣、澎湖列島的領土以及所有的兵工廠和其他財產悉數交給了日本。日本軍隊，也堂而皇之地從沖繩出發，開進臺灣。

日本人做夢都不會想到，在臺灣大部分清軍已經撤走的情況下，他們竟遇到臺灣人民激烈的反抗，到這年十一月，臺灣總算宣告「平定」，然而，日軍卻在這裡傷亡了三萬二千多人。日軍在朝鮮和大東溝海戰中，與清朝的正規軍交火，傷亡了多少人呢，加起來才一千人左右。將這兩筆數字加以對比，真是令人啼笑皆非，也令人痛心疾首！

簽訂了喪權辱國的《馬關條約》之後，清廷覺得意猶未足，又命李鴻章為欽差大臣前往莫斯科參加俄皇尼古拉二世的加冕典禮，順便訪問德、法、英，答謝諸國幫助中國還遼。一八九六年春，七十四歲的李鴻章來到聖彼德堡，俄皇祕密召見了他，並親自提出要在中國造一條鐵路，事後俄方代表與李鴻章商談此事，李鴻章表示，鐵路中國人可以自己修，俄方代表說，中國沒有資金和專家（其實俄國也沒有，他們要向法國借錢和請專家），為了促成此事，俄國出資三百萬金盧布賄賂李鴻章和他的隨員。這年五月二十二日，李鴻章與俄國人簽訂了《中俄密約》，共六款，其中規定，一旦有戰事，中國所有口岸均准許外國船艦駛入，如有所需，地方官應盡力幫助。又規定，俄國為了進兵禦敵，運送軍火糧食，中國允許俄國在黑龍江、吉林建造鐵路直達海參威。條約簽訂後，黑龍江、吉林兩省不但鋪設了鐵路，而且設置了俄國鐵路員警，大量俄國移民進入該地區，還成立了俄國地方政府。

俄、法、德干涉還遼成功，大大地刺激了列強的胃口，於是，一陣瓜分中華的狂潮掀了起來。

一八九七年十一月一日，德國有兩名傳教士在山東曹縣被殺，德國以此為藉口，出兵強佔膠州灣。次年三月六日，李鴻章代表清廷與德國公使海靖簽訂了《膠澳租界條約》，條約規定德國租借膠州灣，租期九十九年，膠州灣沿岸一百里內為中立區，德軍可以自由出入……

繼德國佔領膠州灣之後，俄國艦隊佔領了旅順和大連，一八九八年三月二十七日，李鴻章與俄國公使巴希羅福簽訂了《旅大租地條約》，規定俄國租借旅順和大連，為期二十五年，租地及沿海由外國管理，中國軍隊不得入內，俄國修築哈爾濱至旅大的鐵路……

一八九八年六月九日，中英簽訂《展拓香港界址條約》，中國將九龍半島及附近島嶼租借給英國，租期九十九年；七月一日，中英簽訂《訂租威海衛專條》，威海衛及附近島嶼租借給英國，租期二十五年……

一八九九年十一月十日，中法簽訂《廣州灣租界條約》，法國租借廣州灣，為期九十九年，界內一切歸法國管理，可以修築炮臺，駐紮軍隊……

美國因為與西班牙交戰，在華謀取利益晚了一步，一八九八年，向列強提出「門戶開放」政策。各國在中國的勢力範圍和既得利益，他國不得干涉；各國運往勢力範圍內的貨物，均由中國政府收取稅款；所收稅款和鐵路運費，各國一律平等等等。請讀者注意，美國的這一政策是向列強打招呼的，根本就沒有徵求清廷的同意，在美國政府看來，跟中國政府簽約簡直是多此一舉。一八九九年十一月，美國國務卿海約翰給中國駐美公使伍廷芳送去帶有通牒性的一封私人信件，講了這件事，並警告清廷不得簽訂任何妨礙美國在華利益的條約。

偌大的清王朝，任人宰割、任人踐踏，卻沒有氣力發出哪怕是一聲微弱的呻吟……

九、維新浪潮

甲午戰爭的失敗，對中國愛國的知識份子和廣大民眾來說，無疑是一次沉重無比的打擊，但另一方面，正是這次打擊，促進了愛國知識份子的迅速覺醒。資產階級思想家們，早已看到了封建體制的痼疾，現在也覺察到洋務運動的弊病，他們比洋務派更前進了一步，認識到要救中國，不僅要學習西方的先進科學技術，更重要的，是必須進行社會改革，實行變法。

掀起這一變法浪潮的，是一批學貫中西而又思想先進的優秀知識份子，如康有為、梁啟超、譚嗣同、嚴復等，在光緒身邊的，則有帝師翁同龢等。他們，就是所謂的「維新派」。

康有為，字廣廈，號長素，廣東南海縣人。他有感於清廷的腐敗而留心西學，主張學習西方改變中國的落後現狀。一八九一年，他撰寫並刊行了《新學偽經考》，激烈地批判了「祖宗之法，莫敢言變」的沉悶現實，把神聖不可侵犯的古文「經典」指為「偽經」，這在當時的思想界引起極大的震動。他在另一部著作《孔子改制考》中，提出社會發展有三個階段：「據亂世」，即西方的君主專制時代；「升平世」，即君主立憲時代；「太平世」，即民主共和時代。這樣，就全盤否定了「敬天法祖」的守舊思想。在這本書裡，孔子被說成一個改革家，他宣稱，《六經》均為孔子所作，有關堯舜的功德，是孔子假託先王的言論來宣傳自己的主張。後來，康有為又寫了《大同書》，勾勒了一幅無私產、無階級、無家族、無邦國、無帝王、人人平等的理想社會圖畫，宣傳資產階級的自由、平等、博愛的思想。

梁啟超，字卓如，號任公，廣東新會人。他是變法的積極鼓吹者，其論文《變法通議》、《古議院考》、《論中國積弱由於防弊》、《論君政民政相嬗之理》等在當時引起了知識界的殷切關注，他宣傳「民權論」，抨擊「唯天子受命於天，天下受命於天子」的封建信條，認為「君權日益尊，民權日益衰，為中國致弱之根源」。對於洋務運動的局限，梁啟超一針見血地指點出來：「知有兵事而不知有民政，知有外交而不知有內治，知有朝廷而不知有國民，知有洋務而不知有國務，以為吾中國之政教風俗無一不優於他國，所不及者惟槍耳，炮耳，船耳，機器耳。吾但學此，而洋務之能事畢矣。」他強調，實行君主立憲，是醫治中國貧弱的妙藥。

譚嗣同，字複生，號壯飛，湖南瀏陽人。早年受王夫之、黃宗羲的影響，又鑽研西方自然科學和政治學說，對國弱民困的現實憂心如焚，寫了不少宣傳變法的文章，最有代表性的是他的哲學著作《仁學》，深刻地批判了封建專制制度，揭露封建禮教的虛偽性，尤其是三綱五常中的「君為臣綱」一條，他認為，「二千年來君臣一倫，尤為黑暗否塞，無複人理，沿及今茲，方愈劇矣！」他同情太平天國，痛恨曾國藩和湘軍，顯露了強烈的反清傾向。

嚴復，字又陵，號幾道，福建侯官人。青年時留學英國，接受了較多的西方文化，先後翻譯了赫胥黎的《天演論》、亞當斯密的《原富》、孟德斯鳩的《法意》、斯賓塞的《群學肄言》等著作。《天演論》即進化論，該書中，赫胥黎用達爾文的進化論來解釋社會發展的規律，認為社會和生物界一樣，都是「物競天擇，適者生存」。嚴復從民族救亡的角度，提出學習西方「與天爭勝」、「自強保種」的主張，在社會上產生了很大影響。嚴復還將中國封建文化與西方資產階級文化作了對比：「前者親親，後者尚賢；前者尊主，後者尊民；前者誇多識，後者崇新知；前者靠天數，後者恃人力。」

翁同龢，字叔平，號松禪，江蘇常熟人。為同治、光緒兩代皇帝的老師，前後達二十年。他在授讀過程中，除了《四書》、《五經》外，還還注意講授中外史地、西方科技以及改良主義著作，他支持變法，是光緒與維新派的連絡人，康有為將他譽為「中國維新第一導師」。光緒很尊敬他，也很重用他，讓他參與軍機事務。他又是個包拯式的清官，任刑部右侍郎時，處理了大量積案，震驚中外的楊乃武與小白菜的冤案就是他主持平反昭雪的。

這些維新派人物通過組織會社和創辦報刊的方式來宣傳自己的主張。

一八九五年七月，康有為創辦《中外紀聞》。

同年八月，在康有為、梁啟超的鼓動下，由翰林院侍讀學士文廷式組織，成立了強學會，推陳熾（戶部主事）為會長，梁啟超為書記員。該會還在上海成立分會，創辦《強學報》。強學會的成立，引起了頗大的社會反響，湖廣總督張之洞、兩江總督劉坤一、直隸總督王文韶各捐五千兩白銀以示贊助，袁世凱、徐世昌等人也加入該會，就連英美公使也紛紛捐贈圖書和儀器。李鴻章也來湊熱鬧，捐資兩千，但會員們認為，接受賣國賊李鴻章的捐贈，很不光彩，就把錢退了回去，這一下惹惱了李鴻章，他唆使御史楊崇伊上疏彈劾強學會，慈禧當即下令解散強學會，查封《中外紀聞》和《強學報》。

一八九六年八月九日，梁啟超與黃遵憲、汪康年創辦了《時務報》，每期三萬多字，梁啟超任主筆，其文章縱橫捭闔，言辭犀利，切中時弊，思想新穎。

一八九七年四月，康有為組織成立了保國會，提出了保國、保種、保教的宗旨。同年，譚嗣同在湖南設立了時務學堂、南學會、武備學堂，有創辦《湘學新報》、《湘報》，一時湖南成為全國維新呼聲最高的省份。

同年，康廣仁等在澳門創辦《新知報》。

一八九八年，梁啟超在日本創辦《清議報》……

據不完全統計，從一八九五到一八九八短短的四年中，全國各地維新派所成立的學會、學堂、書局、報館就多達三百多所，這一陣勢使維新思想得到廣泛的傳播。

不可避免地，維新派受到守舊派的強烈抵制。

李鴻章為封建制度辯護道：「中國一切皆非為制度之不良，而但為人心之敗壞而已。」慈禧的心腹大學士榮祿堅持「祖宗之法不能變」。軍機大臣剛毅甚至說：「寧可亡國，不可變法。」在湖南，嶽麓書院山長（院長）王先謙等人攻擊梁啟超、譚嗣同「不復知忠孝節義為何事」，並制定「尊聖教」、「辟異端」等條規，禁錮學生思想。湖廣總督張之洞先是支持強學會，後來發現維新派言論過激，便退而反對維新派，他拋出《勸學篇》一書，提出了務本以正人心、務通以開風氣的論點，所謂務本，就是封建倫理綱常，是亙古不變的；所謂務通，是西方的生產技術。實際上，還是洋務派「中學為體，西學為用」的老調。張之洞最反對尊民權、設議院，說「民權之說一倡，愚民必喜，亂民必作，紀綱不行，大亂四起」。

守舊派的論調遭到維新派的猛烈反擊，他們揭露張之洞是「保一官而亡一國」，在反駁「祖宗之法不能變」時，康有為說，「新則壯，舊則老；新則鮮，舊則腐；新則活，舊則板；新則通，舊則滯」，並且質問道：「且法者，所以守地者也。今祖宗之地既不守，何有守於祖宗之法乎？」維新派還舉出大清國之法變動的事例，比如原來的刀矛弓石，現在變成了洋槍洋炮；而總理事務衙門，則是先前所沒有的。

在朝廷內部，以光緒為首的「帝黨」與以慈禧為首的「后黨」形成了。「帝黨」骨幹是前面提到的康有為、梁啟超、譚嗣同、嚴復、翁同龢，還有禮部右侍郎志鋭（光緒之瑾妃和珍妃的堂兄）、侍讀學士文廷式（瑾妃和珍妃的老師）等，「后黨」則有恭親王奕訢、醇親王奕譞、禮親王世鐸、李鴻章、李蓮英和主持軍機處與總理事務衙門的奕劻。顯而易見，「帝黨」成員官職較低，有的只是一介布衣；而「后黨」成員多是王公貴族和高職官員。但另一方面，「帝黨」成員大都是才華橫溢、思路開闊的飽學之士；「后黨」成員大都是閉目塞聽、孤陋寡聞的庸碌之輩。

究竟是維新的社會浪潮感染了光緒，還是光緒發現並支持了維新派，才使變法成為實際的行動？兩者都有。變法作為歷史需求，像洋務運動一樣姍姍來遲，它是在列強瓜分中華的嚴峻形勢下，中華民族必然的回應。作為帝王，光緒的態度和眼光尤其可貴，如同歷史學家陳旭麓所說：他「不僅是滿洲皇族中比較能接受新思想的人，也是清朝統治的上層人物中比較能接受新思想的人」。

一八九八年五月，恭親王奕訢病死。對光緒來說，是一個極大的損失，奕訢在皇族中輩分高、地位尊，一方面，他曾經積極領導過洋務運動，卻反對維新派，是光緒推行變法的障礙，另一方面，他又堅決反對慈禧廢光緒的陰謀，維護著光緒的帝位，「廢立之舉，恭王力持不可，西后亦無如何也」。奕訢一死，光緒的保護傘撤掉了，慈禧更加肆無忌憚，於是發生了後來立儲的一幕，光緒的帝位岌岌乎殆哉！

但光緒加快了變法的腳步，他第一次以破釜沉舟的勇氣明確地向慈禧亮出底牌，他派奕劻轉告慈禧：「太后若仍不給我事權，我願退讓此位，不甘做亡國之君。」慈禧惡狠狠地說：「他不願坐此位，我早已不願他坐之。」然而，在全國維新聲浪的壓力下，慈禧沒有採取極端行動，便又說道：「由他去辦，俟辦不出模樣再說。」奕劻回復光緒道：「太后不禁皇上辦事。」

光緒的爭權舉動是無私的，為的是救亡圖存！

光緒二十四年四月二十三日，光緒頒佈了《明定國是詔》，宣佈變法。詔旨強調了變法的必要性，「五帝三王，不相沿襲，譬之冬裘夏葛，誓不兩存」；又闡明了變法的原則，「以聖賢之義理之學，植其根本，又須博採西學之切於時務者」；其具體步驟，首先是辦好京師大學堂，「以期人才輩出，共濟時艱」。詔書還號召「中外大小諸臣，自王公以及士庶，各宜努力向上，發憤為雄」。

應當說，這道詔書與維新派的主張是有距離的，但為了避免過分刺激以慈禧為首的守舊派，光緒也只能做到這個程度。作為帝王，在國人面前亮明自己變法的態度和決心，無疑是對維新派的極大鼓舞。「臣民捧讀感泣，想望中興」。

十、戊戌政變

對光緒的《明定國是詔》，慈禧迅速地作出了反應。自從她歸政以後，一直沒在召見臣工，現在，開始接見大臣了，商討阻撓變法的陰謀。

針鋒相對的鬥爭開始了，在以後的日子裡，宮廷內外刀光劍影，雲譎波詭，頑固派磨刀霍霍，維新派破釜沉舟，苦難的中華，此時的命運跌宕起伏，魂魄屢驚！

請讀者允許筆者用日誌的形式來書寫這段瞬息萬變又撲朔迷離的歷史吧。

四月二十七日，《明定國是詔》頒佈的第四天，慈禧就迫不及待地強令光緒發出上諭，將帝師、協辦大學士、戶部尚書翁同龢「開缺回籍」。翁同龢是支持光緒變法最得力的，他推薦康有為，籌畫新政，是光緒與維新派人物之間的橋樑，他的被「開缺」，對光緒來說，是強烈的一擊，乃至「涕淚千行，竟日不食」。

四月二十八日，光緒第一次召見了康有為，為了避免引起慈禧的警覺和懷疑，他把召見地點安排在頤和園的勤政殿，就在慈禧的眼皮底下，並且同時召見了刑部主事張元濟。當天任命康有為「在總理各國事務衙門章京上行走」，並授予他「專折奏事」的權力。章京只不過是六品低級官員，光緒之所以這樣做，是為了避免康有為樹大招風；但六品官而擁有專折奏事權，卻是大清史上沒有先例的，這說明了光緒變法的決心之大。

從六月十一日到七月下旬，光緒發佈了一系列的諭旨，推行變法。其大致內容有，政治方面，中央裁撤詹事府、通政司、光祿寺、鴻臚寺、大理寺、太僕寺等衙門，地方裁撤閒置的河東總督、不辦運務的糧道、無鹽場的鹽道。經濟方面，保護農工商業，鼓勵開荒，提倡私人辦實業，獎勵科學發明；設立鐵路、礦產總局，修鐵路，開礦藏；設立郵政局；改革財政，編制國家預算等等。軍事方面，訓練海陸軍，裁減舊軍力行保甲制度等等。文教方面，改革科舉制度，廢八股，改試策論；設立學校、譯書局，允許自由創立報館和學會等等。

這些內容，都是康有為歷次上書中陳述過的，但有一條最關鍵的內容，光緒沒有提到，那就是建立君主立憲政體，顯然，在光緒看來，這種政體是動搖皇權的。不過，作為一個皇帝，光緒能夠如此多方位地發出維新的號令，已經是難能可貴的了。

六月二十三日，慈禧進入了奪權的準備階段。其一，將自己的親信戶部尚書王文韶調入軍機處，安插在光緒身邊，以作耳目；其二，將另一個親信榮祿任命為直隸總督，統北洋三軍（董福祥的甘軍、聶士成的武毅軍、袁世凱的新建陸軍），進一步控制軍權；其三，規定新授二品以上官員必須向慈禧謝恩，以此表明她控制著人事大權；其四，命懷塔布管理圓明園八旗，命剛毅管理健銳營事務，以加強對京師和紫禁城的軍事控制；其五，宣佈秋季由光緒陪同西太后到天津閱兵，並放出風來，屆時將廢光緒另立新君。

與慈禧的舉措相呼應，部院大臣和地方督撫，對光緒新頒佈的變法詔令大都採取消極抵制的態度，敷衍推諉。

光緒面對來自上下兩頭的重重阻力，步履維艱，但他頑強地繼續推行變法。

七月三日，光緒召見了梁啟超，授梁六品銜，命他管理譯書局。皇帝召見布衣之士並賞六品銜，乃清朝以來之創舉，表現出光緒對優秀維新人物的器重。

八月九日，京師大學堂成立，聘請了美籍傳教士丁韙良為西學總教習。

八月二十一日，京師設立農工商總局。

八月三十日，光緒發出上諭，將中央的「閒曹」詹事府、通政司、光祿寺等衙門以及地方「事務甚簡」的糧道、鹽道予以裁撤，這些官職的設置是載入《會典》的，屬於祖制的一部分，因此光緒的這一舉措，在朝廷上下產生了頗大的震動。

九月一日，光緒諭令軍機大臣將反對變法的部尚書許應騤、懷塔布等「交部議處」，原因是他們拒絕呈遞支持變法的禮部主事王照的上書。九月四日，將許應騤、懷塔布等六人革職，並表彰王照「不畏強禦，勇猛可嘉」，賞給三品頂戴，以示激勵。此舉打擊了頑固派的氣焰，鼓舞了維新派的志氣。

九月五日，光緒宣佈「內閣侍讀楊銳、刑部候補主事劉光第、內閣候補中書林旭、江蘇候補知府譚嗣同，均著賞加四品卿銜，在軍機章京上行走，參與新政事宜」。時人稱他們為「四小軍機」。

九月六日，光緒向慈禧請安，慈禧斥責道：「九列重臣，非有大故，不可棄，今以遠間親，新間舊，徇一人而亂家法，祖宗其謂我何？」慈禧垂簾聽政若干年，早就亂了家法祖制，居然好意思提出這個問題來。光緒義正詞嚴地答道：「祖宗而在今日，其法必不若是，兒寧忍壞祖宗之法，不忍棄祖宗之民，失祖宗之地，為天下後世笑也。」

九月七日，光緒把反對變法的李鴻章、敬信等人清除出總理衙門。更大膽的一步是，光緒決定設立「議院」和開懋勤殿以議制度。但他的這兩項計畫因頑固派的抵制而未能實施。

正當維新派和頑固派的鬥爭進入高潮的時候，袁世凱捲入了潮水的漩渦。

袁世凱，字慰庭，號容庵，河南項城人。其人心地奸詐，善權變，貫施兩面三刀之術。一八九五年，他在北京主動與康有為、梁啟超結交，對二人的變法主張深表同情。康有為成立強學會，他入會，躋身於維新行列，並捐款五百兩。一八九八年，維新浪潮高漲，他在帝師翁同龢面前「深談時局，慷慨自誓，意欲辭三千添募之兵，而以籌大局為亟」並表示「必須大變法以圖多保全數省」。

九月十一日，光緒命榮祿傳知袁世凱進京陛見，顯然，這是因為袁擁護變法。不召見榮祿，卻召見榮祿的部下，這是很奇怪的，榮祿警覺了，因此袁世凱一離開天津，榮祿就急忙把聶士成部由蘆台調到天津，駐紮在陳家溝一帶；把董福祥部調到北京西南的長辛店。北京這邊，頑固派奕劻、懷塔布、李蓮英等則懇請慈禧太后「訓政」。

九月十四日，光緒到頤和園樂壽堂向慈禧請安，請允許開懋勤殿以議制度，但「太后不答，神色異常，（光緒）懼而未敢申說」。光緒覺察到形勢必將有大變，便給康有為寫了一道密詔，讓楊銳帶出，密詔中說自己的皇位難保，詢問康有為等有何良策。但楊銳或許因為恐懼，或許是猶豫不決，竟然將密詔擱置起來，未能及時送出。

九月十六日，光緒在頤和園召見了袁世凱，袁退出後，光緒即諭令內閣，開去袁世凱直隸按察使缺，以侍郎候補，仍專辦練兵事務，並授予專折奏事權，光緒這做樣，是為了讓袁世凱擺脫榮祿的控制。袁世凱對光緒的破格提拔感到有些不安，他生怕引起頑固派對他的猜忌，在政治風雲變化莫測之際，他要給自己留條後路，於是當天下午，他就各處拜訪，探聽動向。他先找禮親王世鐸，未遇；又拜訪剛毅（協辦大學士、兵部尚書）、王文韶（軍機大臣、戶部尚書）、裕祿（軍機大臣、禮部尚書），向他們表白，自己無功受祿，不敢擔當，並且徵求他們的意見，是不是該上疏辭掉侍郎之職。王文韶說：「辭職無益，反而留下疑點。」於是袁世凱打消了辭職的念頭。

九月十七日晨，袁世凱入頤和園向光緒謝恩，光緒誇獎他會練兵，又告訴他說，以後與榮祿各辦其事，意思是不必向榮祿請示。實際上，此時的袁世凱已經不必服從榮祿的指揮了。袁世凱退出後，立即拜訪了頑固派奕劻。

同一天，同情維新派的張蔭桓在宅邸宴請了日本前首相伊藤博文，要求他說服慈禧容忍新政，伊藤博文答應三天後會見光緒。

「后黨」的鷹犬、監察御史楊崇伊探知了消息，通過奕劻向慈禧上了一道奏摺，請求慈禧「訓政」，防止維新派與伊藤博文勾結。

這無疑是政變的鮮明預兆，光緒明白情勢危急，當即召見林旭，交給他一道密詔，催促康有為趕快逃離北京。同日，又通過內閣發了一道諭旨，令康有為速赴上海督辦官報局，「毋得遷延觀望」。

九月十八日，袁世凱又拜訪了奕劻和李鴻章，再次探測風向，或許就在此時，袁世凱不再猶豫，鐵了心地倒向「后黨」一邊的。

就在同一天，康有為同時收到了光緒的兩道密詔和內閣頒佈的諭旨，他當即召集譚嗣同、康廣仁、楊銳、徐世昌等人商議搭救光緒之策。一時無計，眾人捧詔大哭。最後，大家想到了袁世凱，因為袁同情變法，加入了強學會，現在又有兵權，策動他「率死士數百扶上登午門而殺榮祿，除舊黨」，是惟一的辦法。譚嗣同先前與袁世凱打過交道，願做說客，他堅信，只要袁看到這兩道密詔，加上自己的一番鼓動，袁必能站在「帝黨」一邊。林旭不放心，他覺得袁世凱狡詐多端，不可依賴，就寫了一首詩提醒譚嗣同：「伏蒲泣血知何用？慷慨何曾報主恩？願為公歌千里草，本初健者莫輕言。」詩中的「千里草」是「董」字的代稱，指統帥甘軍的董福祥；「本初」是三國時袁紹的字，此指袁世凱。林旭認為董福祥比袁世凱可靠，但譚嗣同並未重視林旭的勸告。

這一天夜裡，譚嗣同來到法華寺袁世凱的寓所，以下是兩個人的對話：

譚問袁：「君謂皇上如何人也？」

袁曰：「曠代之聖主也。」

譚問：「天津閱兵之陰謀，君知之乎？」

袁答：「然，固有所聞。」

譚即直出光緒密詔對袁說：「今日可以救我聖主者，惟在足下，足下欲救則救之。」又以手自撫其頸說：「苟不欲救，請至頤和園（慈禧之居所）首（告發）僕（譚自稱）而殺僕，可以得富貴也。」

袁正色厲聲曰：「君以袁為何如人哉？聖主乃吾輩所共事之主，僕（袁自稱）與足下，同受非常之恩，救護之責，非獨足下，若有所教，僕固願聞也。」

譚曰：「榮祿密謀，全在天津閱兵之舉，足下及董（福祥）、聶（士成）三軍，皆受榮（祿）所節制，將挾兵力以行大事。雖然，董、聶不足道也；天下健者，惟有足下。若變起，足下以一軍敵彼二軍，保護聖主，複大權，清君側，肅宮廷，指揮若定，不世之業也。」

袁曰：「若皇上於閱兵時疾馳入僕營，傳號令以誅奸賊，則僕必能從諸君子之後，揭死力以補救。」

……

譚說：「榮祿固操（曹操）、莽（王莽）之才，絕世之雄，待之恐不易易。」

袁怒目視曰：「若皇上在僕營，則誅榮祿如殺一狗耳。」

這段文字選自梁啟超的《譚嗣同傳》。袁世凱的表現堪稱披肝瀝膽，大義凜然，鐵骨錚錚，視死如歸。他成功了，騙取了譚嗣同的信任。

譚嗣同走後，袁世凱立即動身趕往天津，直奔榮祿總督衙門告密。榮祿如獲至寶，立即乘專車趕到北京向慈禧密報。

九月二十日，在形勢十分危急的情況下，光緒在勤政殿接見了伊藤博文。

九月二十一日晨，慈禧突然率「榮祿之兵」返回紫禁城，將光緒扣壓，之後送往中南海的瀛台囚禁起來。又將光緒摯愛的珍妃囚禁在鐘粹宮後北三所，並立下規矩，不准她再見皇帝。

從這一天起，光緒的維新變法宣告失敗！

緊接著，便是瘋狂的搜捕與殘酷的屠殺，維新派骨幹先後被捕入獄……

康有為在政變的前一天到了上海，又在英國人的保護下逃往香港，之後流亡日本。

譚嗣同將自己的平生著述和家書交給梁啟超，勸梁儘快去日本。梁啟超勸說他一起暫避禍殃，譚嗣同笑道：「不有行者，無以圖將來；不有死者，無以酬聖主。今南海（指康有為）之生死未卜，程嬰、杵臼，月照、西鄉，吾與足下分任之。」

這段話裡有兩個典故。春秋時，晉國司寇屠岸賈誣陷趙盾是殺害晉靈公的主謀，將其滅族。趙盾之子趙朔的妻子生下一男，屠岸賈必欲除之。趙朔的門客程嬰和公孫杵臼設謀營救，程嬰把自己剛生下的兒子頂替趙氏後代交給杵臼隱藏，而程嬰則向屠岸賈告密，屠岸賈搜出，將孩子和杵臼都殺害了。程嬰則將趙氏的骨血（趙武）撫養成人。二十年後，程嬰與趙武復仇，殺死了屠岸賈。仇已經報了，程嬰再無牽掛，便自刎而死，追隨公孫杵臼去了。

月照和西鄉都是日本人。一八五八年，幕府答應美國人的要求，不經天皇批准就簽訂開港條約。遭到尊王攘夷派的反對。朝廷決定改造幕府，讓月照和西鄉將詔書傳達給諸侯。但幕府鎮壓尊王攘夷運動，逮捕勤王志士，月照、西鄉被追捕，在龍水海面相抱投海自盡，但西鄉被人救活，繼續參加反幕府的鬥爭。

瞭解了這兩個典故，我們就能領會譚嗣同心志之高遠，氣節之凜然，膽量之雄渾，魂魄之剛正，真不愧為頂天立地的鐵血男兒。

梁啟超化裝逃往天津，之後乘日本軍艦流亡橫濱。日本使館的友人一再勸譚嗣同離開，譚嗣同堅決拒絕，他說：「各國變法無不從流血而成，今中國未聞有因變法而流血者，此國之所以不昌也，有之，請自嗣同始。」此等壯語，與日月齊光，至今讀之，仍令人神驚心顫！

九月二十八日，譚嗣同、楊深秀、楊銳、林旭、劉光第、康廣仁（康有為之弟）被斬於北京菜市口，時人尊稱他們為「戊戌六君子」。六君子個個是鐵骨錚錚的硬漢，楊深秀在獄中「有詩數十章，愴懷國事，眷念外患，忠誠之氣，溢於言表」；劉光第臨刑前歎息道：「吾屬死，正氣盡。」康廣仁說：「今八股已廢，人才將輩出，我輩死，中國強矣！」譚嗣同則在獄中牆壁上留下了膾炙人口的名句：「我自橫刀向天笑，去留肝膽兩昆侖。」去，指康、梁避難；留指自己就義。無論是避難還是就義，都像昆侖一樣偉大。

捎帶提一句，有人認為譚嗣同的詩是梁啟超改寫的，筆者認為證據不足，故未採納。

從六月十一日光緒頒佈《明定國是詔》到九月二十一日光緒被囚禁，總共一百〇三天，故史稱「百日維新」，這一年是農曆的戊戌年，故維新變法又稱「戊戌變法」。慈禧發動的政變也在這一年，史稱「戊戌政變」。

光緒所發佈的全部維新諭旨（包括已經實行的和未及實行的），一律被慈禧廢除，只有京師大學堂被保留下來。

然而，慈禧可以廢除光緒的諭旨，卻無法消除這些諭旨在世人心目中的巨大影響。在這一百〇三天的時間裡，光緒頒佈了一百八十多條改革詔令，平均每天約兩條，其中九月十二日這天，就發佈了十一條變法諭旨。這些詔令頒佈天下，對有識之士和工商界人士，起了極大的鼓舞作用，人們奔相走告，談政論策，思想的閘門打開了，眼界拓寬了，自強意識增長了，沉睡的神州大地覺醒了。這應當說是維新變法不可磨滅的成就。孫中山說：「革命運動之得到大步邁進，還得感謝光緒皇帝。他在未被慈禧太后幽禁以前，曾准許千百年輕人離開中國，旅行世界，觀摩風俗習尚，學習其文物制度，……當他們回國以後，很快就會發生全國性的影響力。」

但變法畢竟還是夭折了！

後人說起戊戌政變，多對袁世凱咬牙切齒，正是他，在關鍵時刻站在了「后黨」一邊，導致了光緒被囚禁瀛台的下場。這種看法，將袁世凱的能量估計得太高了，譚嗣同們把希望寄託在他身上，乃是一大失誤。其實，袁世凱倒向慈禧一邊，是必然的，只要他想活命，就必須做此選擇。我們假設，如果他當時全力支持光緒，會是什麼結果呢？誰都知道，在這種關頭，把持軍權的一方是贏家。「后黨」骨幹榮祿身為直隸總督，掌握著聶士成、董福祥數萬軍隊，淮、練軍幾十營，又指揮著京師的旗兵，而袁世凱呢，手下只有七千人，力量對比太懸殊了，袁世凱要反對「后黨」，只能是以卵擊石，落得個粉身碎骨。這就是說，即使袁世凱站在「帝黨」一邊，也救不了光緒，他沒有扭轉乾坤的能力。

袁世凱的可惡之處，不在於投靠「后黨」，而在於他施展兩面手腕，欺騙了譚嗣同們。他為什麼要這樣做？是為了摸清譚嗣同們的底細，以求為「后黨」立下更大的功勞，從而獲得更加優厚的報償。

「戊戌六君子」死後，有歌謠在社會上流傳：「六君子，頭顱送；袁項城（指袁世凱），頂子紅，賣同黨，邀奇功。」

戊戌之變，不僅僅是慈禧與光緒之間的較量，更是強大的封建體制與萌芽中的資產階級的之間較量，光緒要設立「議院」和開懋勤殿，這就要觸犯整個封建官僚機構，損害各級官員的利益；光緒裁撤詹事府等機構，一大批被裁的官僚切齒痛恨；光緒廢除八股，得罪的人就更多了，如同蔣廷黻先生所說「數百翰林，數千進士，數萬舉人，數十萬秀才，數百萬童生，全國的讀書人都覺得前功盡棄。他們費了多少心血，想從之乎者也裡面升官發財。一旦廢八股，他們絕望了，難怪他們要罵康有為為洋奴漢奸」。因此，變法一開始，光緒和他的支持者們，就處於孤立無援的境地，也就預示出失敗的結局。

光緒為了救國救民而實行體制、經濟、文教等方面的改革，站在明處，施展著「陽謀」；而慈禧，為了自己的權力而調兵遣將，躲在暗處，玩弄著「陰謀」。結果「陰謀」戰勝了「陽謀」，決定勝負的是軍權。

戊戌政變演出了一幕「有價值的東西毀滅」（魯迅語）的慘烈場面，是中國近代史上令人扼腕的大悲劇！

第四章　帝國幕落

一、立儲鬧劇

瀛台位於北京三海（北海、中海、南海）中的南海，四面環水，只有一橋相通。瀛台的建築主體是涵元殿，光緒就被囚禁在這裡。

慈禧囚禁光緒，很重要的原因是懷疑光緒要殺害她，這對光緒來說，真是天大的冤枉。

中國社會科學院近代史研究所楊天石先生借閱了日本外務省縮微膠卷，發現了譚嗣同的朋友畢永年的《詭謀直紀》，其中記錄了當時康有為、梁啟超、譚嗣同、畢永年等人謀劃搭救光緒的詳情。光緒二十四年八月初一日晚，康有為得到了光緒任命袁世凱為候補侍郎的消息，大為振奮，說：「天子真聖明，較我等所獻之計尤覺隆重，袁必更喜而圖報矣。」畢永年對袁世凱表示懷疑，認為此人不可用。康有為拿出袁世凱給他的信給畢永年看，袁世凱在信中對康有為推薦他表示感激，並表示赴湯蹈火，在所不辭。因此，康斷定袁是可用的。他的計畫是讓畢永年到袁世凱幕下做參謀，「至袁統兵圍頤和園時，汝（指畢永年）率百人奉召往執西后而廢之可也」。

但歷史學家房德鄰對《詭謀直紀》的看法是，一、不是政變前夕的日記，而是事後的追憶。二、政變後畢與康梁發生分歧，他曾參與假造譚嗣同血書，因此也可能製作不實之詞以攻擊康梁。三、並不完全否定這份追記史料的價值。

袁世凱《戊戌日記》說，譚嗣同在政變發生前夜訪問過他，要他派兵圍頤和園，並說過「不除此老朽，國不得保」一類的話。康有為本人否認曾圖謀圍頤和園捕慈禧太后，他在《上攝政王書》中有「自逆臣世凱無端造出謀圍頤和園一語，陰行離間」之語，指明是袁世凱捏造了維新人士謀圍頤和園的情報，而慈禧聽信了他的虛報。以袁世凱奸詐的人品，撒這種謊是完全可能的，因為他越是誇大事態的嚴重性，就越能突出自己的功勞。

然而，梁啟超《戊戌政變記》中卻也有類似的記載。譚嗣同夜訪袁世凱時說：「榮祿密謀，全在天津閱兵之舉，足下及董、聶三軍，皆受榮祿所節制，將挾兵力以行大事。……若變起，足下以一軍敵彼二軍，保護聖主，複大權，清君側，肅宮廷，指揮若定，不世之業也。」這說明，康有為等人確實曾打算利用袁世凱來制服慈禧。康有為的好友王照逃亡日本後，與犬養毅的筆談中也提到：「圍禁慈禧之謀，蓄之已久，南海（即康有為）因言用兵奪權之計，余已再三面駁，故又令他人言之，以全顏面，然深信此淨友必不泄也。」康有為還要求王照遊說聶士成，率軍保護光緒帝。有的材料說，捕殺慈禧的人選，除畢永年外，還有湖南的唐才常。就是說，康有為打算在袁世凱圍頤和園時，另派人捕殺慈禧。

英國傳教士李提摩太是康有為替光緒帝聘請的新政顧問，康有為、梁啟超、譚嗣同都曾經與他商討保護光緒帝的措施，因此他是這一計謀的知情者。他在《留華四十五年記》一書中寫道：「（慈禧）下諭秋天要在天津閱兵，皇帝恐怕在檢閱的藉口之下，慈禧將要奪取所有權柄，而把他放在一邊。維新黨催著他要先發制人，把她監禁在頤和園，這樣才可以制止反對派對於維新的一切障礙。皇帝即根據此點召見榮祿部下的將領袁世凱，計畫在他的支持下，帶兵至京看守她住的宮殿。」又說：「維新黨都同意要終止反動派的阻力，唯一的辦法就是把慈禧關閉起來。」

從以上材料看，康有為、梁啟超、譚嗣同等人確實有關禁甚至弒殺慈禧的企圖和計畫。這個計畫的失敗是必然的。其一，上一章我們說過，慈禧所佈置的兵力達數萬人，而袁世凱手下只有七千人，自從光緒召見了袁世凱那天起，慈禧就有所警覺，因此袁掀不起浪來；其二，康有為策動袁世凱「勤王」是一廂情願；第三，康有為讓畢永年帶領一百人進頤和園囚禁或斬殺慈禧就更可笑了，畢永年以什麼身分進頤和園？他帶領的一百人是何種部隊編制？權謀老道的慈禧能讓這些來歷不明的人進頤和園嗎？

當一項政變計畫缺乏可操作性的時候，其結局是危險的，可怕的！

問題在於，光緒是否也有此打算。由於沒有文字記載，我們只能作邏輯上的判定。筆者認為，光緒關禁慈禧的打算可能性極小，更不會有弒殺慈禧的打算。

理由一，從性格基調看，光緒是一個光明磊落的改革家，而不是一個善於權變的陰謀家。他支持維新的種種行動表明了他救亡圖存的迫切心理，在這種心理的支配之下，他甚至忘了起碼的策略，比如，在頑固勢力如此強大的情況下，徹底廢除八股會引起怎樣的社會問題？再如，裁撤許多機構，「下崗」的人員如何安置？這些他都沒有作出周密的考慮。他的許多改革措施，後來都成為現實了，但在他那個時候，有些是條件不成熟的。還有，將李鴻章革職，是很不策略的，光緒沒有看到李鴻章的兩面性，其實李鴻章跟奕訢一樣，一方面反對光緒的變法，另一方面反對慈禧另立新君。光緒是一個全身心撲在變法上尚且不能思慮周全的人，他是沒有精力去玩弄陰謀和權術的。

理由二，在光緒與慈禧衝突中，光緒始終處於守勢，而非攻勢。大量他所不情願的詔旨，都是在慈禧的逼迫下不得已下達的。他召見和提拔袁世凱，是為了抵禦來自榮祿方面的威脅，培植與榮祿抗衡的力量，果真能起到這一效果，他的目的也就達到了。從他的全部言行中，我們看不出他有關禁或弒殺慈禧的任何跡象。

理由三，光緒身居宮廷，在慈禧身邊生活了二十年，他比康有為這些書生更清醒，更現實，他深刻地領教過慈禧的權謀，也知道奕劻、載漪、徐桐、剛毅、李鴻章之輩的強大力量，當然也就必定知道康有為的計畫非但不會成功，反而會導致他自身的毀滅。如果他知道這項計畫，他一定會設法阻止的。

因此我們可以說，康有為們糟糕的「書生氣」計畫，將光緒推入了更加被動、更加狼狽的境地。

然而，木已成舟，無可挽回！

不過，戊戌政變慈禧雖然得逞，但光緒變法的影響依然存在，作為思潮，甚至更加高漲了。此時，慈禧已經六十四歲了，到了行將入木的年紀，而光緒卻只有二十八歲，他有勵精圖治的抱負，也有與頑固勢力作鬥爭的勇氣。因此維新派對光緒依然寄予莫大的希望，就連資本主義列強也是向「帝黨」這一邊傾斜的。

慈禧意識到自己面臨的危機，看到了光緒的威脅，就加緊進行皇位的廢立陰謀。她指示太醫「每日造脈案藥方，傳示各衙門」，並把光緒的「病情」密電各省督撫，通報駐京各國使館，又以光緒的名義頒發上諭，聲稱自己「屢有不適，調治日久，尚無大效」，又說，「京外如有精通醫理之人，即著內外臣工，切實保薦候旨。其現在外省者，即日馳送來京，勿稍延緩。」這道詔旨用意十分明顯，它在告訴世人，光緒的病很嚴重，連宮廷的太醫都治不了了，只好尋求天下名醫。慈禧的這一步棋，顯然是為廢黜光緒做輿論準備。

然而，得到的反響卻是震驚與懷疑，海外僑民、各地紳商紛紛致電向皇帝請安。這是慈禧沒有料到的，於是想取得地方督撫大員們的支持，她徵求劉坤一、張之洞的意見，結果，劉坤一堅決反對，明確表示「君臣之義已定，中外之口難防」；張之洞則保持沉默，慈禧知道，這種沉默實際上也是反對的表示。外國使館對此很敏感，他們不喜歡一個排外主義的政權，因而採取了支持維新派的立場，他們不斷地詢問光緒的病情，甚至探聽光緒的下落。面對多方面的壓力，慈禧只得答應列強的要求，由法國駐京使館醫官多德福為光緒診病，診斷的結果是，光緒確實患有多種病症，如「運血較亂，脈息數而無力，頭痛」，「耳鳴頭暈」，「耳亦微聾，目視之力較減，腰疼」等，但遠不是絕症，而且飲食尚健。後來的事實也證明了這一點，光緒被囚於瀛台，在極其惡劣的條件下，居然又頑強地活了十年，可見當時的身體狀況基本上是良好的。

因此，慈禧的廢帝計畫暫時擱淺了。

但是，慈禧此心不死！她的心思，榮祿在李鴻章面前吐露出來，但遭到李鴻章的嚴肅申斥：「此何等事，詎（豈，怎麼）可行之今日？試問君有幾許頭顱，敢於嘗試此事？若果舉行，危險萬狀。各國駐京使臣，首先抗議，各省疆臣，更有仗義聲討者，無端動天下之兵，為害曷（怎麼）可勝言？」

但承恩公崇綺、大學士徐桐等奸佞之輩仍想邀得廢光緒的頭功，就起草了一份奏摺，要求榮祿簽名。榮祿單獨求見了慈禧。榮祿問：「傳聞將有廢立之事，是真的嗎？」慈禧答：「沒有，但這件事可行嗎？」榮祿說：「太后行之，誰敢說不可以！不過皇上罪過不明，外國公使將起而干涉，不可不慎。」慈禧說：「事情已經洩露了，怎麼辦？」榮祿出了個點子，一錘定音：「上（指光緒）春秋已盛，無皇子，不如擇近宗近支建為大阿哥為上嗣，兼祧（繼承上代）穆宗（同治帝），育之宮中，徐篡大統，則此舉為有名矣！」慈禧答：「汝言是也。」

那麼，找誰合適呢？慈禧選中了溥儁。溥儁是端郡王載漪之子，載漪是嘉慶第三子惇親王綿愷之孫，過繼給端親王綿欣，襲貝勒爵，光緒十五年任御前大臣，封端郡王，他的妻子是承恩公桂祥的女兒、慈禧的姪女，因此溥儁就有了葉赫那拉氏的血統。

一九〇〇年一月二十四日，慈禧召集王公大臣，以光緒的名義發佈上諭，宣佈封立端郡王載漪的兒子溥儁為同治的皇子。於是，滿族紈絝子弟溥儁便被迎進宮來，成了實際上的皇帝。誰都明白，既然溥儁成了同治的子嗣，實際上就是帝位的繼承人，這樣一來，與同治同輩的光緒也就成為多餘的了。按慈禧的計畫，要舉行隆重的禪位典禮，讓溥儁登位，改年號為「保慶」。

然而，立「大阿哥」之舉措所引起的反響是慈禧在夢境中都不會出現的。「自下立嗣之諭後，都中人心大為震動」，人們一眼就看出「名為立嗣，實則廢立」。上海電報局總辦經元善領銜，聯絡了知名人士葉瀚、章太炎、蔡元培等一千兩百人給總理衙門發出電奏，說「昨日卑局奉到二十四日電旨，滬上人心沸騰，探聞各國有調兵干預之說」。聲稱「我皇上二十五年勵精圖治，深入人心，淪肌浹髓，皆有奮不顧身，與君存亡之志」。慈禧見了電報，大為光火，她當即命令上海地方官向租界當局交涉，逮捕經元善，經元善逃往澳門。

在湖北，「各官紳之有血性者，聞此耗如空中下一霹靂，是夕糾合同志，擬抗偽旨力爭」。

兩江總督劉坤一聞訊，「憤甚，繼以痛哭，言當即日入京，面見太后陳奏」。當時的《知新報》說：「清民歸附皇帝如赤子之戀慈母。」足見慈禧的陰謀大失人心。

各國公使拒絕入宮慶賀，而且各國兵艦均「鼓輪北駛」，以示抗議。其實，經元善電報中「探聞各國有調兵干預之說」這句話是沒有根據的，大概是他要了個鬼點子，但確實嚇住了慈禧。鑒於沸騰的輿論，又怯於列強的干預，慈禧雖然立了「大阿哥」，卻沒敢廢掉光緒。兩年後，倒是這位大阿哥溥儁被廢掉了，此是後話。

二、義和團

甲午戰爭以後，中國國力急劇衰竭，列強的侵奪，清廷的暴政，官場的腐敗，將廣大人民推到了死亡線上，而山東之地尤甚。一八七九年，德軍佔領膠州灣，英國強佔威海衛，他們在山東修鐵路、開礦山、建工廠，百姓失地失業，顛沛流離。最招眼的是遍佈各地的教堂，十九世紀末，山東已經有教堂一千三百多處，教士們利用特權，侵佔民田，盤剝百姓，縱容教民危害四方。於是，農民組織義和拳便悄然而生了。義和拳產生之初，旗號是「反清復明」，

義和拳的發展震動了官府，地方官員有兩種主張，一是「剿」，一是「撫」。山東巡撫張汝梅和他的繼任者毓賢都主張「撫」，因此義和拳提出了「扶清滅洋」的口號，並

改名為義和團。義和團把矛頭對準了洋人，燒毀教堂，殺死教士的事不斷發生。

義和團帶有較濃厚的神祕會社性質，就其信仰來看，幾乎包括了中國古代所有的神，如玉皇大帝、二郎神、姜太公、關公、趙子龍、唐僧、孫悟空、李太白、尉遲恭、秦瓊、黃天霸等等，無所不信，但嚴格排斥外國神，如基督、如來佛、觀音菩薩等等，連外國的貨物、醫術，也在排斥之列；就其組織來看，最小單位是「壇」（或「廠」），若干壇為一團，設團首，團之上有「大師兄」、「二師兄」，再往上就是「老師」；就其鬥爭方式來看，他們相信吞符念咒就可以刀槍不入，每臨戰，則念：「左青龍，右白虎，雲涼佛，前心；玄火神，後心。先請天王將，後請黑煞神。」他們使用的武器則是花槍、大刀、長矛、鋼叉等冷兵器，而拒絕使用一切槍炮。

毓賢「撫」的態度得罪了列強。美國公使康格強烈要求清廷罷免毓賢，清廷不敢得罪洋人，結果，毓賢只當了半年巡撫，就被撤了，換上了袁世凱。袁世凱跟毓賢不同，毓賢手下沒有兵，而袁世凱卻是帶著七千名「新建陸軍」來山東的，他的政策是大剿大殺，結果引起民憤，一部分官僚也對此不滿，清廷擔心「激成大禍」，便發佈上諭，指出義和團是「習技藝以自衛身家，或聯村以互保閭裡，是乃守望相助之義」。但袁世凱為了討好洋人，便一面大肆鎮壓義和團，一面在奏摺中極力渲染義和團的危害，表示「未可權宜遷就」。因此人民對他恨之入骨，有人在巡撫衙門的牆壁上畫了一個頭戴紅頂花翎的大烏龜，匍匐在洋人屁股後面；又編出歌謠：「殺了袁黿蛋，我們好吃飯。」

但由於袁世凱的高壓政策，義和團受到嚴重挫折，首領朱紅燈被逮捕，繼而被害，義和團的活動難以展開，部分團眾轉移到直隸去了。逐漸地，直隸成為義和團活動的中心。

天津的義和團團民多達五萬之眾，在城內設立了三百多個壇口，以張德成最有影響，他的揭帖《只因鬼子鬧中原》廣泛流傳，其中說：「神助拳，義和團，只因鬼子鬧中原。……兵法藝，都學全，要平鬼子不費難。拆鐵路，拔電杆，緊急毀壞火輪船。大法國，心膽寒，英美德俄勢蕭然。洋鬼子，全平完，大清一統太平年。」

在天津，義和團還有專門的婦女組織，叫「紅燈照」。入會婦女穿紅色衣褲，右手提紅燈，左手持紅摺扇，年長者梳高髻，年輕者綰雙丫髻。紅燈照的大師姐叫林黑兒，被稱做「黃蓮聖母」。傳說她功夫極深，扇動紅摺扇，就能飛翔於空中；其紅燈投擲到哪兒，哪兒就是一片烈焰火海。又據說紅燈照女性經過四十九天的修煉之後，可步行水上而不濕，並可騰空而飛，用扇子一揮，敵人的大炮就啞了，也能使船艦房屋起火等等。林黑兒和她的助手三仙姑所到之處，「人民皆焚香跪接，不敢仰視，稱為仙姑，拳匪遇之，亦跪伏道旁」。

傳說歸傳說，在義和團的實際戰鬥中，紅燈照的婦女主要參與醫療救護、情報搜集以及在宣傳鼓動一類工作。

直隸義和團的發展壯大引起了列強的恐慌，一九〇〇年四月六日，英、法、美、德四國公使聯合向清廷提出警告。限兩個月內，將義和團剿除淨盡，否則四國將出兵自行平亂，清廷官府也發出禁止義和團活動的佈告。但義和團聲勢益壯，佔領了定興、新城、淶水、易縣、涿州等地。直隸總督裕祿派副將楊福同帶兵鎮壓，卻被義和團擊敗，楊福同也被殺。義和團乘勝焚毀豐台車站的機器製造局，燒了慈禧太后的「龍車」，又燒了盧溝橋、琉璃河、長辛店三處火車站。

一個有趣的現象產生了。許多王公貴族、朝廷要員對義和團的無邊法術深信不疑。徐桐大學士八十高齡了，反對維新變法，每見洋人，必以扇遮面，以示與他們劃清界限；他住在東交民巷，但因為不願看見洋樓，就不走正陽門而繞道地安門。他看見義和團團民雄赳赳氣昂昂地走在大街上，心裡有說不出的振奮，讚歎道：「中國自此強矣！」他帶領兒子訪問義和團的頭目李來中，李來中把義和團的法術說得天花亂墜，徐桐聽得如醉如癡。李來中還當場做了表演。袒露前胸，令一團民用長矛猛刺三下，前胸毫無損傷。徐桐佩服得五體投地。又聽說紅燈照的若干神奇故事，更是興奮，便當場揮毫，寫了一副對聯：「創千古未有奇聞，非左非邪，攻異端而正人心，忠孝節廉，只此精誠未泯。為斯世稍留佳話，一驚一喜，仗神威以寒夷膽，農工商賈，於今怨憤能消。」

李來中將對聯懸掛在壇門兩側，自此身價大增，被擁戴為京城義和團總壇祖師。

直隸總督裕祿見了張德成《只因鬼子鬧中原》的揭帖，似乎看到了大清的希望，立即撤回了對義和團的查禁令。後來又聽說紅燈照的黃蓮聖母法力無邊，就將她請入署內，敬之如上賓，並令人做兩杆黃旗，上寫「黃蓮聖母」，派儀仗隊將其送回壇口。

義和團佔領涿州的時候，刑部尚書趙舒翹、順天府知府何乃瑩原是奉命前去勸義和團解散的，誰知竟成了團民的精神俘虜，團民讓二人燒香跪拜，兩人也就糊里糊塗地加入了義和團。協辦大學士剛毅也前往涿州去說降，同樣被義和團的法術所迷，視義和團為神明。三人回到北京，便在慈禧面前大肆吹噓義和團的神力，誇耀其忠勇，把慈禧說得暈頭轉向。

於是，朝廷中出現了一批人，支持義和團，並把救國的希望寄託在義和團身上。這幫人當中，為首的是端郡王載漪。他恨透了洋人，戊戌政變後，慈禧立他的兒子溥儁為「大阿哥」，卻遭到列強的一致反對，因此有心依靠義和團來打擊洋人，實現廢除光緒、由溥儁繼位的夢想。在載漪的指使下，軍機大臣兼刑部尚書趙舒翹、左都御使兼順天府尹何乃瑩聯名奏請招撫義和團。戶部尚書崇綺、軍機大臣兼吏部尚書剛毅、大學士徐桐、禮部尚書啟秀、莊郡王載勳等紛紛表示贊同。

據說，慈禧太后在宮內也設了壇，不住地念叨著義和團的咒語。

朝中另一批人則反對招撫義和團，如軍機大臣榮祿、軍機大臣奕劻、軍機大臣王文韶、總理衙門大臣兼吏部尚書許景澄、總理衙門大臣聯元、吏部尚書徐用儀等，他們認為義和團只是妖術惑眾，不可依靠，應當予以剿辦。

慈禧太后對洋人支持光緒十分惱火，又為義和團的「神力」和「法術」所迷惑，極想借義和團的力量來對付洋人，因此倒向了載漪等人一邊。

京津兩地義和團被招撫後，清廷供給他們武器和糧食，團民與清軍共同防守城門，維持治安。而載漪、剛毅、啟秀等人則以義和團領袖自居，團民們自由出入各大衙門府邸，直隸總督裕祿的總署也成了義和團的壇口。

京津義和團的活躍，引起了列強的恐慌。英、美、俄、法等十一國使團召集緊急會議，五月二十一日，西班牙公使葛洛幹代表十一國向清廷發出照會，要求將繼續進行活動的拳民予以正法，怠忽職守、鎮壓拳民不力的官員概行懲處，限定五日之內答覆。

總理衙門大臣、慶親王奕劻急忙上奏慈禧，但四天過去了，沒有回音，奕劻只好在第五天搪塞各國公使說：「總理衙門與各國並無分歧，正在奏請朝廷嚴懲義和團。」公使們不放心，次日，英國公使竇納樂來到總理衙門，奕劻信誓旦旦地表示，一定盡到保護外國人的責任。這樣，各國公使才稍微安心。

不料，兩天後，義和團焚毀豐台車站和拆毀京津鐵路路軌的消息傳來，公使們再次聚會，一致認為必須調遣部隊進京，保衛使館。五月二十九日，各國艦隊雲集大沽口外，並各自派出陸戰隊，抵達天津。

對此，奕劻六神無主，忙奏稟慈禧太后，慈禧與榮祿等大臣商議，最後答應允許各國派兵進京，但人數在三十人以下，事畢即撤回。同時命令直隸總督裕祿，以火車運送洋兵來京，清兵從北京站撤離，以免與洋兵發生衝突。

於是三百六十名洋兵順利地到達北京。

然而洋人意猶未足，各國都在繼續增兵，渤海灣和大沽口的各國軍艦已達二十四艘。慈禧慌了手腳，倉促召榮祿、奕劻商議，兩個人想了個點子，讓李鴻章請求俄國公使格爾思出面調停。辦這種事，李鴻章輕車熟路，他立即與格爾思接上了頭。格爾思巴不得攬下這樁差使，當奕劻奉命拜見他時，他大包大攬地說：「俄國可以大量調兵到中國東北和京津，作為中國的後盾。」

六月九日，英國使館的一個翻譯在北京彰儀門外與義和團發生衝突，開槍打死了一個團員。因為死的是中國人，所以沒引起什麼反響。

六月十日，俄、英、美、日、德、法、義、奧組成八國聯軍兩千多人，在英軍海軍中將西摩的率領下，乘火車由天津駛向北京，這是第二批進京部隊。

義和團得知此消息，便沿途拆除鐵路，並攔擊搶修鐵路的侵略軍。本來，天津到北京，乘火車只須幾個小時，西摩一千人卻花了整整四天功夫才走了一百三十里，在廊坊、楊村車站，義和團痛擊聯軍，聯軍死了六十二人，受傷者兩百三十八人，聯軍副司令賣卡加拉也受了傷，聯軍不得不退回天津，進軍北京的計畫破產。這次阻擊戰，董福祥所率領的三千名甘軍（是同治年間左宗棠在甘肅收買的部隊）也參加了。廊坊一戰，義和團真是打出了威風，事後，西摩仍心有餘悸地說：「義和團所用設為西式槍炮，則所率聯軍必將全體覆沒。」

義和團大敗西摩聯軍的喜傳到北京，朝廷上下一片歡騰，慈禧更是樂不可支，當即降旨鼓勵軍民扶清滅洋的忠心。載漪為了實現讓其子奪取皇位的野心，便私下向董福祥授意，讓他把洋人全部趕出京城，董福祥立即聯絡義和團團首李來中準備行動。

六月十五日，義和團在李來中的指揮下，向北京最大的教堂——西什庫教堂（北京人稱之為「北堂」）發動進攻，當團民將教堂層層包圍的時候，總理衙門派官員前往制止，團民們不予理睬。結果，令團民想不到的場面出現了，團民手持刀劍，胸戴卦符兜肚，排列成整齊的方陣，奮勇衝向教堂，密密麻麻的槍聲鳴響了，原來教堂裡有四十多名法、義官兵，三十多名教士和三千多中國教徒，他們手裡都有洋槍。

在愛國激情和盲目迷信的驅動下，團民們一次又一次地發動衝擊，卻一片又一片地倒在血泊中……

李來中心急如焚，命人製造火罐，但教堂牆高壁厚，火罐投不進去；又製土火箭，卻不能發射……

載漪向慈禧獻策，攻打各國使館，以拒洋兵。慈禧心裡沒底，義和團連個教堂都攻不下來，如何打各國使館？倘若因此而引發出更大的禍端，她有多大承受能力？

三、慈禧宣戰

此時列強在天津一帶的兵力已增至一萬二千人。五月二十日，法國駐天津領事杜士蘭受日、義、奧三國司令官委託，向大沽口守軍送遞照會，令其次日午前二時交出炮臺。

當天，慈禧太后召集王公大臣約百人開了一次御前會議，討論戰與和的重大決策，慈禧讓光緒也他參加了會議，這一來是考慮到光緒在國內外的廣泛影響，二來呢，如果出了什麼亂子，好拿他當替罪羊。

總理衙門大臣許景澄陳奏，中國與列國打交道幾十年了，百姓與洋教相仇之事年年都有，但只不過賠款而已，「唯獨攻殺使臣，中外均無成案」。又說：「宣戰萬萬不可，無論是非得失，萬無一國盡敵諸國之理。」太常寺卿袁昶認為：「釁不可開，縱容亂民，禍至不可收拾，他日內訌外患，相隨而至，國何以堪？」支持兩人意見的有軍機大臣王文韶、兵部尚書徐用儀、內閣學士聯元、戶部尚書立山等。

持反對意見的，有端王載漪、莊王載勳、輔國公載瀾、貝勒載濂、大學士徐桐、協辦大學士剛毅、刑部尚書趙舒翹等，他們認為，義和團已經不可遏制，強行剿辦，必釀大禍，不如利用義和團來對付洋人，他們還相信義和團刀槍不入，必能制服洋人，又說什麼義和團「能役鬼神，燒海中船盡壞，居一室斬首百里外，不以兵」。載漪振振有辭地說：「禦外侮乃人心所向，不宣戰即失人心。臣且聽人言，拳民都是義民，其法術甚神，可用來報仇雪恥。」其弟載濂幫腔喊道：「時不可失，敢阻撓者請一律處斬。」

慈禧打算藉助義和團的力量來打擊洋人，但她雖然在宮裡看過義和團燒黃表紙的演示，卻對這種法術的戰鬥力沒有把握，話題又轉到義和團法術上來了，慈禧讓群臣發表意見。

翰林院侍讀學士朱祖謀問道：「皇太后信亂民敵西洋，不知欲傳何人辦此大事？」慈禧道：「我靠董福祥！」朱祖謀說：「董福祥本是甘肅的一個土匪，第一不可恃！」慈禧遭了如此頂撞，大傷面子，卻無可如何。

其實慈禧雖然主戰，卻顧慮重重，她決定將光緒一軍，說道：「此國家大事，當問皇帝。」

在中日戰爭中，光緒是主戰的，但他深知中國國力的虛弱，同時又考慮到，這次衝突的事態和情勢與以往不同，於是便直率地陳述出自己的見解：「今人喜言兵，然自朝鮮之役，創鉅痛深，效亦可睹矣。況諸國之強，十倍於日本，合而謀我，何以禦之？斷無同時與各國開釁之理。」又說，「亂民皆烏合，能以血肉相搏也？且人心徒空言耳，奈何以民命為兒戲？」

慈禧是主張向各國宣戰的，她懷疑光緒主和是為了取得列強的支持，迫使她歸政。因此她命許景澄和徐桐去阻止西摩聯軍，不准其進城；如西摩不服勸阻，就與之開戰。同時她又命令載漪起草上諭，讓剛毅、董福祥招撫義和團。

但宣戰會是怎樣的結果，慈禧心中卻一片茫然。用晚膳時，她問太監李蓮英：「與各國聯軍開戰，這仗能打嗎？」李蓮英是個是個只知阿諛奉迎慈禧的人，便回道：「老佛爺是洪福齊天之人，那洋毛子有什麼？」一個大清國的主宰，竟然到了向太監請教開戰與否的地步，真是可憐可悲可鄙可歎之至！

這天夜裡，一個惡毒而可恥的陰謀在載漪的指派下運作著。載漪命軍機章京連文仲偽造了一份洋人「外交團照會」，於午夜時分送到了軍機大臣、文淵閣大學士榮祿那裡，榮祿信以為真，不敢怠慢，天一亮就急忙送到慈禧手中。慈禧看罷，一股怒火頓時沖上天靈蓋，原來照會共寫了四條：一，指明一地讓中國皇帝居住；二，各國代收各省錢糧；三，代掌天下兵權；四，勒令慈禧太后歸政。慈禧嚷道：「彼族竟敢干預我家事，此能忍，孰不可忍？」她下定了向洋人宣戰的決心，顧不得估計後果如何了。

次日上朝時，慈禧端出了洋人的照會，並亮明自己的態度：現在洋人決計與我宣戰，明知寡不敵眾，但戰亦亡，不戰亦亡。若不戰而亡，對不起列祖列宗，不得不背水一戰。在民族危亡的關頭，光緒不顧自己被囚禁的惡劣處境，當即反駁道：戰與和，國命安危在此一舉，而義之氣，虛而不實，拳民未經訓練，一旦臨陣，徒手對敵，怎能持久？此舉是將他們棄置死地！寡不可以敵眾，弱不可以敵強，斷未有一國能敵七、八國者，為今之計，停戰議和為上策，其次是遷都。

載漪依仗著慈禧的勢力，反駁光緒說：遷都是畏敵逃逸，義和團忠勇，法術靈驗，滅洋人不在話下！立即有二十多個主戰的大臣涕淚交加，苦求慈禧與列國宣戰。

王文韶、聯元等大臣據理以爭，反對開戰，遭到慈禧的嚴厲訓斥。面對意見相持不下的情況，她必須逼迫光緒表態，就問：「聖意如何？」光緒默然不應。榮祿出面奏道：「臣請勿攻各國使館，以免各國連成一氣，致死報仇。」慈禧不理睬榮祿，仍逼問光緒，光緒明確地說：「請皇太后允從榮相所請，使館不可攻。」

慈禧已經準備破釜沉舟，下定了開戰的決心，但她沒忘記給自己留出一條後路，說道：「如戰之後，江山社稷仍不保，諸公今日皆在此，當知我苦心，勿歸咎予一人，謂皇太后送祖宗三百年天下。」

袁昶仍然勸阻道：「皇太后所言歸政照會，妄誕不根，荒唐無據。總理衙門、軍機處都未曾見得此照會，必定是內奸造假無疑。」

這是石破天驚的話語，凡有神智者，都會冷靜地想一想照會的真偽，不過，慈禧的每一根汗毛都與權柄黏連著，對這份照會是寧信其有、不信其無的，對袁昶的話根本就聽不進去。

在北京，義和團一直在拼力攻打西什庫教堂，死傷甚眾，但教堂未能攻下。

這期間，出了兩件事。六月十一日，日本使館書記杉山彬被清軍所殺；六月二十日，德國公使克林德前往總理衙門「抗議」，結果半路上就被清兵擊斃。

御前會議又持續了兩天，在慈禧的主持下，清廷以光緒的名義頒佈了向各國宣戰的詔書，其中說：「我朝二百數十年深仁厚澤，凡遠人來中國者列祖列宗莫不待以懷柔……詎三十年來，恃我國仁厚一意拊循，乃益肆囂張，欺凌我國家，侵佔我土地，蹂躪我人民，勒索我財物……朕今泣涕以告先廟，慷慨以誓師徒，與其苟且圖存遺羞萬古，孰若大張撻伐一決雌雄！」這一天是光緒二十五年五月二十五日，慈禧以其愚蠢透頂的舉動而震驚世界！

與此同時，清廷發佈了招撫義和團的上諭。其實，在前一天，即六月二十日，甘軍與義和團進攻東交民巷外國使館的戰鬥就已經打響，「炮聲日夜不絕，屋瓦自騰」，京城百姓也前來助威，「升屋而號者數萬人，聲動天地」。上諭發佈以後，甘軍和義和團的攻勢更加猛烈，經過三天的激戰，義和團以無數血肉之軀為代價，終於攻下了比利時、奧地利、荷蘭、義大利四國使館，將使館付之一炬，四國使臣撤退到英、美、俄等國使館去了。

慈禧雖然宣戰，骨子裡卻對列強怕得要命。宣戰後的第八天，她就在給各國使臣的電報中說，朝廷「深恐各使館保護不及，激成大禍」，「中國即不自量，亦何至與各國同時開釁？並何至恃亂民與各國開釁？此意當為各國所深諒。」又表示，「現仍嚴飭帶兵官，照前保護使館，惟力是視，此種亂民，設法相機自行懲辦」。

輕率地宣戰，接著便出爾反爾，拿出一副搖尾乞憐的嘴臉，在世界歷史上，絕難找出像慈禧這般愚蠢而醜陋的政府首腦。

大沽口那邊，聯軍於六月十六日發動突然襲擊，守將羅榮光指揮部下還擊，雙方激戰六小時，擊沉擊傷敵艦六艘，但清軍彈藥庫被聯軍炮火擊中，引起爆炸，聯軍趁勢登陸。清軍斃敵六十四名，傷敵八十九名，但炮臺於六月十七日失守，羅榮光犧牲。

大沽口炮臺失守，天津危急，義和團打響了天津保衛戰。先是在老龍頭車站痛擊俄國侵略軍，殲敵五百多人。之後，拆毀了大沽口通往天津的鐵路。七月一日，義和團攻打天津紫竹林租界，焚毀了三井洋行和薩寶室洋行。不料，清廷任命李鴻章為直隸總督，並派幫辦北洋軍務大臣宋慶率清軍進剿義和團，義和團被出賣了，落入了背腹受敵的窘況，損失慘重。

七月十三日，俄、英、法、美、日聯軍進犯天津，義和團首領張德成率領五千名團民趕往天津，在天津小西門擊退聯軍，又在八里台與聯軍展開激戰，張德成奮不顧身衝入敵陣，壯烈犧牲。正當義和團浴血奮戰之際，直隸總督兼北洋大臣裕祿卻領兵撤出天津，退守北倉，聯軍只花了一天功夫，就於七月十四日順利地拿下了天津。

天津失守，慈禧心慌意亂、六神無主，忙不迭地派人給各國使館送去糧食、蔬菜、瓜果、酒水等，以示親善。圍攻外國教堂和使館的清軍，受了榮祿的指使，向空中放槍，更有甚者，清軍居然用卑鄙的手段打擊義和團，向義和團開槍放炮，理由是懲治「假團」。於是出現了圍攻使館五十六天、圍攻西什庫教堂六十三天而未能攻下的咄咄怪事。

在向列強獻媚的同時，慈禧和她身邊的頑固派們，無恥地向他們的政敵下了毒手，太常寺卿袁昶、吏部侍郎許景澄、兵部尚書徐用儀、戶部尚書立山、內閣學士聯元五人，因為反對向洋人宣戰，而被冠以「勾通洋人」之罪名，逮捕並殺害。

四、聯軍進京

八月四日，聯軍自天津出發，向北京挺進，次日陷北倉，直隸總督裕祿撤到楊村。八月六日，聯軍攻楊村，裕祿受重傷而亡。八月十二日，聯軍佔領通州，幫辦直隸軍務的李秉衡兵敗自殺，聯軍直撲北京。

北倉等地陷落的消息傳到北京，卻有人對慈禧說：「這是漢奸製造的謠言，清軍擊斃了洋兵上萬人，洋人已經走投無路，就要向我們求和了。」但北倉失守消息得到證實的時候，慈禧頓時魂魄驚悸，惶然失措，故伎重演，連忙派總署章京文瑞帶著瓜果米糧到各國使館，表示慰問和懺悔。

但她的這一招仍然沒有阻止聯軍的腳步，兵敗將亡的消息接踵而來，慈禧在朝廷之上放聲大哭，但他身邊那些昏聵迂腐的大臣們，論勾心鬥角，則伎倆萬端；論救國抗敵，則實無一策。慈禧命王文韶、趙舒翹去使館求和，王文韶以年邁耳聾推辭，趙舒翹則以不善辭令婉拒。慈禧想逃離北京，哭求載瀾護駕，載瀾急忙推卸說手下無兵，難當此任。主戰派的領袖載漪平日裡慷慨激昂，此時卻出了個餿主意，掛白旗投降。

八月十四日這天，慈禧接連召開了五次御前會議，到會的王公大臣們一次比一次少，最後只生下剛毅、王文韶和趙舒翹三個人了。

就在這一天晚上，日軍用地雷炸開了朝陽門與東直門，攻進了北京城。

當天夜裡，慈禧就決定出逃了。臨行前，她命「全權大臣李鴻章著准其便宜行事，將應辦事宜，迅速辦理，朕不為遙制」，又命太監將光緒的寵妃珍妃推到寧壽宮外的一口井裡，光緒「悲憤之極，至於戰慄」。

次日，她來不及洗臉梳頭，換了一身藍粗布衣褲（如同民間老太婆），倉皇出宮，她忘不了帶上光緒和大阿哥溥儁。此時他最怕光緒落在洋人手裡，因為那樣洋人就會逼迫她歸政。慈禧一行直跑到西華門，才坐上了車子，之後向西一路狂奔。隨同慈禧出逃的是載漪、奕劻、載勳、剛毅、趙舒翹等極力主戰的一幫王公大臣……

在西直門，逃難的人擁擠不堪，道路堵塞，載瀾等人拔槍向難民射擊，當場打死了數十人，總算殺開一條血路，慈禧一行徑奔頤和園。在這裡慈禧稍作休息，太監們給她煮了幾個雞蛋，雞蛋沒吃完，遠處傳來槍聲，一夥人又狼狽西竄，逃出居庸關。

正當慈禧們倉皇西逃之際，失去指揮的部分清軍仍在頑強抵抗。聯軍以猛烈的炮火轟擊皇城，清軍「鏖戰許久，陣亡士卒甚多，屍橫遍地」，聯軍亦遭重創，美軍炮兵上尉瑞利被擊斃。因清軍寡不敵眾，聯軍終於衝進了皇城，清軍、義和團與聯軍展開了巷戰。八月十六日晚，北京全部陷落。

慘絕人寰的燒殺蹂躪開始了，史料記載：「火光沖天者三日夜，地安門橋以南燒盡，西四至西單燒盡，朝陽門樓、前門樓化為烏有。」莊王府被焚燒，當場被燒死一千七百餘人。聯軍每遇中國人，則開槍射擊。一隊法軍把大群中國人逼到一個死胡同，用機關槍掃射，不留一人。北京城內，「受難尤重，死屍遍地，腐爛薰蒸，慘難寓目」。這些紅發碧眼的衣冠禽獸們，還「將其所獲婦女不分良賤老少」，盡行姦淫強暴。整個北京城，成了一座血淋淋的人間地獄……

伴隨著燒殺姦淫的，是貪婪的搶劫。故宮、頤和園、天壇、先農壇、社稷壇、太廟中的珍寶文物被洗劫一空；戶部的庫銀二百九十多萬兩，綾羅綢緞無數，內務府所存三十二萬石米糧全部被劫走；各衙署、吏部、兵部、工部、欽天監、鴻臚寺、太醫院中的卷宗，均被搶掠或焚毀，無一留存；翰林院中包括《永樂大典》在內的數萬冊經史典籍盡皆散佚……這次浩劫，使中國「自元明以來之積蓄，上至典章文物，下至國寶奇珍，掃地遂盡」。

各大王府也是侵略者的搶劫重點，僅禮王府就被搶走了兩百多萬兩白銀和無數珍寶，用大車拉了三十七天；戶部尚書立山家被搶走三百六十五串朝珠和約值三百萬兩白銀的古玩；軍機大臣寶鋆家中被劫走三十萬兩白銀……日本人植松良三報導說，侵略軍「白晝公然大肆搶掠，此我等所親見。計京城內富豪大官之居宅，竟無一不遭此難者，決非過論」。

就連普通百姓之家也不能倖免，據《庚子紀事》載：洋兵「俱以捕拿義和團、搜查軍械為名，三五成群，身挎洋槍，手持利刃，在各街巷挨戶踹門而入，臥房密室，無處不至，翻箱倒櫃，無處不搜。凡銀錢、鐘錶、細軟值錢之物，劫掠一空」。「此來彼往，日無休息。甚至有一日十數起進門者。衣物器皿好者皆擄，次者刀劈摔碰，任意作踐」。

參與這場空前規模搶劫的，不止是聯軍士兵，還有教士、主教、公使、譯員……

九月二十五日，德國陸軍元帥瓦德西率三萬遠征軍抵達大沽口，十月十七日進入北京城，此後他便成了八國聯軍的統帥。

從這年十二月到次年四月，瓦德西先後四十六次派出「討伐隊」在直隸地區進行殘酷地屠殺行動，《聖教史略》載：「南至正定，北至張家口，東到山海關，均在聯軍勢力圈內，往來梭巡，足跡殆遍。凡拳匪巢穴，無論官衙民居，遇到則焚毀，往往全村遭劫。」在無休止的掃蕩中，遭受劫難的百姓不下百萬。

但侵略者仍遭到義和團小規模的抗擊，德軍進攻張家口時，遭到義和團的痛擊，傷亡慘重，德軍統領約克被擊斃。瓦德西原打算去搶劫明陵的，聽到這個消息，嚇得不敢去了。

自從八國聯軍打進北京以後，義和團便潰不成軍了。當然，北京的陷落，根本原因在於清廷的腐敗，不過，對義和團作出歷史的反思，仍然是必要的。

以往的教科書大多肯定義和團卓越的反帝貢獻，同時也指出農民的局限性（落後性和狹隘性）。

那麼，應當怎樣評價義和團呢？筆者認為，義和團的反帝貢獻，是不可磨滅的，後來列強之所以不敢瓜分中國，正是受了義和團強烈打擊的結果。

然而，如果從整體上評價義和團，我卻只能說：惋惜和遺憾大於頌揚。

試將義和團與早它半個世紀的太平天國（前期）相比，就會發現，這是一次歷史的大倒退！

其一，太平天國有宗教作為心理支柱，又有《天朝田畝制度》作為追求目標，又有《資政新篇》這樣的資本主義藍圖，而義和團沒有，初期的「反清復明」是一個老掉牙的口號，明朝亡了二百多年了，「復」得了嗎？後來「扶清滅洋」的口號太籠統，也沒有政治遠見（此時的清朝已經不值得「扶」了），而它賴以聚攏人心的精神支柱則是亂七八糟的民間諸神。

其二，太平天國有統一的組織，是上至天王下至伍卒的一套完整的軍事編制，其行動是在領袖的部署下進行的，因此是有戰鬥力的；而義和團是分散的，各自為政的，其作戰行動沒有統一的指揮，其戰鬥力無法與太平軍相比。

其三，太平天國是一個獨立自主的團體，既反清，又反帝；義和團卻對清廷有極大的依附性。義和團進北京之前，慈禧由頤和園回紫禁城，義和團沿途排列長隊，說是「護駕」，逗得慈禧喜笑顏開，賞給他們兩千兩銀子。看看，義和團扮演的這個角色真是挺不光彩的！義和團的首領們目光短淺，根本就沒看清慈禧的醜惡面目，最後被慈禧出賣。

其四，太平天國堅持反帝立場，卻不一概反對外國人，他們熱情地接待了許多外國人，而且有許多外國志願兵加入了太平軍的行列。安慶被圍困時，外國人用船給太平軍運送糧食，李秀成在九洑洲遭到清軍襲擊時，外國人護送太平軍過江，並參加戰鬥，打擊清軍；義和團則不然，他們盲目排外，籠統地反對洋人的一切，連外國的科學技術也加以仇視，他們寧願成批犧牲，也拒絕用洋槍。由於眼界十分狹隘，因此作出了攻打外國使館這樣的蠢事。

其五，太平天國有一個大失誤，就是沒有很好地發揮知識份子的作用，知識份子只是充當文書一類職務，但洪秀全、馮雲山、石達開都算是半拉子知識份子，而洪仁玕則是名副其實的知識份子；義和團則更是等而下之，幾乎完全看不到知識份子的影子。中國歷代革命，單靠的秀才是不行的，但脫離秀才必將一事無成。

其六，太平天國儘管有宗教，杜撰出天父天兄這類子虛烏有的神祇，但打起仗來卻是真刀真槍，毫不含糊；義和團則不然，竟然依靠咒語法術，相信刀槍不入，已經到了二十世紀了，其思想意念卻仍然停留在原始巫術時代，可以說愚昧無知到了極點！更不可原諒的是，義和團在與列強作戰的過程中，每次都有傷亡，這已經證明了所謂「刀槍不入」是騙人的，各級頭領們仍然自欺又互欺地宣揚刀槍不入的鬼把戲，結果蒙蔽了大批團民赤膊上陣，往敵人槍口上撞，做毫無意義的犧牲。首領將自己部下的生命視若草芥，如同光緒所說「以民命為兒戲」，是著實令人心寒的！

五、太后「西巡」

再說慈禧太后一夥兒惶惶然若喪家之犬，拼命西逃，行數百里，一路住小店破廟，沒飯吃，沒水喝，因為沿途水井不是沒有汲水之具，就是泡著死屍，不得已只好嚼高粱杆解渴。兩天後，來到懷來縣，這裡已經被潰散的清兵洗劫幾十次了，知縣吳永前來迎駕，慈禧大為感動，放聲大哭一陣之後，說：「予與皇帝連日歷行數百里，竟不見一百姓，官吏更絕跡無睹。今至爾懷來縣，爾尚衣冠來此迎駕，可稱我之忠臣。我不料大局壞到如此。」說完，就向吳永要吃的，吳永答道：「米糧已被潰兵所掠，僅有小米綠豆粥」，慈禧連忙說：「有小米粥，甚好甚好，可速進，患難之中得此已足矣，寧複較量美惡？」喝了小米粥，李蓮英又對吳永說：「老佛爺想食雞卵，能否取辦？」吳永又去張羅了一陣，好容易弄來五個雞蛋，慈禧吃了三個，剩下兩個給了光緒。

之後，慈禧不顧疲倦，繼續她的逃亡之旅。沿途之上，荒無人煙，餓殍遍野，路過天鎮縣時，知縣因供不起這一千多人的飲食，只得服毒自殺。而貪婪成性的慈禧，卻對此全然不顧，反稱此行為「西巡」，跟隨她逃難的人美其名曰「護駕」，因此她規定，跟隨者都有津貼，每日的標準是親王、郡王六十兩，貝勒、貝子三十兩，二品以上大員七兩，三品以下官員五兩。明明是棄國逃難，卻堂而皇之地享受著「差旅補助」，真不知天下有羞恥二字！這些錢從哪裡來？自然是由地方官從百姓身上搜刮。

八月三十日，逃難隊伍到了大同，這時慈禧做了一項奇怪的決定，任命端郡王載漪為軍機大臣，輔國公載瀾為御前大臣，兩人都是主戰派，明知二人無力抗敵，卻偏在逃難中出此下策，除了激怒列強，別無他效。

一路上，載漪多次想殺害光緒，以便讓兒子溥儁早登大位，但御前大臣那彥圖處處防範，不離光緒左右，載漪才未能得逞。

八月十七日，慈禧們逃至太原，但聽說瓦德西要率軍攻打太原，嚇得不敢逗留，再次跋涉奔波，於十月二十六日到達西安。

一段富有戲劇性的情節出現了，慈禧太后到達西安的第二天，各國公使就對清廷發出通牒，要求懲治載漪、載勳、載瀾、溥靜、毓賢、李秉衡、董福祥、剛毅、趙舒翹、英年等十一名罪魁禍首。

這些人都是主戰派，正是靠了他們，慈禧才擊敗了以光緒為首的主和派，袁昶等五人就是他們害死的，主子慈禧逃難，他們中有好多人「護駕」，真算得上是有功之臣了。如今列強要跟他們算帳了，他們的主子慈禧該怎麼辦呢？按理說，真該想方設法護著他們才對。

然而，出乎他們的意料，慈禧作出的決斷是載勳賜令自盡；載漪、載瀾定為斬監候，加恩發往新疆，永遠圈禁；毓賢立即正法；英年、趙舒翹賜令自盡；剛毅、徐桐、李秉衡已死，均追奪其官職；凡支持過義和團的各級官員，一律革職。董福祥因為「護駕」有功，處理得最輕，革職。

慈禧為了保住自己的權力，為了討好洋人，把她的鐵杆兒親信們一股腦兒全都出賣了！不同政見者袁昶等五人早已被慈禧無端殺害，現在，支持她的人殺的殺、禁的禁，不管站在那一頭兒，都沒有好下場！不過，袁昶等五人雖然冤死，慈禧在列強的壓力下，還是恢復了他們的官職和名譽。至此，一幕主戰與主和之爭的鬧劇總算收場了。

在西安躲難的日子裡，慈禧的生活一天比一天奢侈鋪張，只牛奶一項，每月要花六百兩銀子，每天的菜單，名目都在一百種以上，費用在二百兩以上。慈禧還大肆搜刮金錢，各地封疆大吏也紛紛以報效朝廷的名義送來綾羅首飾、金玉器皿、珠寶珍奇，慈禧的私囊積累了六七百萬兩。她還不滿足，又大張旗鼓地賣官鬻爵，有個叫袁樹勳的，捐了十二萬兩銀子，買了個海關道，還有個叫蔡鈞的，買了個駐日使臣。

上行下效，各級官吏或挪用庫帑，或私吞軍餉，或增加賦稅，或勒索富商，無所不用其極，而主持朝政的榮祿則一躍成為天下首富。一個叫陳澤霖的軍官貪污了大批軍餉，怕被治罪，就給榮祿送上四萬兩白銀、二十斤白燕窩、四箱綢緞，榮祿就以陳澤霖「行軍遺失」的理由報銷了。

對此種奢靡風氣，光緒深惡痛絕，他發佈了一道上諭提出臥薪嚐膽，理財自強，但他身邊全是慈禧的親信，這道上諭立即淹沒在濁氣臭風之中了。吏部侍郎張英麟上奏，提醒慈禧奉行節儉之道，降低衣食規格。慈禧大發雷霆，要殺他（實際上是要給光緒臉色看），幸虧眾臣相勸，張英麟才撿了一條命。

此時的「大阿哥」溥儁，更是墮落不堪，終日沉溺於酒色，逛戲班，宿妓院，動輒一擲千金，與下三流的紈絝子弟無異！

而此時的陝西，各地都在發生「人相食」的現象……

北京，列強們正在討論如何處置清朝這個龐大的戰敗國。被提出的方案有三個：一是瓜分，二是改朝換代，三是維持滿清統治。

瓜分，列強們認為這樣付出的代價太大，因為每個帝國分到的土地都要調動武裝來統治，地盤越大，需要的兵力也就越多，而騷動和叛亂也必然越猛烈，因為各國都吃過義和團的苦頭。另一方面，瓜分無法做到各國利益均等，這就必然造成列強之間的摩擦和矛盾。

改朝換代也很難，因為列強找不到為中國人所接受而又有聲望的一支力量，即使勉強扶植一個新政府，也必然是軟弱無力的，這就會使中國處於混亂的無政府狀態，要想保持正常秩序，就得利用外國人的刺刀。

以上兩種方案都是不可行的，而維持現有的滿清政權，控制它，利用它，讓它做列強的奴隸，為列強服務，才是最穩妥的路子，具體地說，就是仍然承認清政府，與它簽訂條約。

一九〇〇年冬，李鴻章與各國代表共同起草條約，一九〇一年九月七日，中國人最引以為恥的《辛丑合約》正式簽訂了。中方代表是奕劻和李鴻章，對方是德、奧、比、西、美、法、英、義、日、荷、俄十一國公使。全約共十二款，主要內容是：

一、賠款四・五億兩白銀，分三十年還清，年息四厘合計本息總數為九・八億兩，此外，各地教案賠款兩千兩百七十餘萬兩，這時自鴉片戰爭以來數額最大的一次賠款；

二、在北京設立列國武裝使館區，中國人不得入內；

三、拆除大沽口炮臺，北京至山海關的廊坊、天津等十二處要塞由列國派兵駐守；

四、鎮壓和防範民間的反帝運動，嚴懲主戰禍首；
五、改總理衙門為外務部，班列六部之首；
六、因德國公使克林德和日本使館書記生杉山彬被中國人打死，清廷必須向德國和日本賠禮道歉，並為他們立牌坊。

《辛丑合約》意味著大清帝國全面地置於列強的控制之下了！當條約內容送到慈禧面前的時候，老太婆喜形於色，因為條約中沒有提到讓她歸政的事，真是謝天謝地！只要還能繼續把持朝政，割地呀賠款啊什麼的都無關緊要啦！

附帶說一句，俄國的胃口是很大的，《辛丑合約》簽訂以後，仍不肯撤兵，想索要更大的特權，近代史家蔣廷黻先生指出：「李鴻章主張接受俄國的要求，但是幸而他在辛丑的冬天死了，不然東三省就要在他手裡送給俄國了。」嗚呼！李鴻章之死，救了東三省！中國領土的命運就維繫在這麼一個七十八歲的老頭子手裡，何其可悲！

六、所謂「新政」

一九〇一年一月二十九日，慈禧在西安頒佈了「預約辦法」的上諭，要求臣下進言，提出變法建議，但應者寥寥，誰也不願重蹈康有為們的覆轍。四月二十一日，慈禧又以光緒的名義宣佈成立督辦政務處，派慶親王奕劻、大學士李鴻章、榮祿、昆岡、王文韶、戶部尚書鹿傳霖為督辦政務大臣，劉坤一、張之洞遙為參預。

十月六日，慈禧踏上了返京的路途，美其名曰「回鑾」。當年康熙北征大漠，凱旋之際到底載回了多少戰利品，筆者未作詳查，但肯定不如慈禧回鑾的陣勢輝煌，慈禧在西安待了一年，如今離開了，金銀珠寶竟裝了三千多輛大車，此等氣派，倒像是獲得了列強數億賠款一般！

回程中，不必說，又是一路搜刮勒索，細節難以盡陳。但有件事是要交待的，到了開封，慈禧下了一道懿旨，宣佈革去了溥儁「大阿哥」的名號。本來，立「大阿哥」的時候就引起了列強的反對，再加上「大阿哥」的父親載漪是主戰派，已經獲罪發配到新疆去了，要是再留著他，只能惹得列強們不高興。

一九〇二年一月七日，慈禧一行安然無恙地回到了北京，《辛丑合約》換來了紫禁城的平靜。

從一九〇一年四月成立督辦政務處算起，到一九〇五年十二月成立學部為止，在將近五年的時間裡，慈禧先後發佈了一系列除舊佈新之政令，主要內容如下：

一，設立督辦政務處。

二，改總理衙門為外務部，居六部之首（這是《辛丑合約》中洋人的要求），由慶親王奕劻總理外務部事務；

三，設立商務部，將路礦總局裁併，以載振為尚書，鼓勵私人資本辦工業；

四，設立練兵處，以奕劻總理練兵事務，袁世凱充會辦，鐵良襄同辦理，改革軍制，編練新軍，在各地建軍事學堂。

五，設立巡警部，以徐世昌為尚書。

六，建立學部，以榮慶為尚書；各省書院改設大學堂，各府改設中學堂，各縣改設小學堂。停止科舉考試（一九〇五年宣佈），向外國派遣留學生；頒佈《學堂章程》（這是中國近代第一部完備的教育法規）。

七，裁汰各衙門胥吏差役。

八，停止捐納買官。

九，頒佈《商會簡明章程》、《大清商律》、《公司註冊章程》、《礦務章程》等文件；

十，修改《大清律例》廢除了梟首示眾、死後斬首、黥面等酷刑……

曾幾何時，慈禧徹底推翻了光緒的變法，殘酷迫害維新人士，如今卻搖身一變，撿起了被她自己砍倒的變法大旗，高高地擎在手裡。她為什麼如此出爾反爾？

當時的《中外日報》載文揭露了慈禧變法的動機：「既內恐輿論之反側，又外懼強鄰之責言，乃取戊己兩年初舉之而複廢之政，陸續施行，以表明國家實有維新之意。」東洋文庫近代中國研究中心歷史教授市古宙三說：「為了防止反滿實力的壯大，並要保持督撫們和外國人的支持，不管清朝統治者喜歡與否，除了改革別無選擇餘地。實際上，政府原先本無自己的改革方案。它只需要保持改革的門面，而對實際內容則毫不關心……改革的目的毋寧說是為了保衛清政府不受漢人和外國人兩者的攻擊。換言之，改革是為了保住清王朝。」

清代著名思想家黃遵憲也對此作了鞭辟入裡的抨擊：「今回鑾將一年，所用之人，所治之事，所搜刮之款，所娛樂之具，所敷衍之策，比前又甚焉，輾轉遷延，卒歸於絕望，然後乃知變法之詔，第為避禍全生，徒以之媚外人而騙吾民也。」歷史學家蕭一山則說，慈禧的新政「似較戊戌百日維新時所舉之條目為多，其實全未出光緒帝當時變法之範圍，更未出劉坤一、張之洞所建議之範圍，不過分一事為數詔，延百日為五年而已。」

變法最大的一個動作是政治體制的變革，當時呼聲最高的是實行君主立憲制度。

從一九〇三年開始，一些頭腦清醒的封疆大吏和駐外使臣就不斷向慈禧進言，提出預備立憲的要求，包括直隸總督袁世凱、湖廣總督張之洞這些原來反對光緒變法的人也奏請立憲。

一九〇四年，日俄之間發生了一場戰爭。按說，日本與俄國開戰，戰場應該在日本，或者在俄國，此戰屬於日本歷史和俄國歷史中的一頁；但令人搖頭長歎的是，這場戰爭卻發生在中國的土地上，成為中國歷史中恥辱的一頁！

但人們從日俄戰爭中得到了一個啟示，實行了君主立憲制度的小日本，打敗了龐大的、仍處在君主專制階段的俄國。

立憲派似乎獲得了一個十分有力的實際證據。

慈禧被立憲浪潮所裹挾，便派遣大臣出國考察。

考察團分兩路，戶部尚書戴鴻慈、湖廣巡撫端方為一路，自一九〇五年十二月十九日到一九〇六年六月七日，先後考察了美國、英國、法國、德國、丹麥、瑞典、挪威、奧地利、俄國、荷蘭、瑞士、義大利十二個國家；鎮國公載澤、山東布政使尚其亨、順天府丞李盛鐸為一路，自一九〇五年十二月十六日到一九〇六年七月十二日，先後考察了日本、美國、英國、法國、比利時五國。

大臣們回國後，得到了慈禧的頻頻召見，慈禧耐心地聽取他們介紹國外的情況。大臣們均主張立憲，而且認為「立憲之利有最重要者三端：一曰皇權永固，一曰外患漸輕，一曰內亂可弭。」載澤還說：「凡國之內政外交，軍備財政，賞罰黜陟，生殺予奪，以及操縱國會，君主皆有權統治之。」顯然，載澤沒有全面地，或者沒有準確地解釋君主立憲的情況，當然，他有意強調立憲制不動搖君權，也是為了討慈禧的歡心。

或許正是因為君主擁有生殺予奪、操縱國會的大權感動了慈禧，大臣們回國才一個月，她就忙不迭地於一九〇六年九月二日以光緒的名義發佈上諭，宣佈實行預備立憲。具體措施是確定官制，為此，成立了官制編纂館。原來準備採用西方的責任內閣制度，但後來慈禧否定了，恢復了軍機處。

改革後的中央衙門分為十一部、四院、一府。十一部是：外務部、吏部、民政部（戶部、工部所管民事併入此部）、度支部（戶部、財政部、稅務處合併為此部）、禮部

（太常寺、光祿寺、鴻臚寺合併為此部）、學部、陸（海）軍部（兵部、練兵處、太僕寺合併為此部）、法部、農工商部（商部、工部併入此部）、郵傳部（輪、路、郵電各署合併為此部）、理藩部；四院是：資政院、審計院、都察院、大理院；一府是：軍諮府。

在官員任命方面，清廷做了些小動作，如外務、軍事、陸軍、度支和農工商等部門，權力都操縱在滿族權貴手中，而袁世凱掌握的北洋六鎮中有四鎮改由陸軍部直接管轄，加強了中央兵權。一九〇七年，清廷又公佈了地方官制，規定陸軍部直接委派督練公所軍事參議官，削弱了地方督撫的兵權；度支部派監督官清理各省的財政，將財權集中起來。

殊不知，這樣一來，清廷給自己埋下了兩個隱患，隱患之一是官場中滿族與漢族的矛盾加深了，此前，慈禧大批地重用有能力的漢臣，於是有曾國藩、李鴻章、左宗棠、胡林翼、彭玉麟這些棟梁式的人物出現，現在卻把無能的滿族權貴提上來了；隱患之二是地方與中央的矛盾加深了。這兩個隱患加快了清廷的瓦解。

清廷「預備立憲」的旗子一掛，就得到立憲派的擁護，流落國外的康有為、梁啟超等人於一九〇七年成立了國民憲政會，提出「尊崇皇室，擴張民權」的口號，他們表示對於皇室，絕無干犯尊嚴之心；對於國家，絕無擾亂治安之舉。但慈禧不買他們的賬，理由是他們「保皇帝不保太后，保中國不保大清」，康、梁仍是被緝拿的要犯。

慈禧們的愚蠢可笑正在這裡，歷史的潮流在滾滾向前衝擊，此時的康、梁，已經落伍了，甚至可以說與清廷合流了，但慈禧們不予接納，不藉助他們的力量，卻不料更激進的社會力量出現了，江浙有張謇、湯壽潛組織的「預備立憲公會」，湖北有湯化成組織的「憲政籌備會」，湖南有譚延闓組織的「憲政公會」，廣東有「自治會」等等。這些組織的頭面人物再也不是康梁那樣的學究了，而是工廠主、大股東、中央農工商部的顧問、諮議局的議員，他們都十分迫切地想躋身於權力層。然而，在他們看來，清廷對立憲是缺乏誠意的，於是一九〇七年六月，張謇在上海發起了請願活動，要求儘快召開國會。此後，各種組織又發起了多次請願活動。

清廷迫於無奈，於一九〇七年頒佈了《華商辦理農工商實業爵賞章程》，規定個人投資實業在一千六百萬元至二千萬元以上者，分賞子爵；投資一千萬元至一千五百萬元之間者，分賞男爵，投資一千萬元以下者，予以獎賞。於是，一些富有的資產階級獲得了清廷授予的官職銜階，地位有所提高。這一籠絡資產階級的手段，取得了一定的效益。

一九〇八年九月二十二日，清廷宣佈預備立憲以九年為期，並頒佈了《欽定憲法大綱》，這是中國歷史上第一部憲法。《大綱》共二十三條，分兩部分，一部分是關於君權的，規定「大清皇帝統治大清帝國，萬世一系，永永尊戴，君上神聖不可侵犯」，具體內容有十四條，規定皇帝擁有欽定頒行法律、遞交議案、召集和解散議院、統率海陸軍、宣戰議和、訂立條約、宣佈戒嚴等項權力，並總攬司法權；另一部分是關於臣民權力與義務的，有九條，規定臣民有做官和充當議員的權力，有訴訟辯護的權力，有言論、著作、出版、結社的權力，臣民也要履行當兵、納稅和遵守法律的義務。值得注意的是，整個《大綱》沒有出現「國民」一詞，使用的是「臣民」這一封建時代的傳統詞語。

狐狸尾巴露出來了，原來所謂「立憲」，竟是這等貨色！在立憲的幌子之下，皇權更突出了，更集中了。立憲派大失所望，請願浪潮越發高漲了。

光緒變法為的是自強，而慈禧變法，是為了討好列強，做樣子讓洋人高興，也是為了應付國內的呼聲，因此，光緒的變法是內容的，而慈禧的變法，只具有形式的外殼。

但我們還是要說，《欽定憲法大綱》是歷史的進步，儘管是微小的進步，特別是規定臣民有言論、著作、出版、結社的權力，這就給資產階級的社會活動留下了一定的空間。

七、光緒之死

光緒三十四年十月二十一日，光緒死於西苑瀛台涵元殿，享年三十八歲。

他是怎麼死的？說法有兩種：一是「病死」說，二是「毒死」說。

「病死」說認為，光緒的體質本來就不太好，從他三十七歲時的病案看，他已經有近二十年的遺精歷史，先是每月十幾次，後來每月兩三次；平日裡腰腿肩背經常酸痛，也經常頭痛耳鳴。十年的囚禁生活使他的身體狀況更加惡化，清宮太醫曾編選《慈禧光緒醫方選議》，所選光緒的處方有一百八十二個，其中治神經衰弱的有六十四個，治骨骼關節的二十二個。光緒三十四年三月初九脈案中說：「皇上肝腎陰虛，脾陽不足，氣血虧損，病情嚴重，溫藥寒藥都不能用。十月二十日，肢體發冷，白眼上翻，牙關緊閉，神志昏迷。次日，脈搏似有似無，雙眼直視，張口倒氣，傍晚死去。」從這些清宮留下的病案看，光緒屬於病死，屬於正常死亡。

以宮廷藥方來判斷光緒是正常死亡的說法，受到人們的質疑，因為整個醫療過程，都控制在慈禧的手中，親自主持光緒治病事宜的是慈禧的親信大臣奕劻，所以有人指出，要掩人耳目，偽造醫案是很容易的。

「毒死」說認為，光緒身體確實不好，但並沒有到了不可救藥的地步，死去的前兩天，他還在瀛台水邊散步。此說的有力證據是：其一，清末名醫屈桂庭的《診治光緒帝秘記》一文，其中說光緒臨死的前三天，「在床上亂滾」，「向我大叫肚子痛得了不得」，且「面黑，舌黃黑」，「此系與前病絕少關係」。就是說，光緒臨死前的症狀跟他先前的病沒有什麼關係，肚子痛、面黑、舌黃黑都是中毒後的症狀。其二，一位名叫力均的醫生奉命給光緒看病，認為光緒無須用藥，只要調理得當，身體自會康復。但他給光緒看過病之後，就莫名其妙地引疾而歸了。其三，谷虛在《清宮瑣記》中記述了他的好友周景濂所見光緒死亡的回憶，光緒死的當天，他去瀛台涵元殿，見光緒躺在床上，只張口說不出話，他以為光緒要吃的，便四處尋找，沒找到，這時他見光緒頭一歪，口中噴出一股鮮血。

光緒究竟是怎麼死的？最有力、最權威的證據是科學手段。

一九八〇年重新封閉崇陵地宮時，有關人員將光緒的遺骨、頭髮做過簡單的檢測，未發現中毒跡象，於是得出光緒屬於正常死亡的結論；但二〇〇三年科技人員用先進儀器再次進行檢驗，歷時五年，於二〇〇八年得出了新的結論，光緒死於急性胃腸型砒霜中毒。

光緒被毒害致死是確鑿無疑的！

那麼，光緒是被誰害死的？說法分幾種，兇手分別是慈禧、李蓮英、袁世凱。先看關於兇手是慈禧的資料。資料一，《崇陵傳信錄》（惲毓鼎撰）中載：「帝（指光緒）聞太后病，有喜色，（太后）曰：『我不能先爾死』」慈禧說了不能死在光緒前面的話，肯定會採取相應行動的。資料二，徐珂的《清稗類鈔》中寫得更直接：「因謂孝欽（即慈禧）病革，不願先帝（在先於皇帝）升遐（去世），授命親信太監扼斃之。」資料三，溥儀在《我的前半生》裡寫道：「西太后自知病將不起，她不甘心死在光緒前面，所以下了毒手，這也是可能的。」資料四，士人許指嚴在《十葉野聞》中載，光緒病後，江蘇名醫陳蓮舫奉命進京為光緒診病，但很奇怪，不許他直接詢問光緒，而是由慈禧代述病情，說光緒舌苔如何，喉嚨如何，生瘡如何，卻不讓他親眼查看。陳蓮舫就根據慈禧說的病情開了些藥方，他走後，也不知道那藥方光緒用沒用。資料五，這是很多人都注意到了的，光緒死於十一月十四日，但前兩天，即十一月十二日，慈禧就把下一任皇帝溥儀接到宮裡來了，並任命溥儀的父親載灃為監國。顯然，慈禧知道光緒死期已到，只有採取謀殺手段的人才能如此神機妙算。

惲毓鼎的記載引導我們作出這樣的邏輯推斷：一，三十八歲的皇帝居然死在七十四歲的太后前面，這是很奇怪的；二，光緒頭一天死了，慈禧第二天也離開了人間，這種巧合太離譜了；三，慈禧既然說過不能死在光緒前面的話，就必定採取謀殺行動；四，慈禧害死光緒，完全符合她狠毒的性格。但邏輯推斷畢竟不能當作結論。徐珂說光緒是「太監扼斃之」，沒有其他資料佐證，很難令人置信。溥儀的話是一種推測，指出的是或然性，而不是已然性。許指嚴的記載，道出了光緒的死大有疑問，也不是定論。最後，慈禧提前接溥儀進宮，是極大的疑點，但也不是證據。

再看關於兇手是李蓮英的記載。英國人濮蘭德、白克好司所著的《清室外記》中寫道：「皇帝賓天之情形及其得病之由，外人無由詳知，惟藏於李蓮英輩之心中。關於太后、皇帝同時而崩，北京城中，言人人殊，然欲查其原因，則實毫無線索。但日處憂城之中帝，一旦再操大柄，自為李蓮英輩之不利。」德齡女士在《瀛台泣血記》一書中說：「萬惡的李蓮英眼看太后的壽命已經不久，自己的靠山，快要發生問題了，便暗自著急起來。他想與其待光緒掌了權來和自己算帳，還不如自己先下手為好。經過了幾度籌思，他的毒計便決定了。」這兩則記載都是符合邏輯的，李蓮英幹了說不清的壞事，光緒對他恨之入骨，即使光緒只掌一天大權，李蓮英也必死無疑。但此說跟慈禧毒死說一樣，停留在邏輯推斷上。

最後看關於兇手是袁世凱的記載。溥儀在《我的前半生》中寫道：「我還聽見一個叫李長安的老太監說起光緒之死的疑案。照他說，光緒在死的前一天還是好好的，只是因為用了一劑藥就壞了，後來才知道這劑藥是袁世凱使人送來的……。據內務府某大臣的一位後人告訴我：光緒死前不過是一般的感冒，他看過那些藥方，脈象極平常，加之有人前一天還看到他像好人一樣，……病重消息傳出不過兩個時辰，就聽說已經『晏駕』了。」百日維新之時，袁世凱出賣了光緒，導致了戊戌政變；光緒被囚禁於瀛台，對袁世凱的仇恨是自不待言的；而袁世凱自然也知道慈禧死後，自己將是如何下場，因此，他必定有害光緒之心。溥儀的敘述，有相當大的權威性，聯繫屈桂庭的記載，幾乎可以推翻「病死」說。

有人認為，袁世凱是個城府很深、很老道的人，他絕不會為自己背上「弒君」的罪名。這種判斷是很幼稚的。第一，對袁世凱來說，最要緊的是保自己的腦袋，而要保住腦袋，就得設法除掉光緒，「弒君」罪名則居其次；第二，袁世凱是個很無恥、很不要臉的傢伙，說他害怕頂這「弒君」罪名，實在是抬舉了他，他敢於冒天下之大不韙，自己稱帝，還怕「弒君」之名嗎？

毒死光緒的兇手究竟是誰？難下斷語，三人均有可能。

但從間接原因看，我們卻有足夠的理由說，光緒是慈禧害死的。

光緒的婚姻，是慈禧操持的，她選的皇后是葉赫那拉氏，是她的親弟弟都統桂祥的女兒，這樣，皇后就成了她進一步控制光緒的砝碼，對她的垂簾聽政是大有裨益的。但皇后相貌醜陋，駝背，且比光緒大三歲，光緒對她很不滿意，兩人結合是很糟糕的婚姻。光緒還有兩個嬪，即瑾嬪與珍嬪，二人是親姐妹，是侍郎長敘的女兒，進宮不久便晉升為瑾妃和珍妃。光緒與珍妃感情最深，被冷落的皇后就向慈禧告狀，慈禧便借各種機會打擊瑾妃和珍妃，甲午兵敗之後，慈禧以「後妃干政」的罪名對珍妃施廷杖之刑，八國聯軍進京時，慈禧又把珍妃推到井裡害死了。珍妃的不幸遭遇，對光緒的精神打擊是相當沉重的。慈禧對光緒的迫害和折磨，更嚴重的是十年囚禁，光緒在瀛台，四面環水，處於封閉的狀態，在太監的監視下，他完全失去了人身自由，經常吃過時變質的飯菜，有時太監連飯都不送，他就不得不採槿花的花英來充饑，長期肉體和精神的非人折磨，損害了他的健康。因此，我們說慈禧是害死光緒的罪魁禍首，一點兒也沒冤枉她。

光緒離世二十個小時以後，主宰了大清王朝命運四十八年的慈禧太后也魂歸西天。慈禧的身體狀況一直很好，《慈禧外記》中說：「雖以七十之高年，而毫不呈衰狀者也。然此外亦無大病，精神仍好，言語如昔，仍每日勤勞國政。太后常自言能享高壽。」但從光緒三十四年六月以後，健康狀況開始下降，她原來就有腸胃之病，到九月，出現腹瀉，且久治不愈。臨終的前一天，她的病情加重，胃燥，咳嗽，胸肋疼痛，口渴舌幹，精神萎頓。她的死，是衰老兼疾病所致，屬於正常死亡。

在她神志還清醒的時候，命軍機大臣寫下了遺詔，由她親自改定。遺詔把自己表彰了一番，「任賢納諫，救災恤民」，「萬機待理，心力俱殫」，又說「複遭大行皇帝（指光緒）之喪，悲從中來，不能自克，以致病勢增劇」云云。幼稚的人會以為這是慈禧良心發現，自覺心愧，其實是她自知罪孽深重，為了少承擔些罵名而用這幾句話為自己開脫罷了。

最令人大惑不解的是，慈禧臨斷氣之前，說出了一番不著邊際的話：「以後勿再使婦人預聞國政，此與本朝家法有違，須嚴加限制。猶須嚴防，不得令太監擅權，明末之事，可以為鑒。」慈禧操縱朝政四十八年，臨死時才想起自己是個女人！她違背家法，「垂簾」了大半輩子，末了卻想起了「家法」！慈禧所寵倖的安德海、李蓮英，哪個沒干預朝政？再說，大清家業已經被她踢蹬光了，她臨死只給這個王朝留下了三年的壽命，還說什麼「以後」？至於明朝太監干政的教訓，順治早就在紫禁城就立了鐵碑，到現在已經過去二百五十三年了，還用得著慈禧來告誡人們「可以為鑒」嗎？

由此看來，慈禧說了一通廢話。廢話為什麼要說？這其中的動機是與遺詔中所說光緒之喪悲從中來的話是一致的，慈禧害怕，害怕身後留下「謗語」，害怕自己的靈魂難以安寢，因此她的這些廢話是為自己塗脂抹粉，而絕不是反省。

古代的帝王，沒有幾個不愛權力的，清朝也不例外。康熙是愛權力的，他如果不愛，絕不會在十六歲小小的年紀就生擒鼇拜，奪其權柄，但是康熙愛權力，也愛社稷，心中也有黎民，而惟權是攬卻全然不顧社稷黎民的皇帝，清朝沒有，慈禧是惟一的特例，我們把她列入帝王譜，因為她是皇帝的「皇帝」。大清朝滅亡的原因很多，但慈禧在諸多原因中佔有突出的比重。或許有人說，大清亡就亡了，有什麼值得惋惜的？這話很對。但慈禧在敗清亡清的同時，把中華泱泱大國拖進了死胡同，把千千萬萬民眾推入災難的深淵，這一罪孽卻是不可饒恕的，她逃脫不了歷史的審判！

所謂「歷史的審判」，當然只是精神領域中的行動，也就是對歷史人物罪行的抨擊。不過，慈禧卻遇到了物質形態的「審判」。二十年後，也就是一九二八年七月，國民黨第四十一軍軍長孫殿英帶領士兵盜了慈禧的陵墓，慈禧的隨葬品，金佛、玉佛、珊瑚佛頭塔、翡翠荷葉、翡翠西瓜、翡翠甜瓜、紅珊瑚樹、玉藕以及四百二十顆大珍珠、一千顆中珍珠、四百五十顆小珍珠、一千一百三十五顆寶石等等，被一搶而光，慈禧的屍體被剝去衣服，拖出棺外，橫躺在地上……

消息傳開，輿論沸騰，蔣介石當即下令，盜掘皇陵事件，情節惡劣，立即嚴密緝拿。孫殿英的部下譚溫江師長去北京銷贓，被拿獲。但孫殿英有奇招，他送給蔣介石一把嵌有十八顆寶石的九龍寶劍；何應欽也收到了相同的一把；宋美齡得到的是塞進慈禧嘴裡的那顆夜明珠；孔祥熙之妻宋靄齡得到了一朵用大小鑽石鑲成的大菊花，宋子文收到了慈禧用的翡翠西瓜枕頭，落到閻錫山手裡的，是價值五百萬元的黃金，這一場「東陵事件」從此煙消雲散，不了了之。不久，譚溫江被保釋出獄，之後又被孫殿英提拔為安徽省省長。

慈禧墓被盜，有百姓說是「惡有惡報」，這種「因果報應」的哲學今人已經捨棄了；不過，作為統治者，那時政府要員們的腐敗，卻是與慈禧一脈相承的。從這方面看，她的墓被盜，倒真是一種報應。

八、思想界

戊戌變法失敗後，康有為於一八九九年七月二十日與李福基等在加拿大創立了保皇會，又名中國維新會。在《會例》中，康有為提出「專以救皇上，以變法救中國、救黃種為主」的主張，即保救光緒帝，反對「后黨」頑固勢力。義和團運動、八國聯軍入侵，保皇會認為這是反擊后黨、扶救皇上的大好時機，便策劃「討賊勤王」之舉，卻又不想與國內發動武裝起義的唐才常之自立軍合作，未能及時向唐提供經費，致使自立軍失敗。康有為等人雖然反對「后黨」，卻擁護「帝黨」，因此與資產階級革命派要推翻清政府是絕然不同的。梁啟超在《政治學學理摭言》一文中說，「過渡時代之絕妙法門也，防杜革命之第一要著也」。在《新大陸記》中又說，「今日中國國民只可以受專制，不可以享自由」，他甚至認為，應當「以鐵以火陶冶吾國民二十年、三十年乃至五十年，夫然後與之讀盧梭之書，夫然後與之談華盛頓之事」。

因此，一九〇六年清廷頒佈預備立憲後，康有為當即回應，「以為中國只可君主立憲，不能行共和革命，若行革命，則內訌分爭，而促外之瓜分」。一九〇七年初改保皇會為「國民憲政會」。三月二十三日，國民憲政會在美國紐約召開大會，正式定名為「帝國憲政會」，對外則稱「中華帝國憲政會」。

時代在前進，而康有為們卻仍在原地踏步走……

社會瞬息萬變，雲譎波詭。十九世紀末，中國的留學生全國不過一、二百人，一九〇三年，就達一千三百多人，一九〇五至一九〇六年間，劇增至八千餘人。開始，留學生是官派，後來自費者居多，達到三分之二。

這些留學生，接受了西方的思想文化，更覺察到中華民族處境之危急和清政府的腐敗無能，於是相繼展開了各種愛國救亡活動。

一九〇〇年，日本東京一百多名留學生組成了勵志會，創辦《譯書彙編》，發表盧梭的《民約論》、孟德斯鳩的《萬法精意》等中文譯著。此後，出現了《國民報》、《大陸報》、《湖北學界》、《浙江潮》、《江蘇》等進步刊物……

這是一個資產階級知識份子鋒芒畢露、炫耀才華的時代，湧現了一批先知先覺的風雲人物，其中的佼佼者是孫中山。

孫中山，名文，字逸仙，廣東香山縣人，生於一八六六年。他留居日本期間曾改名為中山樵，後來即以中山為號。孫中山少年時讀過三年私塾，十二歲前往檀香山，後來在哥哥孫眉的資助下去英、美學習。青年孫中山傾向革命，稱讚洪秀全為「反清第一英雄」，並以「洪秀全第二」自居。一八九四年十一月二十四日，孫中山在檀香山成立了中國最早的資產階級革命團體——興中會，次年春，他回到香港，成立興中會總部，提出了「驅除韃虜，恢復中華，創立合眾政府」的革命綱領。經過了半年的準備，計畫在重陽節（十月二十六日）舉行廣州起義，但因起義前消息洩露而失敗，孫中山逃往日本。

一九〇四年二月，黃興、宋教仁、陳天華等人在長沙成立華興會，推黃興為會長，提出了「驅除韃虜，復興中華」的口號，先後入會者達四、五百人。華興會是對興中會有力的支持和呼應。

一九〇四年，孫中山發表了《敬告同鄉書》、《駁保皇報》等文章，對保皇派進行了激烈的批判，他寫道：「革命、保皇二事，決分兩途，如黑白之不能混淆，如東西之不能易位」，他指出，保皇派所說的「愛國」，是愛清王朝，而不是愛「中華國」，他們所標榜的「愛國」，實際上是「害國」。在《中國問題的真解決》一文中，孫中山指出，清王朝「正迅速地走向滅亡」，「中國現今正處在一次偉大的民族運動的前夕，只要星星之火就能在政治上造成燎原之勢」，在這篇文章裡，孫中山第一次提出要建立「中華民國」。

一九〇四年十一月，蔡元培、章炳麟、陶成章等人在上海成立了光復會，推蔡元培為會長，提出了「光復漢族，還我山河，以身許國，功成身退」的口號，會員達兩百七十人，其中有五位女性。

一九〇五年，興中會、華興會、光復會在日本東京合併，組成了中國同盟會，八月二十日召開了成立大會，到會者三百多人，推舉孫中山為總理，通過了《中國同盟會總章》，確定了「驅除韃虜，恢復中華，建立民國，平均地權」十六字綱領。同年十一月，孫中山在為《民報》寫的發刊詞上，提出了民族、民權、民生的「三民主義」。民族主義，即「驅除韃虜，恢復中華」，就是要推翻清王朝，孫中山解釋說，革命不是片面「反滿」，「我們並不是恨滿洲人，是恨害漢人的滿洲人。假如我們實行革命的時候，那滿洲人不來阻害我們，決無尋仇之理」。民權主義，是「建立民國」，也就是顛覆君主專制制度。民生主義，是「平均地權」，土地歸國家所有，為國民所共用。《總章》是關於在中國實現資本主義制度的比較完整、比較全面的設想，是一幅資本主義社會的藍圖，它的產生，使世人耳目一新，起了巨大的精神啟蒙作用。

資產階級先知先覺的人物，除孫中山外，還有章炳麟、鄒容、陳天華、秋瑾等。

章炳麟原名絳，字枚叔，號太炎，浙江餘杭縣人。他曾受康有為維新思想的影響，一八九七年，應梁啟超之請，任《時務報》撰述，寫了許多鼓吹變法的文章。戊戌變法失敗後，他的思想開始轉變，與康有為分道揚鑣。一八九九年章炳麟去日本，與孫中山結識，「相與談論排滿方略，極為相得」。一九〇二年，章炳麟發起「支那亡國二百四十二周年紀念會」，並起草《宣言書》。不久回到上海，一九〇三年，章炳麟在《蘇報》上發表文章，反駁康有為「只可行立憲，不可行革命」的觀點，指出「公理之未明，即以革命明之；舊俗之俱在，即以革命去之」，並頌揚革命是「啟迪民智，除舊佈新」的良藥。

鄒容，字蔚丹，四川巴縣人。一九〇二年赴日求學，接受革命思想，一九〇三年回到上海，結識章炳麟，並發表《革命軍》一書，書中揭露清廷的黑暗統治，抨擊其投降媚外政策，並呼籲，中國人民要擺脫奴隸地位，只有革命。關於革命之途徑，他提出：一、

「革命之教育」，要使人人認識到，中國是中國人的中國，認識到平等自由之大義，要有法制紀律之觀念；二、「革命必剖清人種」，就是要分清敵我，啟發民族覺醒，反對民族壓迫；三、「革命必先去奴隸之根性」，反對「忠於君，孝於親」這些封建倫理觀念，做國民，不做奴隸。他認為，革命後國家的名字應該是「中華共和國」。《革命軍》在海內外產生了很大影響，銷售量超過百萬冊，對資產階級革命思想的傳播起了廣泛的鼓動作用。

陳天華，原名顯宿，字星台，又字過庭，別號思黃，湖南新化人。他也是留日學生，一九〇三年，寫了《警世鐘》、《猛回頭》兩本富有鼓動性的小冊子，宣傳民主革命。《猛回頭》以唱詞的形式，表達了自己的愛國熱情，揭露了清政府的醜惡面目，控訴了列強在華的種種罪惡：「俄羅斯，自北方，包我三面；英吉利，假通商，毒計中藏；法蘭西，占廣州，窺伺黔桂；德意志，領膠州，虎視東方；新日本，取臺灣，再圖福建；美利堅，也想要，割土分疆；這中國，哪一點，還有我份；這朝廷，原是個，名存實亡；替洋人，做一個，守土官長。」陳天華號召人民「改條約，複稅權，完全獨立；雪仇恥，驅外族，複我冠裳」，他還提出，只要國民「前死後繼，百折不回」，就能「建立個極完全的國家」，自立於世界。這兩本冊子與鄒容的《革命軍》一樣，引起了很大轟動，重刊了十餘次，雖清廷明令禁止，卻仍在社會上廣為流傳。

秋瑾，字璿卿，號競雄，別號鑒湖女俠、漢俠女兒，浙江紹興人。因受新思潮影響，決計獻身革命，一九〇四年赴日留學，創辦《白話》雜誌，曾加入光復會，又入同盟會，參與籌辦中國公學，一九〇六年在上海籌辦《中國女報》。一九〇七年春，回紹興組織「光復軍」，準備與徐錫麟同時發動起義。七月，徐錫麟在安慶先期發動，失敗犧牲；不久秋瑾在紹興被捕，從容就義。她留下了很多愛國作品，《寶劍歌》中的「他年成敗利鈍不計較，但恃鐵血主義報祖國」和《吊吳烈士樾》中的「盧梭文筆波蘭血，拚把頭顱換凱歌」等都是廣為流傳的名句。她鼓吹婦女解放，主張創造「女兒文明」，在彈詞《精衛石》中，她揭露了封建制度對婦女的壓迫，鼓動婦女在革命中尋求解放。

康有為、梁啟超等人被世人命名為「保皇派」或「改良派」，孫中山、章炳麟等人則被命名為「革命派」。世紀之初，兩派之間針鋒相對，形同水火，展開了一場激烈的大論戰。保皇派的主要陣地是《新民叢報》，革命派的主要陣地是《民報》。

論戰有三大焦點，一是對待清王朝的態度，也就是要不要推翻清王朝的問題。保皇派反對民族革命的主張，康有為在《法國革命史論》中說：「革命之舉，必假借於暴民亂人之力。天下豈有與暴民亂人共事而能完成者乎？終亦必亡，不過舉身家國而同葬耳。」梁啟超認為，所謂推翻清王朝的革命，實際上是一種「復仇主義」，是想殺盡滿族人，這樣做非但不能救國，反而會導致亡國。

革命派則堅決主張推翻清王朝，並不是要消滅滿族人，所謂「排滿」，是反對一小撮統治者。孫中山指出，「因不願少數滿洲人專制，故要民族革命」。蔡元培也說：「滿人」一詞，不過是代表享有政治特權的記號，「排滿」就是反對這些政治特權，「故近日紛紛仇滿之論，皆政界之爭，而非種族之爭也」。

要不要建立共和國，是論戰的又一焦點。保皇派堅持「三世」說，即社會要從「據亂世」，經過「升平世」達到「太平世」，就是說，由封建專制經君主立憲再到民主共和。為此，梁啟超提出了「開明專制論」，然後過渡到民主共和。

革命派則認為，中國可以在推翻封建專制之後，直接實現民主共和。孫中山批駁「開明專制過渡」論說：「所謂各國皆由野蠻而專制，由專制而君主立憲，由君主立憲而始共和，次序井然，斷難躐等；中國今日亦只可為君主立憲，不能躐等而為共和。此說亦謬。」孫中山還指出，康、梁「為虎作倀，其反對革命，反對共和，比之清廷為尤甚」。

要不要平均地權，土地國有，是爭論的第三個焦點。保皇派是持反對態度的，梁啟超認為，如果「奪富人之所有以均諸平民」，只是為了博得下等社會的同情，「冀賭徒、光棍、大盜、小偷、乞丐、流民、獄囚之悉為我用」，土地革命，只能引起「內亂」，乃是「黃帝之逆子，中國之罪人」。

革命派認為，中國最大的弊病，是土地集中在少數人手裡，革命必須發揮社會下層勞苦大眾的作用。

這場大論戰為後來一連串的武裝革命打下了思想基礎。

九、武昌起義

前面談到，一九〇八年十一月十二日，慈禧把溥儀接進宮來，做光緒的繼承人，當時光緒還活著。

溥儀是誰？是第一代醇親王奕譞之孫、第二代醇親王載灃之子，而載灃正是光緒的弟弟。載灃繼承了他父親奕譞的秉性，小心謹慎，明哲保身，惟慈禧之命是從，這是慈禧選中溥儀的原因之一。慈禧的親信榮祿之女，是載灃的嫡福晉，這樁婚事是慈禧撮合的，這是慈禧選中溥儀的原因之二。溥儀當時只有三歲，這是慈禧選中他的原因之三，同治六歲登極，慈禧垂簾聽政；光緒四歲登極，慈禧再次垂簾。替幼童皇帝執掌大權，真有說不盡的甜頭，慈禧遠沒嘗夠，現在她自信可以高壽，道士也這樣說她，她正準備給第三個皇帝垂簾聽政呢！

當初慈禧立載湉（光緒）為帝時，載湉的父親奕譞嚇得昏死過去；現在，載灃見自己的骨肉又進虎口，雖未昏厥，卻也惶遽不已，跪地求饒。慈禧不理他，他只得乖乖地把孩子送進宮來。

溥儀進宮的第二天，光緒死去；第三天慈禧歸西。一九〇八年十二月二日，王公大臣們為溥儀舉行了登極大典，以明年為宣統元年；根據慈禧的懿旨，載灃做了攝政王。不久，便尊光緒皇后葉赫那拉氏為隆裕皇太后。

清朝許多皇帝幼年登極，溥儀是年齡最小的一個。而載灃呢，只有二十五歲，論政治經驗，幾乎沒有；論才智，屬平庸之輩；論魄力，則懦弱無主見，畏首畏尾。慈禧正是看中了他這些弱點，覺得他容易駕馭，才選他的兒子做皇帝。一個三歲的皇帝，加上一個年輕無能的攝政王，要統治整個王朝和國家，在國泰民安的年代尚且不易，何況是萬方多難、風雨飄搖的歲月呢！

據說，光緒臨死前曾密囑其弟載灃，要他殺掉袁世凱，肅親王善耆、鎮國公載澤、小恭王溥偉都有此心，但慶親王奕劻和張之洞表示反對，載灃猶豫不決，最後只將袁世凱「開缺回籍」了事。對清廷來說，這一步棋是放虎歸山。

袁世凱罷了官，載灃執掌大權，他主要依靠的是皇族成員，軍事方面他將自己的兄弟載洵和載濤封了郡王銜，讓載洵管海軍，命載濤為軍諮府參謀兼掌禁衛軍，但也把有能力的留過學的人吸收進權力層，比如任留學德國的蔭昌為陸軍部尚書，任留學日本的良弼為禁衛軍協統；政務方面，依靠兄弟載澤。

但慶親王奕劻、體仁閣大學士那桐、東三省總督徐世昌以及馮國璋、段祺瑞等人卻屬於袁世凱的派系中人。這樣朝廷中兩派力量混雜，他們之間離心離德，明爭暗鬥。

此時立憲的呼聲越來越高，從一九〇九年十月到一九一〇年十一月，立憲派發動了四次大規模的請願活動。載灃迫於壓力，不得不宣佈將原來的九年預備立憲改為五年。

一九一一年五月八日，載灃公佈了內閣成員名單，總理、協理、各部大臣共十三人，其中滿族貴族八人（有七人是皇族），蒙古貴族一人，漢族官僚只有四人。這是一個名副其實的皇族內閣，它的出籠，再一次暴露了載灃的愚蠢和不識時務，立憲派本來是維護皇權的，現在覺得自己受了騙，失望了，大批人放棄了立憲救國的念頭，有些人後來索性投靠了革命黨。

失去了立憲派的支持，皇室就徹底孤立了！

更嚴重的是，在立憲派的請願方式之外，更加激進的鬥爭形式出現了，那就是資產階級的武裝革命。

這是宣統朝面臨的新問題，其威脅不知要比先前的皇帝大多少倍！

早在一八九五年，孫中山就計畫在廣州舉行起義，時間定在十月二十六日（重陽節），但起義前消息洩露，槍械被官方繳獲，七十多人被捕，領導人陸皓東等人犧牲，孫中山流亡海外。

一九〇〇年十月八日，同盟會會員鄭士良、黃福受孫中山的委派，率六百多名會員發動了廣東惠州起義，起義隊伍迅速發展到兩萬人，原計劃從日本購買武器，但日方害怕起義損害日本在華利益而禁止軍火出口，遂使起義軍彈絕，鄭士良犧牲，起義失敗，一萬多人流亡海外。

一九〇七年五月二十二日，余既成、陳湧波等在廣東潮州黃岡起義，隊伍發展到

五、六千人，到月底即失敗。

一九〇七年六月二日，為了接應黃岡起義，孫中山命鄧子瑜等在廣東惠州七女湖領導起義，但因槍械被清軍截獲而於十三日失敗，起義者多流亡香港。

一九〇七年九月一日，王和順等在廣西欽州王光山起義，進軍途中加入義軍者三、四千人，攻克防城，擒殺知縣宋漸元，起義歷時半月，因餉械不接而告失敗。

一九〇七年十二月一日，孫中山派黃明堂領導了廣西南寧起義，隊伍攻佔鎮南關，只數日，即告失敗。

一九〇八年三月二十七日，黃興率領兩百多人在廣西欽州馬篤山起義，大小數十戰，先後擊敗一萬多清軍，終因糧食困竭失敗，前後只有四十多天。

一九〇八年四月三十日，黃明堂在雲南河口起義，經二十餘日戰鬥，河口失守，黃明堂率部彈盡糧絕而敗，殘部六百餘人退入越南境。

一九一〇年二月十二日，倪映典率新軍在廣州起義，擊斃清軍管帶齊汝漢，但倪映典受傷被俘，不屈犧牲。

一九一一年四月二十七日下午，黃興率兩百多人在廣州起義，隊伍攻入兩廣總督署，兩廣總督張鳴歧聞風而逃，革命黨放火焚燒總督署，並與清軍展開了激烈的巷戰，終於因敵我懸殊而於當日失敗，犧牲八十六人，有人收得烈士遺骸七十二人葬於紅花崗，後改名為黃花崗，死難者被世人稱為「黃花崗七十二烈士」。

上面所列舉的，就是孫中山所領導的十次起義，都失敗了。如何評價這些起義？我們不能空洞地高唱「百折不撓」、「前赴後繼」之類的頌詞，也不能簡單地歸結為「經驗不足」。這些起義從總體上看是粗疏的，缺乏戰略眼光的。具體說來，有以下幾個特點：一，規模都比較小，數百人，多至數千，最多的是兩萬；二，時間短，失敗速度快，多則四十幾天，少則當天即敗；三，準備不充分，因而舉動倉促，有些是不得不提前起義的；四，計畫不周密，不是起義前洩露祕密，就是起義後彈藥糧食接濟不上；五，起義軍中沒有像樣的軍事家，指揮者缺乏作戰經驗。

從另一角度看，這些起義雖然失敗，卻為武昌起義打下了基礎。

武昌起義的發生，還須從護路運動說起。

二十世紀初，是資產階級活躍的時期，民族工業一度抬頭。一九〇一年至一九一〇年，全國共開設廠礦三百二十六個，總投資為九千九百五十六萬元，超過此前四十年的一倍多；一九〇五年至一九〇八年間，新成立的廠礦資本在一萬元以上的有兩百二十家，投入資本達七千三百二十萬元，並且出現了擁有一百萬元以上的資本家。

與民族工業抬頭相適應，全國掀起了一股反帝愛國、收回權力的運動，其中「四川護路運動最為激烈。

一九〇三年，四川民眾獲悉清廷準備將川漢鐵路權出賣給英國，便立即予以抵制，提出「不招外股，不借外債」自行籌集股款，自辦川漢鐵路。但到一九一〇年，英、美、法、德四國要求借款給清廷築路，清廷不敢得罪列強，便於一九一一年五月九日宣佈一切鐵路歸國有，目的是收回鐵路再賣出去。結果激起了四川、湖北、湖南、廣東四省大規模的護路運動。六月十七日，四川成立了保路同志會，推舉蒲殿俊、羅綸為正副會長，各府州縣紛紛相應，成立分會，參加人數多達數十萬；八月，成都罷市，一時間，罷市風潮波及數十州縣；九月五日，保路同志會發出《川人自保商榷書》，號召四川獨立，並組織同志軍。九月七日，四川總督趙爾豐將蒲殿俊、羅綸等人逮捕，查封會館，成都民眾請願，要求釋放蒲、羅二人，趙爾豐竟下令向群眾開槍，死三十二人，傷數百人，並下令全城戒嚴。

趙爾豐的野蠻行徑惹起了公憤，各地同志軍二十萬人從四面八方包圍成都。清廷將趙爾豐免職，命渝漢鐵路督辦端方署理四川總督，並率湖北軍前往四川鎮壓。端方一走，清廷在武漢的兵力空虛了，為武昌起義提供了大好機會。

武漢舊稱「九省通衢」，是當時中國僅次於上海的大城市，是清廷統治的重心，也是反清力量最盛的地方，大批革命黨人聚集在這裡，甚至清廷成立的新軍（又稱「新式陸軍」）中也有革命黨人。四川保路運動興起以後，武漢革命黨人認為這是起義的好機會。一九一一年九月二十四日，文學社與共進會推孫中山為領袖，蔣翊武為湖北革命軍總指揮，孫武為參謀長，劉複基、彭楚藩為軍事籌備員。

此時同盟會的領導人孫中山正在海外籌款；黃興在香港接到報告，提出應等孫中山籌款購買槍支以後再行舉事。

但意外的事情發生了。十月八日，孫武在漢口俄租界趕製炸彈，不料引起炸藥爆炸，孫武受傷，躲進了日本醫院；俄巡捕趕來，搜出「中華民國軍政府鄂省大都督」的印章、九星旗、告示、革命黨人骨幹名冊等，並報告了清朝當局。

次日，蔣翊武召集緊急會議，決定當晚十二點舉行起義。

晚十一點，巡警突然衝進革命軍機關總部，蔣翊武逃脫，劉複基、彭楚藩等人被捕，交送湖廣總督衙署。

十月十日晨，湖廣總督瑞澂下令殺害劉複基、彭楚藩等人，並關閉武昌城門，按名單搜捕革命黨人，在情勢危急之際，革命黨人決定立即發動起義。

這天晚上七點多鐘，新軍工程第八營後隊隊長熊秉坤率領四十餘人打響了起義的第一槍，之後佔領了楚望台軍械所，繳獲步槍數萬支，炮數十門，子彈數十萬發。起義軍推舉吳兆麟擔任臨時總指揮。

這時，駐守武昌城外的輜重隊、炮兵營、工程隊的革命黨人舉火為號，發動了起義，並向楚望台集結。之後，武昌城內外各標營的革命黨人也紛紛率眾起義，人數達三千之眾。

十月十日晚，革命軍分三路進攻總督署和旁邊的第八鎮司令部，入城之炮八標佔領中和門和蛇山，炮擊總督署衙。中夜，革命軍再次發起進攻。

湖廣總督瑞澂打破總督衙門的後牆，倉皇乘船逃入德國租界；第八鎮統制張彪仍舊在司令部負隅頑抗。革命軍發動了凌厲攻勢，終於在天亮前佔領了總督衙門和鎮司令部。張彪遁往漢口，革命黨人佔領了武昌。

十一日晚到十二日晨，漢陽、漢口的新軍先後起義，武漢三鎮均在革命黨人的控制之下。

因同盟會的領導人孫中山、黃興、宋教仁均在外地，而臨時首領吳兆麟又覺得自己資歷不夠，為了使局勢儘快穩定，吳兆麟決定把黎元洪請出來。

黎元洪何許人也？他畢業於北洋水師學堂，訓練過新軍，現任第二十一混成協協統，被一些人看做是開明的漢族官僚。武昌起義之夜，他下令打擊起義者，當吳兆麟的使者來勸他出山時，他毫不猶豫地將使者親手砍死；武昌起義勝利後，他嚇得逃出黃土坡，換了一身便衣，在參謀劉文吉家裡躲藏起來。但起義軍還是找到了他，並把他接到楚望台。

起義軍建立了軍政府，並電請孫中山、黃興、宋教仁等來鄂共商大計，又以黎元洪的名義發表了《佈告全國電》、《致滿清政府電》。

但黎元洪堅決不與起義軍合作，他絕食兩天，以示抗議，結果惹惱了陳磊等人，他們用手槍指著黎元洪說：「你要是盡忠民國，就是開國元勳；你若想忠於清朝，就早該殉節。」黎元洪無路可退了，只好表示贊成共和。

於是，黎元洪做了湖北革命軍政府的都督。

武昌起義震動京師，王公大臣們紛紛將自己的銀行存款取出，轉入外國銀行，從十月十五日到十七日，大清銀行兌出現洋十萬元，白銀九十多萬兩。與此同時，是人心惶惶，物價飛漲，社會秩序混亂。

僅一個多月，湖北、湖南、陝西、江西、山西、雲南、貴州、安徽、江蘇、廣西、廣東、浙江、福建等十三個省和全國最大的城市上海以及其他省的一些州縣紛紛舉行起義，宣佈獨立……

隆裕太后和載灃恐懼萬狀，甚至打算攜小皇帝溥儀到承德避暑山莊躲難。

此時的滿清朝廷，已經是千瘡百孔、行將入木了！

十、宣統遜位

再說那袁世凱回到老家彰德「養病」，叫人為他拍了一張照片，自己頭戴斗笠，身穿蓑衣，持篙於船尾，然後將照片發表在《東方雜誌》上。他搞這一套把戲，一方面是擺出一副淡泊功名的出世姿態，另一方面也是發洩自己被「解雇」的怨氣。他雖居鄉里，卻密切地窺測著國內外各方面的動向，許多人向他投遞情報，如奕劻、徐世昌、唐紹儀、朱家寶、馮國璋、段祺瑞，還有立憲派首領張謇等，彰德儼然成了一個地下小朝廷。

武昌起義之後，攝政王載灃命令陸軍大臣蔭昌率北洋新軍前往武昌鎮壓革命黨人。

此時，清廷嘗到了自己栽培出來的苦果。當初，為了鎮壓太平軍，清廷利用曾國藩的湘軍，開了私人軍隊的先河，湘軍將士只知有「曾家」，不知有皇家；後來曾國藩剿捻，自己也嘗到了苦頭，因為他手下的那些淮軍只知有李鴻章，不聽曾國藩的調遣。現在呀，蔭昌所指揮的新軍，是袁世凱的部下，他們心裡只有袁世凱，哪裡認得蔭昌？

調度不靈，是用兵之大忌。袁世凱的貼心知己內閣總理大臣奕劻出來說話了，竭力推薦袁世凱出山，內閣協理大臣徐世昌、那桐也隨聲附和，英國駐華公使朱爾典、美國駐華公使嘉樂恒都是袁世凱的朋友，也吶喊助威，大造「非袁不能收拾」的輿論，載灃是個懦弱而沒有主見的人，面對這般情勢，只好妥協，遂於十月十四日發佈上諭，任命袁世凱為湖廣總督，督辦剿撫事宜，該省軍隊及各路援軍均歸其節制；為此，奕劻還給袁寫了一封親筆信，派人送去。

誰知這袁世凱竟端起了架子，根本就不買帳，他推脫說自己「足疾」未愈，又兼「頭眩心悸，思慮恍惚」等症，請求緩行。

湖廣總督的官職顯然不能滿足袁世凱的胃口，他不出山，是在跟朝廷討價還價。十月十九日，清廷給了袁世凱更大的權力，「所有長江一帶水陸各軍，均暫歸該督節制調遣」，袁世凱依然不予理睬。

奕劻心裡著急，就請徐世昌前往彰德勸駕。袁世凱對徐提出了六個條件：一，明年就召開國會；二，組織責任內閣；三，寬容參與此次事件諸人；四，解除黨禁；五，須給予袁以指揮水陸各軍的全權；六，須給予充足的軍費。六條缺一不可，否則絕不出山。

徐世昌回京彙報此事，載灃傻了眼。一、三、四條哪裡像是一個臣子說的話？分明是向革命黨人傳遞媚眼！載灃不敢答應。

良弼、載濤等人堅決反對袁世凱出山，他們認為「亡清必袁」，應當設法除掉這一禍害。

但革命的浪潮洶湧激盪，到頭來吃不住勁的還是攝政王載灃，十月二十七日，降旨將蔭昌召回，授袁世凱為欽差大臣，並諭令所有赴援之海陸軍、長江水師及派出的各軍，均歸其節制調遣。

「千呼萬喚始出來」，袁世凱的目的達到了，十月三十日，他躊躇滿志地離開彰德，南下督師。

在袁世凱的問題上，載灃一連犯了兩個錯誤，沒有殺袁而僅僅罷其職，是放虎歸山；現在又把袁請回來，委以重任，是引狼入室。不過，人在走投無路之際，常常會飲鴆止渴的！

同日，清廷以宣統的名義連下四道詔書，其一是《罪己詔》，稱用人無方，理政寡術，誓與軍民維新更始，實行新政；其二是將憲法交資政院審議；其三是取消皇族內閣，組織完全內閣；其四為開放黨禁，釋放不同政見者。

袁世凱增調援軍至湖北前線，十一月一日，北洋軍一舉攻克漢口。在袁世凱看來，這一個勝仗是很有意義的，他取得了與革命軍談判的本錢。也在這一天，清廷授袁世凱為內閣總理大臣。

次日，袁世凱就委託親信劉承恩致函黎元洪，企圖誘使革命軍投降，卻遭到黎元洪的拒絕。

一九一一年十一月三日，清廷批准了資政院擬定的憲法重要信條十九條。信條中仍然強調「大清帝國皇統，萬世不易」，「皇帝神聖不可侵犯」，但又對皇權做了種種限制，規定皇室大典，不得與憲法相抵觸；皇族不得任總理大臣、其他國務大臣及各省行政長官；皇室的經費由國會議決；國會是最高立法機關；總理大臣由國會公舉，皇帝任命；等等。《十九條》明顯地照搬了西方民主制的憲法。

就在同一天，黎元洪委任已經回國的黃興為戰時總司令，黃興擴充陸軍，積極備戰。九日，黃興致函袁世凱，提出推翻清政府的革命目標，勸袁反正，並說如果袁能夠立下拿破崙、華盛頓那樣的功勞，則各省必尊袁為拿破崙、華盛頓，無不拱手聽命。

十一月十三日，袁回到北京，向隆裕太后謝恩，表示要誓死保衛大清。十六日，袁世凱公佈了新內閣名單，全是自己的黨羽，而將載灃和載濤排除在外。處境尷尬的載灃「泣請辭退監國攝政王之位」，十二月十六日，隆裕太后糊里糊塗地批准了他的請求，袁世凱輕而易舉地踢掉了一個大障礙。

載灃下臺，朝中許多人為他鳴不平，但他本人，卻如釋重負，笑吟吟地說：「從此就好了，我也可以回家抱孩子了。」慈禧把大清命運交到這樣一個人的手裡，豈能不亡？

不過，話又說回來，此際的清王朝，即使康熙再生，也挽救不了頹敗的趨勢！

袁世凱又做了個小動作，他以出征為名，把近衛軍調出了京城，而以自己的新軍來「保衛」京師。愚蠢的隆裕太后大約沒有覺察，或許已經覺察了，但心中只能叫苦不迭。

袁世凱沒有就此止步，他要把清室完全掏空。要出征，就得花錢，他向隆裕太后索要四百萬兩的經費。但清廷國庫早就一貧如洗，一直靠借外債混日子，舊債花完了，新債借不來，哪裡有錢給他？袁世凱毫不客氣，要求隆裕拿出宮廷的私蓄。袁世凱的話，隆裕奉為聖旨，豈敢不從？於是動員王公貴族把自己在銀行的錢取出，借做軍費，並把內務部的錢拿出來，又變賣盛京大內和熱河行宮的瓷器珍寶。這些錢，說是買公債，實際上卻是「肉包子打狗——有去無回」的！

此刻的清王朝，政權、軍權、財權都交給了袁世凱，只剩下了皇太后和六歲的皇帝一對「孤兒寡母」，還有一群無權無能、只會唉聲歎氣的貴族。

袁世凱排除了後顧之憂，又得了若干錢財，心中不勝得意，便派劉承恩、蔡廷幹為代表，渡江與革命黨談判。不料，這一次又失敗了，因為袁世凱以君主立憲為條件，而革命黨卻堅持要推翻清王朝。

袁世凱覺得，對革命黨的打擊應該加碼，二十三日夜，北洋軍強渡漢水，向革命黨發起迅猛攻勢，到二十七日，北洋軍佔領了漢陽。

漢陽失守，黃興心懷愧疚，便去上海組織力量，準備進攻南京，以為武昌之聲援。

袁世凱知道，革命軍是臨時湊起來的軍隊，沒有出色的指揮者，戰鬥力並不很強，只要他本人願意，一鼓作氣地拿下武昌不是不可能的，但他停止不前了。武漢三鎮已經被他奪了兩鎮，這已經有力地教訓了革命軍，讓革命軍吃到了苦頭，他也就有了跟革命軍討價還價的資本；但他深知「養敵自重」的道理，因此不想摧垮革命軍，革命軍一垮，他就不免落得個兔死狗烹的下場，留著革命軍，清廷就得重用他，依賴他。在清廷與革命黨之間，袁世凱兩面駕馭，左右逢源。

他的部下馮國璋哪裡知道主人肚裡的鬼點子？一再請求乘勝進擊，再立功勳，袁世凱生了氣，把他調走了，改派段祺瑞統領其軍。

袁世凱對和談表現出極大的耐心，十一月二十八日，他奏請朝廷派劉承恩、蔡廷幹赴武昌，又碰了一鼻子灰。袁請英國人調停，終於在十二月二日與湖北革命軍政府達成停戰三天的協定。

這時候又出了件大事，十二月二日，革命軍攻克了南京。

這一消息對清廷來說，是莫大的不幸，而袁世凱卻樂不可支。已經窺見袁世凱玩弄兩面權術把戲的溥偉、善耆質問袁：「龜山大捷、漢口收復，乘勝渡江，武昌指日可下，為何停戰言和？」袁世凱振振有辭地回答道：「漢口雖已收復，南京又告陷落。南京要衝，倍於武漢，黨人勢大，國人受其蠱惑，人心浮動，軍心更是不穩。」這番話把對方頂了回去，卻口氣一轉，又說，「議和是一時權宜之計，（我）豈能忘恩於清室？期以三年，必敗黨人。」

此時，革命黨人在認識上出現了頗大的失誤，一部分內心傾向立憲而投靠革命的人擁護袁世凱，而多數黨人對袁世凱的面目認識不清，加上袁世凱擁有軍事勢力，與之抗衡，沒有必勝把握。結果，達成了一個共識，只要袁世凱反正，就可以推舉他為臨時大總統。

十二月七日清廷發佈諭令，允許自由剪辮。倘若多爾袞地下有靈，大約會覺得這是對當年「留頭不留發，留發不留頭」之野蠻政策的回報吧！

同日，清廷任命袁世凱為議和全權大臣。

十二月十八日，唐紹儀受袁世凱的委派到達上海，與革命黨人談判，他放風說，只要推舉袁世凱做大總統，則清帝退位不成問題。同時又向朝廷謊報說，革命黨人勢力強大，如果開戰，北洋軍恐難取勝。但很不巧，唐紹儀的屬員許鼎霖回京後說，革命軍只不過是一群烏合之眾。清室皇族立即請戰，袁世凱見恐嚇手段被揭露，只好撤銷唐紹儀的代表資格。

十二月二十五日，孫中山由美經法回國，到達上海；十二月二十九日，被革命黨人推舉為臨時大總統；一九一二年一月一日，孫中山在南京宣誓就職，宣告中華民國臨時政府成立。從這天起，改用西曆，以一九一二年為民國元年。這一天，是舊曆辛亥年的十一月十三日，因此武昌起義到中華民國成立這場聲勢浩大的運動在歷史上被稱為「辛亥革命」。

這一消息等於在袁世凱頭上敲了一悶棍，他沉不住氣了，對南方代表發出質問。孫中山電告袁說：「如清帝退位，實現共和，臨時政府決不食言，自己立即辭職，舉袁世凱為大總統。」

袁世凱吃了定心丸，便不遺餘力地向隆裕施加壓力，一月十六日，他與諸內閣大臣聯銜寫了一道密折，一反君主立憲的立場而主張共和，其中充滿了恫嚇性的文字，說法蘭西路易皇帝如果順從民意，何至於上了斷頭臺云云。袁世凱帶著密折面見隆裕，六歲的溥儀也在場，後來溥儀在《我的前半生》中回憶起當時的場面：「有一天，在養心殿東暖閣裡，隆裕太后坐在靠南窗的炕上，用手絹擦眼淚。前面的紅氈子墊上跪著一個粗胖的老頭子，滿臉淚痕。我坐在太后的右邊，……胖老頭很響地一邊抽縮著鼻子一邊說話，說的什麼我全不懂。後來我才知道。這個胖老頭就是袁世凱。……正是這一次，袁世凱向隆裕太后直接提出了退位的問題。」

袁世凱出賣了隆裕、宣統孤兒寡母，卻流淌出魔鬼的眼淚，其表演才能發揮得淋漓盡致。

袁世凱從皇宮出來，行至東華門外丁字街，突然，革命黨張先培等三人向他投擲炸彈，炸死袁世凱的侍衛長袁金標等十幾個人，袁世凱卻僥倖逃脫。此後，他就稱病，拒不入朝。他把「逼宮」的任務交給了親信趙秉鈞和胡惟德。

十七日，隆裕把宗室王公叫來，召開御前會議，奕劻和貝子溥倫主張退位，溥偉、載澤堅決反對，會議又開了兩天，王公們爭吵不休，沒有結果。

袁世凱採取了多種卑劣而缺德的手段：

手段之一是私印假報紙，造謠說，孫中山從美國帶回了三艘軍艦，加上海外華僑捐資製造的十幾艘軍艦，全是精良的武器裝備，又有美國軍官指揮，如果清帝再不退位，孫中山就要進攻天津和北京……這些假報紙每天都送進皇宮，把那隆裕太后嚇得六神無主，驚悸萬分。

手段之二是用重金籠絡奕劻和太監小德張（張蘭德），於是兩個人便輪番在隆裕太后耳邊吹風，無非是說革命黨勢力強大，不退位怕是性命不保云云。

手段之三是暗地指使部下段祺瑞向宮廷施加壓力，一月二十六日，段祺瑞聯合四十六名將領發出致內閣的奏電，強烈要求實行共和。

手段之四是毒殺反對袁世凱的良弼，一月二十六日，良弼遭革命黨人彭家珍襲擊而被炸傷，後來服用了趙秉鈞所薦醫生的「止痛藥」而被毒殺，臨死前他說：「今日之害我者，即來日之竊國者。」

袁世凱施展這些手段，本來是想儘快促成清帝退位，誰知他越是逼得緊，隆裕就越是把他當作救命稻草。為了保住皇位，良弼剛被炸，隆裕就發佈懿旨，封袁世凱為一等侯爵，為的是讓袁更加忠誠於清室。這一招弄得袁世凱惶遽無措，他一再向革命黨人表示贊成共和，現在卻得到清室如此優厚的封賞，豈不是打自己的耳光？於是，堅辭不受。隆裕不准。袁再辭；隆裕又不准。袁三辭，隆裕三不准。袁四辭，隆裕四不准。袁只得接受，此時他的那張臉，肯定是七扭八歪的。

不過，袁世凱並沒有放慢逼迫清帝退位的腳步，因為有個「大總統」的職位在等著他呢！奕劻和太監小德張的火越扇越旺，而良弼一死，貴族們像烏龜一樣把腦袋縮進甲蓋裡，哪裡再敢出頭？隆裕太后終於挺不住了，於是，在一九一二年二月十二日（宣統三年十二月二十五日）一連下了三道詔書：

一道是退位詔書，內稱人心所向，天命可知，特將統治權公諸全國，定為共和立憲國體，退位之後，優遊歲月，享受民國之優禮。

一道是勸諭臣民，要求官守其職，民安其分，期保平安。

一道是優待皇室條件，主要內容是：一，大清皇帝辭位之後，尊號仍存不廢，中華民國以待各外國君主之禮相待；二，大清皇帝辭位之後，歲用四百萬兩，此款由中華民國撥用；三，大清皇帝辭位之後，暫居宮禁，日後移居頤和園，侍衛人等，照常留用；四，大清皇帝辭位之後，其宗廟、陵寢，永遠奉祀；五，大清皇帝辭位之後，其原有之私財，由中華民國特別保護；六，清王公世爵，概仍其舊。

就這樣，在萬般無奈的情勢下，大清王朝宣告退出歷史舞台。

尾聲

從一六三六年皇太極稱帝，定國號為清算起，到一九一二年宣統退位，滿清朝廷的壽命是兩百七十六年；如果從一六四四年順治定鼎燕京（北京）算起，清朝統治中原的時間是兩百六十八年。

然而，歷史家們在論說清朝帝王的時候，總是說成「十二帝」。清朝明明只有十一個皇帝呀！多出來的那一帝是誰呢？是努爾哈赤。

其實，「十二帝」的說法是最貼近歷史原貌的。清王朝作為替代明朝的社會力量，其開創者、奠基者顯然是努爾哈赤，而不是皇太極，皇太極只不過是努爾哈赤的繼承者和發揚者，只不過是將「汗」位改稱為「皇」位，如此而已！努爾哈赤建立的基業，是清王朝不可分割的一部分，他本人則是真正的開國之君。因此我們有理由說，清王朝的壽命應當從一六一六年努爾哈赤自封「天命汗」算起，總共是兩百九十六年。

在這一漫長的過程中，可以分為兩個大的階段：前期由草創邁進鼎盛，後期由鼎盛墮入衰亡。

兩個階段的轉捩點在哪裡？在嘉慶四年乾隆駕崩之際，也就是一七九九年（因為此前三年乾隆雖然已經歸政，做了太上皇，但皇權卻緊緊攥在手中）。這樣算起來，前期是一百八十三年，後期是一百一十三年。

一百八十三恰好是兩百九十六的黃金分割點（一比〇・六一八），相應地，一百一十三也恰好是一百八十三的黃金分割點！

這當然只是一種巧合，然而，這是多麼奇特而玄妙的巧合啊！誕生—勃興—鼎盛—沒落—滅亡，是事物運動的普遍軌跡，生命如此，社會力量亦然。在這五個階段中，鼎盛階段是很值得玩味的：從形式上看，它處於事物運動的制高點，應當而且有資格傲視一切，然而從實質上看，它的內部卻已經孳生出破壞自身的細胞。老子提出「物壯則老」的深邃命題，顯然窺見了其中的奧秘。

清王朝的前期，儘管統治者實行了一些弊政，出現過決策上的失誤，但總體方向是征服了異己的社會力量，平定了邊患，鞏固了王朝的政權，統一了華夏的疆域，並使社會走向穩定、繁榮和昌盛；王朝的後期，儘管統治者有心維護自家的王朝，並且做出了相應的努力，但其總體趨勢是內亂加劇，外患日盛，經濟漸趨凋敝，民生每況愈下，最終走向敗落覆滅，他們支撐這個王朝的時間比前期少了七十年。

本書在前面說過，在專制制度下，王朝的盛衰在很大程度上決定於帝王的素質。讓我們對前後期帝王作一番簡略的比較。

先看帝王的才具稟賦。前期帝王共六人：天命汗努爾哈赤、崇德帝皇太極、順治帝福臨、康熙帝玄燁、雍正帝胤禛、乾隆帝弘曆，他們個個都有所作為，有所建樹，目光長遠，理政勤勉，具有征伐和拓展的氣魄；後期帝王也是六人：嘉慶帝顒琰、道光帝旻寧、咸豐帝奕詝、同治帝載淳、光緒帝載湉、宣統帝溥儀，他們也有振興王朝的願望，也知道恭儉勤政，但從素質上看，平庸守成、目光短淺者居多，先輩的進攻意識早已蕩然無存，龜縮和補漏的思維卻漸成常態，而他們面臨的社會環境比王朝前期要險惡得多，尤其是強大的資本主義列強的入侵，更使他們智盡技窮，無力招架。

前後期的對比甚至也表現在帝王的體質方面。以壽限而論，前期六帝，天命汗六十八歲，崇德五十二歲，順治二十四歲，康熙六十八歲，雍正五十八歲，乾隆八十九歲，除了順治因患天花而早夭以外，大都能活到正常年限，而乾隆則躍入了「壽星」等級；後期五帝（溥儀六歲就退位了，不計算其壽限），嘉慶六十一歲，道光六十九歲，咸豐三十一歲，同治十九歲，光緒三十八歲，除了嘉慶、道光壽限正常外，咸豐、同治、光緒均屬於英年早逝。前期帝王的平均壽命將近六十歲，後期卻只有四十三歲。以生育能力而論，前期六帝生育的子女，天命汗二十四人，崇德二十五人，順治十四人，康熙五十五人，雍正十四人，乾隆二十七人；後期五帝，嘉慶十四人，道光十九人，咸豐三人，同治無子嗣，光緒無子嗣。中國歷代封建王朝都是以血脈的承傳來維繫其生存的，無奈清王朝的末季，愛新覺羅氏連香火都斷了，還坐什麼江山？

一個王朝的興亡，可以從若干細枝末節中表露出來，清代帝王血脈的衰竭，當然僅僅是王朝潰敗徵兆的一個側面。

我們需要追尋的答案是，清王朝究竟是怎麼亡的。

最有力而無可辯駁的回答是「歷史規律使然」。古人對一個王朝的滅亡，常用「氣數已盡」來概括。清朝也是如此，社會按照特定的規律前進，封建制度拖延到清朝，其合理價值早已喪失淨盡，以新的制度取代它，乃是歷史的必然要求。歐洲的封建社會維持了一千年，中國的封建社會比歐洲多一倍，因此我們有理由說，作為封建社會尾巴的清朝，滅得太晚了！

那麼，促使清朝滅亡的，是哪些具體的歷史環節呢？

筆者認為，第一個環節是乾隆，他的六下江南以及數不清的巡遊，揮霍了王朝無數的錢財；他的夜郎自大、故步自封，使王朝停止了前進；他寵倖巨貪和珅，加劇了官場的腐敗。正是從他的晚年開始，大清開始了由盛而衰的歷史轉折。

第二個環節是道光，他有兩大失誤，一是鴉片戰爭之後，不知反省振作，使洋務運動推遲了二十年；二是在確定繼承人時，他選擇了不中用的奕詝，捨棄了有才能的奕訢。

第三個環節是咸豐，也就是奕詝，他連自己的後事都處理不好，致使清朝宮廷創造出了「垂簾聽政」的畸形政體，而且長達半個世紀。

第四個環節是慈禧，主要是阻撓光緒的變法。

第五個環節是載灃，他拋出的皇族內閣是自取毀滅的一步棋，使皇室喪失了實施君主立憲的機會。

上述五個環節中，最致命的一環是慈禧阻撓光緒變法，她不但誤了清王朝，而且誤了中國，這不是一般的失誤，而是不可饒恕的罪惡。

說起來，清王朝的命運還是挺不錯的，滅亡了以後，皇室中往日的顯貴不但沒有被砍頭，而且享受著優待條件，也該知足了。

封建帝制體面地退出歷史舞臺，這是好事，是值得慶倖的。

然而，偏有多事的人。有個叫張勳的，是長江巡閱使、安徽督軍，他領導下的軍隊，一律留著辮子，人稱「辮子兵」。這個張勳帶兵闖進了北京，這時袁世凱已死，黎元洪做總統，嚇得躲進了日本使館。一九一七年七月一日，張勳把十二歲的溥儀請上了帝王寶座，宣佈恢復大清，定該年為宣統九年，這就是史書中所說的「張勳復辟」；因事情發生在舊曆丁巳年，故又稱「丁巳復辟」。

張勳此舉，遭到世人的強烈反對，軍閥們紛紛組織討逆軍；北京公使團也照會清室，勸其解除張勳武裝，馮玉祥派飛機向紫禁城扔了三顆炸彈，七月十二日，段祺瑞調動討逆軍進京，張勳來京時只帶了三千兵，終因兵寡而失敗，張勳逃入東交民巷荷蘭使館。

溥儀做了十二天的龍椅，就不得不頒佈退位詔書，這是他第二次退位。

不必說，這場鬧劇是張勳一手導演的，不過，把罪責全都推到他身上，就有點冤枉他了。他在徐州帶兵進京之前，曾經召開了一個復辟會議，各省督軍代表都在黃緞子上簽了字，贊成復辟，北洋系的元老徐世昌、馮國璋也不反對，還有八十二個知名人士發電報支持復辟。張勳實在是代表了一大批人的願望進京的，不然的話，他哪裡敢只帶區區三千兵馬？

為什麼後來支持他的人又變了卦呢？原來他們想利用張勳把黎元洪趕下臺，張勳一進京，黎元洪逃跑了，眾人的目的達到了，張勳也就沒有用了，於是群起而攻之。張勳被欺騙了，被利用了，也被出賣了。可見，什麼馮國璋啊，段祺瑞啊，他們反對復辟並非出於反封建的革命動機，而是在進行一場骯髒可恥的權力角逐。

歷史教科書從來就不把「復辟」計入清朝的壽命。

大清亡了，中國民眾應該得見天日了！不，等待著他們的，是長期軍閥割據、萬方多難的新時代，他們必須繼續忍受戰爭、盤剝、捐稅、天災、飢餓、疾疫、背井離鄉的折磨……

Do歷史53 PC0556

最後的王朝
——大清帝國的衰敗

作　　者／于培杰
責任編輯／李冠慶、楊岱晴
圖文排版／周政緯
封面設計／楊廣榕

發 行 人／宋政坤
出　　版／獨立作家
地址：114 台北市內湖區瑞光路76巷65號1樓
電話：+886-2-2796-3638　傳真：+886-2-2796-1377
服務信箱：service@showwe.com.tw
http://www.bodbooks.com.tw
印　　製／秀威資訊科技股份有限公司
http://www.showwe.com.tw
展售門市／國家書店【松江門市】
地址：104 台北市中山區松江路209號1樓
電話：+886-2-2518-0207　傳真：+886-2-2518-0778
網路訂購／http://www.govbooks.com.tw
法律顧問／毛國樑　律師
總 經 銷／時報文化出版企業股份有限公司
地址：333桃園縣龜山鄉萬壽路2段351號
電話：+886-2-2306-6842

出版日期／2016年01月　BOD一版　**定價**／380元
2021年09月　二版

|獨立|作家|
Independent Author

寫自己的故事，唱自己的歌

最後的王朝：大清帝國的衰敗 / 于培杰著. -- 一版. -- 臺北市：獨立作家, 2016.1
面； 公分. -- (Do歷史 ; 53)
ISBN 978-986-92257-8-6(平裝)

1. 清史

627　　104022278

國家圖書館出版品預行編目

讀者回函卡

感謝您購買本書，為提升服務品質，請填妥以下資料，將讀者回函卡直接寄回或傳真本公司，收到您的寶貴意見後，我們會收藏記錄及檢討，謝謝！

如您需要了解本公司最新出版書目、購書優惠或企劃活動，歡迎您上網查詢或下載相關資料：http:// www.showwe.com.tw

您購買的書名：________________________________

出生日期：________年________月________日

學歷：□高中（含）以下　□大專　□研究所（含）以上

職業：□製造業　□金融業　□資訊業　□軍警　□傳播業　□自由業

□服務業　□公務員　□教職　□學生　□家管　□其它____

購書地點：□網路書店　□實體書店　□書展　□郵購　□贈閱　□其他

您從何得知本書的消息？

□網路書店　□實體書店　□網路搜尋　□電子報　□書訊　□雜誌

□傳播媒體　□親友推薦　□網站推薦　□部落格　□其他________

您對本書的評價：（請填代號　1.非常滿意　2.滿意　3.尚可　4.再改進）

封面設計____　版面編排____　內容____　文／譯筆____　價格____

讀完書後您覺得：

□很有收穫　□有收穫　□收穫不多　□沒收穫

對我們的建議：________________________________

____

____

____

請貼
郵票

11466
台北市內湖區瑞光路 76 巷 65 號 1 樓
獨立作家讀者服務部　　　收

（請沿線對折寄回，謝謝！）

姓　　名：＿＿＿＿＿＿＿＿　年齡：＿＿＿＿　性別：□女　□男

郵遞區號：□□□□□

地　　址：＿＿＿＿＿＿＿＿＿＿＿＿＿＿＿＿＿＿

聯絡電話：(日) ＿＿＿＿＿＿＿＿＿＿ (夜) ＿＿＿＿＿＿＿＿＿＿

E-mail：＿＿＿＿＿＿＿＿＿＿＿＿＿＿＿＿＿＿